DIETMAR WISCHMEYER

BEGRABT MEINEN RECHTEN FUSS AUF DER LINKEN SPUR

ROMAN

Rowohlt Taschenbuch Verlag

Veröffentlicht im Rowohlt Taschenbuch Verlag, Hamburg, März 2023   Copy-
right © 2021 by Rowohlt · Berlin Verlag GmbH, Berlin   Covergestaltung Cordula
Schmidt Design, Hamburg, nach einem Entwurf von Anzinger und Rasp, München   Coverabbildung mipan / iStock   Satz Thesis Antiqua bei Pinkuin Satz
und Datentechnik, Berlin   Druck und Bindung GGP Media GmbH, Pößneck
ISBN 978-3-499-00709-5

ICH BIN WOLFGANG SCHRAGE,
UND DIES IST MEIN LEBEN

Ich bin Wolfgang Schrage, und dies ist die Geschichte meines Lebens, jedenfalls soweit ich sie noch zusammenkriege. Aber man erzählt ja, dass einem beim Aufschreiben das ein oder andere wieder einfällt.

Schrage hieß schon mein Vater, und Wolfgang bin ich mehr oder weniger aus Zufall, meine Mutter wollte, dass ich Norbert heiße, weil sie einen Norbert kannte und der so ein pflegeleichtes Kind war. Jedenfalls kam es dann anders, denn als sie schon im Krankenhaus lag, da kriegten Kolozicks auch noch einen Norbert. Ich sag mal, zwei Wochen später, und das Malheur wäre da gewesen: Ich als Schrages Vater sein Ältester sitze im Partnerlook neben einem von den Kolozicks – schönen Schrank auch. Deshalb wurde aus mir ein Wolfgang, das war damals ein ganz normaler Name, da gab es ja noch keine Maiks und Finn-Justins und diesen ganzen Blödsinn. Bin ich auch soweit ganz mit zufrieden mit dem Wolfgang, inner Schule haben se mich «Wolli» genannt, da kann man sich nicht beklagen. Ich war jedenfalls bloß «Wolli», und das hat sich dann auch im Laufe der Jahre immer mehr verloren. 'ne Zeitlang nannten mich welche ausser Clique «Trampas», nach dem Cowboy aus der Fernsehserie *Die Leute von der Silo-Ranch*, so haben wir immer gesagt. War aber auch wieder vorbei, als es die Serie nicht mehr im Fernsehen gab. Was soll ich sagen, sonst immer bloß Wolli, und heute nennen mich alle bloß «Schrage», sogar mein Weib, die Jutta, sagt «Schrage» zu mir. Du weißt ja, wie das is in soner Ehe, die schon 'n paar Jahre aufm Buckel hat, aber zu Jutta kommen wir später noch, jetzt erst mal geht's um mich und meinen weiteren Werdegang.

Also, mein alter Herr war von Beruf Fliesenleger und wollte, dass ich das auch werde. «Eimer, Wasserwaage, Gummihammer, und du bist ein gemachter Mann», sagte er immer. Aber das war nix für mich, ich wollte schon als junger Bengel zum Straßenbau. Jeden Tag zieht die Kolonne einen Kilometer weiter, jede Nacht 'ne andere Frau im Bett. Die Realität sieht dann doch anders aus, man ist oft monatelang auf ein und derselben Baustelle. Die Romantik, die wir Jungs damals mit dem Beruf des Asphaltfacharbeiters verbunden haben, die hat sich nicht ansatzweise bewahrheitet, bei keinem von uns.

Gut, ein Kollege von mir, Friedhelm, hat immerhin schon die zweite Frau. Die erste ist ihm nach über zwanzig Jahren durchgegangen mit seinem Steuerberater. Ich hab ihm danach gesagt, warum machst du das bisschen Lohnsteuer nicht selbst, lässt da den fremden Mann ins Haus. Nu hast du's, du Döskopp. Wenn Frauen einen Ausweg sehen aus der Ehe, dann nehmen die Reißaus, so ist das nun mal. Einen Hund hältst du auch auf Dauer nich auf einem Grundstück ohne Zaun. Das kann jahrelang gut gehen, aber einmal kommt der Tag. Und son Hund, der ist ein treues Tier, und selbst der geht dir durche Lappen. Und nu nimm dagegen eine Frau. Was wollte ich sagen, danach hat sich Friedhelm eine Weißrussin bestellt. Erst hatte er mit einer Thaifrau geliebäugelt, dann aber doch 'ne Russin genommen. Jedenfalls die Thaifrau, die Friedhelm drei Wochen zur Probe hatte, die ist jetzt in einem Lovemobil an der Bundesstraße gelandet, das ist aufm Weg zur Arbeit von Friedhelm. Da hat er jetzt das Beste aus zwei Welten sozusagen. Gut, ich hab bloß meine Jutta, aber dafür auch nicht den ganzen Stress. Diese Weißrussin von Friedhelm, frag nich nach Feierabend, da muss er öfter ran, als ihm lieb ist, der geht ja auch stramm auf die sechzig zu und hat es mit dem Herzen wegen zu viel Rauchen unter anderem.

Weil ich nicht Fliesenleger werden wollte wie mein Erzeuger, hat der mich aus Schlechtigkeit für eine Lehre als Konditor angemeldet, er kannte Meister Derbfuß nämlich ausm Kegelclub. War mir eigentlich auch egal, kriegste auch rum die Zeit, und dann biste achtzehn und dir gehört die Welt. Als Konditor kannst du ja überall arbeiten: Amerika, Afrika, Berlin, oder alles hintereinander und überall 'ne andere Frau. Kurz vor Ende der Lehre hab ich dann mehr so aus Versehen Jutta kennengelernt, und war erst mal nix mehr mit Amerika. Sie war in derselben Clique wie ich und fuhr nen Rixe-Mofa, genauer gesagt 'ne Libelle GTH mit Zweigangschaltung. Die Libelle gab es auch als Automatik, die fuhren damals alle Mädchen bis auf Jutta, aber Jutta fuhr die Zweigang, und dadurch is sie mir gleich aufgefallen. Jutta war jetzt nicht meine erste Wahl, aber es findet sich ja alles irgendwie, und heute würde ich sagen, besser hätte es nicht laufen können. Jutta war ein Hauptgewinn, jetzt nicht das Millionenlos, mehr so die Sofortrente. Ich würde sie heute nicht mehr hergeben, und damals, es war 'ne andere Zeit, man war auf 'ne Art auch froh, dass untenrum alles irgendwie geregelt ist.

Wie es zwischen uns beiden gefunkt hat, das is auch so 'ne Geschichte, schmeißte dich weg. Aber egal, ich bin jedenfalls nach meiner Lehre zum Bund, welche ausser Clique haben auch verweigert. Hab ich nich verstanden, warum lässt man sich so was entgehen, so 'ne Auszeit im Leben kriegst du nur einmal geboten, fünfzehn Monate die Sau rauslassen ist doch besser, als wenn du als Urinkellner im Altenheim unterwegs bist. So sieht's doch aus im wirklichen Leben. Zwei Sachen sind wichtig, bevor du auf Stube einrückst: Du musst erstens zu Hause 'ne feste Tussi am Start haben, damit du am Wochenende nicht groß auf

Safari gehen musst und gleich zur Sache kommen kannst, denn du hast wenig Zeit. Zweitens ein eigenes Auto: Wenn du mit der Bahn zum Standort zurückmusst, geht das alles vom Wochenende ab. In den Zügen damals, da wurden keine Gefangenen gemacht, besonders nicht in denen, die aus dem Ruhrgebiet kamen und in die Panzerstandorte in der Heide unterwegs waren. Mein lieber Herr Gesangsverein, da trauten sich nicht mal die Feldjäger in die Abteile. Ich jedenfalls bin Panzergrenni geworden, «kein Mensch, kein Tier, ich bin Panzergrenadier». In der Grundausbildung ging's natürlich ans Eingemachte, wenn du morgens inner Eiseskälte die Hände inne Tasche gesteckt hattest, gab's gleich eine von StUffz Zuleger: «Schütze Schrage, hamse heute Geburtstag? Wenn nicht, dann nehmen Sie gefälligst die Hand vonner Kerze.» So was musste man sich da anhören, wir haben aber immer bloß gedacht: «Was sagt ein Schwein, das vor die Wand läuft? Uffz! Was sagt ein Schwein, das zweimal vor die Wand läuft? StUffz.»

Nach der Grundausbildung wurde es deutlich ruhiger, ich bin auf die Schreibstube versetzt worden und war dann als Gefreiter sogar Heimscheißer. In der Natopause um neun hab ich mit dem Spieß 'nen kleinen Cognac inner Kantine gekippt, abends bin ich entweder zu Jutta oder hatte im Mannschaftsheim 'n Totalabsturz – die Abwechslung, das war das Schöne an der Zeit. An sich sogar etwas zu viel Abwechslung, so was kommt nicht wieder im Leben. «Schrage», habe ich mir damals immer gesagt, «genieße es.»

Ich nenn mich selbst schon «Schrage», aber was willst du machen, wenn du das jeden Tag hörst von anderen? Die letzten Monate beim Bund war ich sogar noch im Ausland, das passiert den wenigsten. Auch die schönste Zeit geht mal vorbei. Die letzten Wochen vor der Entlassung hab ich wie alle ein Maßband angefangen, zehn Tage vorher kam die Untersuchung, und man konnte die neuen Rekruten aus der Grundi sein Maßband küssen lassen und anbrüllen: «Ey Rotarsch, neun und der Rest von heute und geböscht, du Scheißhaus!» Das gab einem irgendwie so 'n Gefühl von Überlegenheit, nicht dass ich das gebraucht hätte, war aber trotzdem gut. «Geböscht» haben damals alle gesagt, nach dem Hersteller des Röntgenapparats. Drei Tage vor der Entlassung war Auskleidung, alles außer dem G3 hab ich mitbekommen, sogar den Knitterfreien, fünf lange Unterhosen durfte ich privat behalten, ich zehre noch heute von diesem eisernen Bestand. Danach wurde ich Ersatzreserve zwei. Das Stichwort «Gelbes Pony» zur Mobilmachung hatten sie mir schon während des Auslandseinsatzes gegeben. Wenn das Wort irgendwann wie zufällig in den Nachrichten auftauchte, dann war Schluss mit «Reserve hat Ruh», dann hieß es einrücken gegen den Iwan. Dazu hatte ich extra einen Gutschein für eine Busfahrt zum Einsatzstandort in meinen Unterlagen. Und deshalb auch das an sich bescheuerte «Gelbes Pony», so was gibt's ja nicht, auf diese Weise war Fehlalarm ausgeschlossen.

Die ersten Jahre nach meiner Entlassung aus dem Wehrdienst hab ich die Nachrichten immer noch aufmerksamst verfolgt, ob da womöglich mein Einsatzbefehl durchgegeben wurde. Einmal, es war 1983, meinte ich es sogar gehört zu haben, versteckt in einer Meldung über eine Ausstellungseröffnung in München. Da sagte der Nachrichtensprecher, es war da noch Karl-Heinz Köpcke, der sagte: «In der Pinakothek wurde am gestrigen Abend die Ausstellung *Das gelbe Pony*, ich wiederhole *Das gelbe Pony* eröffnet.» Dann guckte er auf seinen Zettel und entschuldigte sich: «Es muss natürlich *Der blaue Reiter* heißen.» Ich war da zufällig gerade bei Jutta und stand wie elektrisiert vorm Fernsehgerät. Jutta sagte später, ich hätte sogar militärisch gegrüßt und gesagt: «Habe verstanden, Herr Köpcke, melde mich umgehend bei meiner Einheit.» Ich fing sofort an, in Juttas Schrank nach meinen olivgrünen langen Unterhosen zu wühlen, die waren da natürlich gar nicht. Ich habe Jutta angeschrien: «Wo ist der verdammte Bus-Gutschein?», und wurde immer rappeliger: «Er hat *Gelbes Pony* gesagt, Jutta, ich muss sofort einrücken, Deutschland braucht mich.» Aber Jutta hat mich zurückgehalten: «Der hat sich doch verbessert *Blauer Reiter* heißt die Ausstellung.» Aber ich war immer noch ganz aufgeregt.

Letztlich is die ganze Sache dann doch im Sande verlaufen. Spätestens als wir logischerweise auch den Bus-Gutschein bei ihr nicht gefunden haben und sowieso kein Bus mehr gefahren ist um diese Zeit und ich auch gar nicht gewusst hätte, zu welcher «meine Einheit» ich denn hätte fahren sollen, spätestens da hab ich auch geglaubt, dass ich mich verhört hatte. Heute bin ich mir sicher, Karl-Heinz Köpcke hat damals 1983 tatsächlich «das gelbe Pony» gesagt, zweimal hintereinander, aber fragen kann man ihn nicht mehr, denn er ist seit über dreißig Jahren tot.

Danach hat sich bei mir die Alarmbereitschaft etwas gelegt. Jetzt bin ich drüber weg, ich gucke die Tagesschau zwar immer noch, aber mit anderen Augen. Ich weiß auch gar nicht, ob der Befehl nicht längst aufgehoben wurde, das Grünzeug und den Knitterfreien hab ich schon vor Jahrzehnten zurückgegeben, eine Reserveübung hab ich nie gemacht, obwohl ich die letzten Wochen noch 'ne Spezialausbildung an einem Auslandsstandort verpasst bekommen habe. Vorbei ist vorbei.

Manchmal denke ich noch an meine Wehrdienstzeit zurück, das war auf 'ne Art die schönste Zeit meines Lebens, weil alles scheißegal war und man keine Verantwortung hatte, aber es war trotzdem jede Menge los. Danach begann der Ernst des Lebens.

Als Geselle in der Konditorei bleiben und warten, bis der Alte abkratzt und man den Laden weiterführen kann als Chef? Da kommste jahrelang auf keinen grünen Zweig. Mein Traum war der Straßenbau, und da kommen wir zum Problem zwei: Was sollte mit Jutta passieren?

Ich bin erst mal zur Straße gegangen. Bin anfangs als Ungelernter ein Jahr lang mit einem Türken hinter der Teerspritze hergelaufen, und Jutta hab ich auf Parkposition gesetzt, das heißt: Verlobung und in Ruhe weitersuchen. Schlussendlich hab ich dann doch Jutta geheiratet, weil mit dem romantischen Traum vom Leben auf der Straße – «Jeden Tag ein neuer Kilometer, jede Nacht eine andere Frau im Bett» –, da wurde ja auch nix draus.

DAS BESTE AM MANN
HAT VIER RÄDER

Das erste Auto, was ich hatte, war ein Nissan Bluebird, mit dem bin ich zum Bund gefahren. Damals waren die Japaner ja so was, wie heute die Koreaner sind. Die meisten fuhren noch deutsche Autos oder wenigstens 'nen Franzosen. Unsere Autos aus Deutschland hatten auch keine bescheuerten Namen, da haben die Japsen erst so richtig mit losgelegt. Sogar der Käfer hieß nich so, sondern VW 1200 oder später 1303. Deutsche Autos hatten Spitznamen, zum Beispiel das Erdbeerkörbchen. Da konnte man sich was drunter vorstellen, aber wieso nennt man ein Auto «Blauvogel»? Fällt mir gerade ein, das war sogar noch ein Datsun Bluebird, noch bescheuerter, erst 1983 hamse Datsun in Nissan umbenannt. Ganz richtig im Kopp sind die da nich in Japsistan. Andererseits, hier bei uns haben se auch aus DKW Audi gemacht, aber das war vor meiner Zeit. Ich jedenfalls hab den Bluebird gebraucht von einem Arbeitskollegen von meinem Erzeuger gekauft, 'n richtiges Auto konnte ich mir damals nich leisten. Zwölfhundert Märker hab ich dafür hingeblättert. Hatte ich natürlich nicht, musste ich mir von meinem Vater leihen, mein ganzes Geld war ja schon für den Dreier-Lappen draufgegangen. Jedenfalls hab ich noch den alten Dreier für bis 7,49 Tonnen plus Anhänger, kann ich aufe Arbeit den MKW fahren und muss nich mit den Rumänen im Furzbulli morgens zur Baustelle.

Der Bluebird war mein erster und mein letzter Japaner. War kein schlechtes Auto, das nich, aber is wie mit Schwulsein, hab ich nix gegen, is bestimmt 'ne tolle Erfahrung, ich bin's aber trotzdem nich. So ist das mit mir und japanische Autos, es is so, wie es is: Ich will einfach nich morgens das Garagentor aufmachen, und das Erste, was ich lese am Tag, is «Ssangyong Corando», gut, das is 'n Koreaner, aber die sind genauso schlimm. Der deutsche Autokäufer lässt sich eben nicht komplett verarschen, anderes Beispiel «Daewoo», noch son Koreaner, die haben sogar im Fernsehen die Aussprache von dem bekloppten Namen geübt: «Däju» sollte man den aussprechen, hamse gesagt. Wär ja noch schöner, Reh-Nault und Zitrön haben Jahrzehnte dafür gebraucht, und da kommt son frecher Koreaner daher und will uns einen vom «Däju» erzählen; is dann auch wieder vom Markt verschwunden, die alte Reisschüssel.

Der Bluebird war das Auto, in dem ich zum ersten Mal Jutta gevögelt habe. Erzähl ich vielleicht später noch mal, vielleicht auch nich, denn mit Jutta bin ich heute verheiratet, und von seiner eigenen Frau will man solche Geschichten gar nich wissen, sogar wenn man selbst der Übeltäter war.

Nachm dreiviertel Jahr hab ich den blauen Vogel abgestoßen, verkauft an Jutta, hab ich sogar noch hundert Kröten dran verdient. Letztendlich bleibt es ja in der Familie, und Jutta is einfach gutgläubig, als ich sagte, dreizehnhundert müsste er bringen, hat sie nich gemuckt. Sie hätte ja bei Schwacke nachgucken können, hat se aber nich. Im Grunde hätte ich auch vierzehnhundert verlangen können, aber man is ja kein Arsch.

Der nächste ist dann ein Ascona mit Vinyldach geworden.

Opel-Gelb, sah mächtig giftig aus mit Abarth-Kimme und Halleputzen vorn, hab mir sogar noch 'nen Shelby-Streifen selbst aus «d-c-fix» geschnitten und draufgeklebt. Kotflügelverbreiterungen auch selbst gemacht aus Plastospax. Für die breiteren Puschen plus Alus hat's dann leider nicht mehr gereicht.

Sah motzig aus, die Karre, vierzig PS war nicht die Welt, aber die Abarth-Kimme machte 'ne Menge wett vom Sound her. Den «Vinyl-Panther» hab ich dann drei Jahre gefahren, immer Rizinusöl beigetankt, sollte angeblich gut für die Ventilsitze sein, war's aber wohl nicht, stank nur wie Otze, und nach drei Jahren ist mir der Ascona um die Ohren geflogen.

Gott sei Dank hatte sich Jutta in der Zwischenzeit einen VW Polo gekauft. So bin ich denn überhaupt zu Volkswagen gekommen und fahr seitdem nur noch die Wolfsburger, da weißt du, was du hast. Ein VW is wie Jutta, nich das schärfste Gerät auf Mutter Erde, aber springt zuverlässig an und nervt nich rum. Den Polo von Jutta bin ich dann auch gut zwei Jahre gefahren, bis der erste Neuwagen aufn Hof kam.

Ich sag es gleich vorneweg, um die Spannung 'n bisschen rauszunehmen, es ist der VW Jetta geworden, und zwar der dicke, der GT. Da haben die von VW damals alles reingesteckt, was sie wussten, das war mehr ein Technologieträger, wenn man so will. Seiner Zeit um Jahre voraus. 1984 war die zweite Generation des Jetta rausgekommen, die sah noch wuchtiger aus als die erste, und ich hatte seit der Zeit schon ein Poster davon überm Bett hängen in diesem Grün, das man auch aus den Badezimmern von damals kennt. An sich Siebziger, aber damals in den Achtzigern hatte noch jeder «Reseda-Grün RAL 6011» als Waschbecken, vom Lokus bis zur Seifenablage, dazu eine Fliese in Kackbraun oder, ganz knallhart, auch in Reseda. Das war noch vor der Bordürenzeit, wo in einachtzig Höhe vom Fliesenspiegel ein andersfarbiger, daumenbreiter Fliesenstrich eingesetzt wurde. Dazwischen gab es die Motivzeit, da waren alle Fliesen beispielsweise in Möwenscheiße-Weiß und auf jeder vierten so ein stilisierter Zweig oder ein Baum.

Warum ich das alles weiß? War mein Alter Fliesenleger, oder

war er Fliesenleger? Unser Badezimmer war sein Ausstellungs-
bereich, jede Wand anders gefliest, alle halbe Jahre wurde um-
dekoriert. Es gab auch zeitweise mehrere Badezimmer gleichzeitig im Haus. Sonnabends war immer Schautag, da kamen
Kunden in unsere Wohnung und haben sich die Fliesenmuster
an den Wänden angeguckt. Für uns in der Familie hieß das: Freitagabend erfolgte der letzte Schiss in Freiheit, sonnabends war
das Badezimmer für uns geschlossen. Diese Hektik immer am
Freitag, ich glaube, dass ich davon meinen nervösen Darm abgekriegt habe. Müsste ich mal genauer erzählen, wie das sonnabends bei uns zu Hause abging, wenn Fliesentag war.

Der Jetta, auf den ich scharf war, der war natürlich nicht in Re-
sedagrün. Hab ich mich übrigens noch nie nach gefragt, was
überhaupt «Reseda» is. Is das 'ne Art Pflanze oder ein Stadtteil
von New York wie bei der Farbe «Manhattan»? Aber is mir auch
ehrlich gesagt ganz egal, weil ich Reseda sowieso als Farbe hässlich finde.

Wie gesagt, da hing also seit 1984 dieses Poster über dem Bett
in meinem Kinderzimmer. Als ich noch den Ascona fuhr, war ich
schon scharf auf den Jetta. Und als dann 1985 klar wurde, dass
bei VW eine GT-Version rauskam, da gab's kein Halten mehr. Es
vergingen aber noch zwei Jahre, bevor die Nummer mit dem Jetta druckreif wurde. Heute würde ich sagen, das waren die bisher
härtesten Jahre in meinem Leben. Zwischendurch ist beim Iwan
auch noch Tschernobyl in die Luft geflogen, und ich hatte schon
Muffe, dass das bis in die Jetta-Produktion durchschlägt, war
aber nich, bloß bei Wildschweinfleisch und Haselnüsse ausser
Türkei.

Die Frage, die mich interessierte, war vor allem, wie finanziert
man so einen dicken Wagen? Ich war zwar 1987 schon seit sieben

Jahren bei der StruWAG, erst ja als einfacher Teerspritzer, aber mittlerweile fuhr ich den MKW mit den Teilen und verdiente gutes Geld, bloß am Monatsende blieb nix übrig. Zu Hause musste ich Kostgeld abdrücken, wenigstens machte Mutter noch die Wäsche umsonst. Aber am Wochenende hoch die Tassen, und was dann noch alles an Tuning-Kohle in den Ascona rein-geflossen is ... deshalb war vorm Monatsletzten schon Ebbe im Portemonnaie. Für den einfachen Jetta C hat Wolfsburg damals schon vierzehntausendvierhundertzwounddreißig D-Mark auf-gerufen, da muss sich 'ne alte Frau lange für anne Straße stellen. Überstunden kloppen war nich bei der StruWAG, und am Wo-chenende mit dem alten Herrn Scheißhäuser durchfliesen? Lie-ber würde ich mir ein drittes Loch in den Arsch bohren. Warum sagt man eigentlich «drittes Loch», weiß ich auch nicht, is aber in diesem Zusammenhang auch unwichtig. Also, wie kommst du an die Mäuse ran, Wolfgang, sagte ich mir, damals nannte ich mich selber noch nicht Schrage. Als ich so darüber nachdach-te, fiel mir Jutta ein. Die war nich bloß sparsam, die gab auch nix aus, lebte auch noch bei ihren Eltern. Später haben wir's im Ascona getrieben oder im Sommer in dem Bauwagen, den ich damals für 'n Fuffi von der StruWAG abgesaugt hatte, der stand bei Juttas Eltern aufm Garten in der Kolonie.

Jedenfalls, Jutta arbeitete ja auf der Kasse, was übrigens ein weiteres Argument für sie war. Wenn man mal richtig drüber nachdenkt, fallen einem immer mehr Gründe ein für Jutta. Je-denfalls konnten die Mitarbeiter der Sparkasse günstigere Kre-dite ohne großen Nachweis kriegen, zur Not konnte die Kasse sie ja den Kredi einfach jahrelang hinterm Tresen abarbeiten lassen. Aber so einfach war das nicht, ihr das Geld rauszuleiern, dafür musste man ihr schon was versprechen.

Es half nix, ich musste bluten, ade, du schönes Junggesellendasein, Jutta wollte endlich aufgeheiratet werden. Na schön, wir waren jetzt fast zehn Jahre zusammen, sie hatte ein paar bessere Partien sogar sausenlassen, zum Beispiel die mit ihrem Kollegen Erich aus der Immobilienabteilung, gut, der sah echt richtig scheiße aus, aber das liegt natürlich auch im Auge des Betrachters. Jedenfalls hatte Jutta die Jahre über schon mehrfach eine Hochzeit zur Sprache gebracht, mir war's im Grunde egal, sah aber auch keinen direkten Grund dafür.

Das änderte sich schlagartig, als der Jetta GT 16-Ventiler rauskam 1987. Wenn du in der Zeit Ende zwanzig warst, gab es einfach nix Geileres. Erzählten se damals beim Jetta-Stammtisch: «Was sieht der Porsche-Fahrer, wenn er bei Tempo zweihundert in den Rückspiegel guckt? Einen Jetta, der den linken Blinker setzt!» Da stand allen immer das breite Grinsen im Gesicht.

Einer von den Härtesten, Jetta-Kalle, hatte sich sogar das Motto aller amtlichen Jetta-Treiber auf den linken Unterarm tätowieren lassen: «Begrabt meinen rechten Fuß auf der linken Spur.» Stand da für ihn selbst verkehrt rum, sodass, wenn er den linken Arm ausm Fenster hielt, andere ihn richtigrum lesen konnten. Irgendwann hat ihm dann aber jemand erklärt, dass den dann nur welche lesen, die ihn überholen. Seitdem trug Jetta-Kalle nur noch langärmelige Hemden.

Mit meinem GT, das zog sich dann doch noch 'ne Weile, Jutta hatte zwar den Kredi über zwanzigtausend Mäuse bewilligt gekriegt, wollte den aber zum Teil für die Hochzeit ausgeben. Weil ich ja finanziell abhängig war von Jutta, konnte ich mich jetzt nicht aufplustern und sagen: «Deine Scheiß-Hochzeit geht mir am Arsch vorbei», ich musste erst mal kleine Brötchen backen. Deshalb hab ich sie entscheiden lassen, welche Farbe der GT haben sollte, geworden isses dann das GT-Sondermodell «Court» mit dunkelblauen Zierstreifen auf alpinweißem Grund, böswillig könnte man auch sagen, Möwenscheiße-Weiß, sah ein bisschen aus wie die Badezimmer, die der Alte zu der Zeit so gefliest hat. Mir war es im Grunde egal, denn ich saß ja drinnen im Jetta. Eins hab ich aus dieser Sache allerdings gelernt: Mach dich nie finanziell abhängig von einer Frau.

Als der Traum in Alpinweiß dann endlich aufm Hof stand, hat sich für mich sein Geschlecht geändert, aus dem Jetta wurde «meine Jetta». Und mir gingen noch zwei Dinge durchn Kopf: Mit der Farbe musst du mindestens einmal die Woche inne Waschanlage. Und zweitens: Jetzt heißt es bezahlen für die Luxuskarosse, und zwar mit Hochzeit. Mit meiner VW Jetta GT 16-Ventiler Sondermodell «Court», um jetzt einmal wenigstens ihren vollen Namen zu nennen, ging meine Sturm-und-Drang-Zeit mit Autos zu Ende. Danach kam 'ne alte Schlurre, als wir gebaut haben, und später ein Kombi, als die Blagen größer wurden. Jetzt aber war erst mal Hochzeit angesagt. Aber bevor ich dazu komme, muss ich noch von einer meiner schwärzesten Stunden berichten. So viel war mir ja schon klar, mit der Hochzeit ist das Kapitel nicht zu Ende, da folgt noch jede Menge anderer Scheiß nach: Familie gründen, Haus bauen, Blagen inne Welt setzen. Für das alles brauchst du jede Menge Wampum, was ich nicht hatte. Ich musste eine bittere Entscheidung treffen.

Drei Jahre später kam dieser schwärzeste Tag in meinem Leben: Abschied von meiner Traumfrau. Danach hab ich mich nie wieder so dermaßen in ein Auto verguckt. So ist das, es gibt nur eine große Liebe im Leben, die Jetta GT 16 V. Viele werden jetzt lachen und sagen, was is mit Porsche 911, Audi quattro oder Opel Mokka? Da hat sicher jeder seine eigenen Vorlieben, meine is diese spezielle Jetta, da lass ich nix drauf kommen. Wer weiß, wenn ich in Rente bin, kauf ich mir wieder eine, andererseits, die Jugend is vorbei, die holt dir auch die schärfste Karre nicht wieder zurück.

Ich hab auch schon mal über ein Wohnmobil nachgedacht im Alter, aber da is Jutta nich so für. Sie sagt immer, für sie bliebe dann im Urlaub dieselbe Arbeit wie zu Haus, kochen und putzen jeden Tag. Je nun, eben «dieselbe Arbeit», aber ja auch nich mehr, wo is da also das Problem?

Der schwärzeste Tag in meinem Leben fing damit an, dass sich tatsächlich jemand gemeldet hatte auf meine Anzeige im «Heißen Draht», das war so 'ne Art eBay auf Papier und kam jede Woche. Auf meine Anzeige «Liebling zu verkaufen. Meine Jetta GT sucht einen neuen Liebhaber» hatten sich bloß alte Lüstlinge gemeldet. Nach vierzehn Tag hab ich die Anzeige durch eine etwas nüchternere Version ersetzt: «VW Jetta GT 16V ggn bar b. Abh. Prs VB.» Die Anzeigen waren zwar umsonst, trotzdem, in der Kürze liegt die Würze. Ich hatte extra VB geschrieben, als letzte Rückfallposition. Und vielleicht meldete sich ja eh keiner. Tat er aber doch, noch an diesem Sonnabend, und kam gleich vorbei mit Anhang, sodass ich mich nich mal richtig verabschieden konnte. Blöderweise war es auch kein richtiges Arsch, wo ich gesagt hätte, dem gönn ich meine süße Jetta nich. Im Gegenteil, war auch einer vonner Straße, allerdings bei Papenburg beschäftigt, und so hatten wir gleich ein gemeinsames Thema: «Wird sich der neue Flüsterasphalt durchsetzen oder nich?» Der Preis stimmte auch, ohne zu zucken, wurden die zwölfeinhalb gelegt, rote Nummer dran, und weg war se, meine Jetta. Ich musste die ein oder andere Träne verdrücken und wollte abends auch nix essen. Danach konnte ich monatelang keine Jettas aufer Straße sehen, ohne dass ich einen Stich im Herz kriegte, aber es waren immer andere.

JUTTA HEIRATET AM SELBEN TAG WIE ICH

DIE PLANUNG

Das klingt bestimmt komisch, wenn es für mich eher «Juttas Hochzeit» is, war aber so: Ich hatte die Jetta GT, sie die Hochzeit, mir war die total egal, um nicht zu sagen, ich wäre lieber weggeblieben. Ging natürlich nicht als Bräutigam. Packste dich annen Kopp, was Jutta einen Aufstand gemacht hat für den Scheiß. «Man heiratet nur einmal im Leben», hieß es bei jeder komischen Idee, die sie dauernd hatte. Ich wollte ihr da jetzt nicht gleich mit der Statistik den Spaß verderben, und so hab ich gute Miene zum bösen Spiel gemacht. Jutta wollte unbedingt «aufm Saal» heiraten und ihre ganze bucklige Verwandtschaft aus Schlesien einladen bis zu Cousinen und Cousins. Was das alles kosten würde. Sie sagte, das käme alles wieder rein, weil man hundert Mark pro Person als Hochzeitsgeschenk rechnen würde heute. Bei hundertfünfzig Eingeladenen hätte man nach Adam Riese fünfzehntausend Märker in der Kriegskasse, da könnte man schon ein rauschendes Fest für organisieren. Schließlich sollte die Hochzeit ja der schönste Tag im Leben werden.

Bei fünfzehntausend Mark klingelten bei mir natürlich sämtliche Hochzeitsglocken im Kopf, und mein Interesse war plötzlich vorhanden. Ich hab Jutta dann sofort angeboten, die ganze Planung zu übernehmen, sie sollte sich bloß um die Einladungen kümmern. Jutta wollte absolut 'ne kirchliche Trauung. Wusstest du, dass der Pfarrer dafür Geld sehen will, auch wenn du Mitglied in seinem Verein bist? Ich hab dem Geistesgestörten dann erzählt, wenn er 'ne Gebühr für den Mummenschanz vorm Altar einsackt, dann trete ich sofort nach der Heirat aus der Kirche aus, wenn nicht, bleib ich drin. Hat er dann widerwillig zugestimmt. Ich bin danach natürlich trotzdem ausgetreten, bin ja nich blöd. Jutta is immer noch in der Kirche, bei ihrem mickrigen Gehalt macht das steuerlich auch nicht so viel aus. Ach so, hatte ich noch gar nicht erzählt, nach der Hochzeit isse weg vonne Sparkasse und arbeitet jetzt halbe Tage aufn Friedhof, is nich die Welt, was sie da verdient, aber ich hab ihr gesagt: «Gestorben wird immer, und wer weiß, wie lange die kleinen Zweigstellen noch da sind.» Und genauso ist es ja auch gekommen. Jedenfalls is sie noch in der Kirche, sie geht da gerne hin zu den Veranstaltungen vom Pastor, sagen wir mal Gottesdienst. Ich hab ihr zwar gesagt, da kannst du auch hingehen als Nichtmitglied, der Pfaffe schmeißt dich schon nicht raus, aber dazu fehlt ihr das dicke Fell. Was willste machen, besser so, als wenn sie ein teures Abo im Tennisclub hätte.

Die kirchliche Trauung war also kostenneutral in trockenen Tüchern, der Hirte laberte zwar noch was von Altarschmuck, der zusätzlich was kosten täte, weil der Gärtner den extra dafür ... Aber da hab ich ihn aufn Pott gesetzt und gesagt, dass er gefälligst aus dem Pastorengarten etwas Gestrüpp mitbringen soll, und gut is. Den Orgelquäler für die Trauung hab ich mit 'ner Kiste Bier geködert, und damit war der Kostenpunkt Kirche abgehakt.

Im zweiten Schritt ging es um den Saal und die ganze Bewirtung. Ich hatte das Siedlerheim vorgeschlagen, das bekam ich umsonst, weil mein Alter da Mitglied ist, aber irgendwie hatte Jutta das spitzgekriegt und einen Zwergenaufstand angezettelt. Sie wollte unbedingt im Jägerhof feiern, das is bei uns inner Gegend die angesagte Wirtschaft, wo auch die Vereine ihre Hauptversammlungen abhalten. Allerdings kostet da das reine Essen, also Kaffee und Kuchen, Abendessen vier Gänge plus Mitternachtsbuffet achtzig Mark pro Person. Wie man da in die Gewinnzone kommen sollte, muss mir mal einer vorrechnen, besonders wenn Saufen noch oben draufkommt plus Musik und alles. Das machen wir ganz anders, hab ich mir gesagt, den Jägerhof streichen wir mal sofort, Jutta hab ich erzählt, wäre kein Termin mehr zu kriegen. Ich hab ihr dann eine rustikale Feier schmackhaft gemacht in einer Fachwerkscheune mit Birkengrün, und über uns schilpen die Schwalben, ich hätte da was an der Hand. Fand sie dann zuletzt auch ganz romantisch.

Gut, «Fachwerkscheune» im weitesten Sinne, das war der Wellblechschuppen von Auto Kruballa, einem Kumpel von mir, den ich noch von der Berufsschule her kannte. Mit 'n bisschen Phantasie konnte man da etwas draus machen. Und mit etwas Glück war es Ende September auch noch nicht so kalt, und wenn schon, hundertfünfzig Leute bringen ja auch 'ne ganze Menge an Eigenwärme mit. Essen hatte ich auch günstig organisiert. Gulaschkanone vonne Johanniter mit Serbische Bohnensuppe und 'n Stück Brot dabei, danach Wackelpudding mit Eierlikör und als Mitternachtsbuffet nochmal die Serbische verlängert und mit Maggi verfeinert. So kam ich auf Gesamtkosten der Essensausgabe von 3,80 Mark pro Person inklusive Personal. Das hätte ich sicher noch um ein paar Pfennig drücken können, aber bringt ja auch nix, wenn die Johanniter bei der Essensausgabe gucken wie drei Wochen Regenwetter. Getränke waren an sich noch günstiger. Ich hab rechtzeitig nach Sonderangeboten geguckt und mir 'ne Palette Gutsherren-Edelpils gesichert. Wein ausm Tetrapak war für unter 'ner Mark den Liter zu kriegen. Schnäpse hatte ich noch so viel angebrochene Flaschen selbst, dass ich froh war, dass die endlich wegkamen.

Fehlte noch die Musik, da hatte meine alte Dual-Anlage ihren letzten Auftritt, und die Cassetten ausm Auto kamen zum Einsatz. Stühle und Tische übernahmen auch die Johanniter, dafür hat mein Erzeuger denen das Scheißhaus im Vereinsheim neu gefliest. Wenn ich jetzt meine ganze Arbeit nicht rechne, komme ich auf neunhundertfünfundvierzig Mark gesamt, dem gegenüber stehen fünfzehntausend Mark zu erwartende Einnahmen, macht einen Gewinn von vierzehntausend und fünfundfünfzig Mark. Da wird Jutta aber Augen machen. Wichtig war, dass die Geschenkabgabe im kirchlichen Teil stattfindet, denn der war ja noch ganz normal feierlich. Besser, man hatte die Kohle schon mal eingesackt, bevor die ganzen Gäste bei Kruballa in die Schmierölbutze einrückten und womöglich den Einsatz halbieren. Zuerst hat sich der Pfarrer dagegen gewehrt, das würde seinen Tempel entweihen und was nicht alles. Aber dann hab ich ihm klipp und klar gesagt, dass er mich mal kreuzweise könnte, und er soll sich nicht so haben, ich dächte nämlich drüber nach, zehn Prozent der Einnahmen als Inkasso-Gebühr zur persönlichen Verwendung des Pfarrers auszuschütten. Schließlich haben dann zwei Konfirmanden die Umschläge nach dem Ja-Wort eingesammelt. Von der Kohle hat der Hirte natürlich keinen Pfennig gesehen, ich bin ja nicht blöd. Hatte ich eigentlich erwähnt, dass wir vorher noch beim Standesamt waren? Hatte ich nicht, war auch stinkenlangweilig.

DER HOCHZEITSTAG

Von der Kirche ging's im Brautwagen – natürlich in der brandneuen Jetta GT – zum Festsaal, für mich der Höhepunkt der Feier. Ich bin selbst gefahren, is ja wohl klar, dass ich da keinen anderen den heiligen Stuhl der Jetta vollfurzen ließ. Ich saß also vorne, und Jutta hat auf dem Rücksitz das Geld aus den Umschlägen gezählt: achtundsechzig Umschläge mit elftausendachthundertfünfzig Mark. Sieben Parteien hatten entweder nicht gezahlt oder waren nicht gekommen, das musste man später überprüfen, und siebzehnhundertfünfzig fehlten trotzdem noch, durchschnittlich hatte also jede Person nur 87,13 Mark gezahlt statt der erwarteten hundert. Wer die Übeltäter waren, ließ sich so auf die Schnelle nicht feststellen, und wir mussten auch los, denn wir standen schon 'ne Viertelstunde vor der Kirche und waren am Geldzählen. Ein paar von den Schlesiern schoben längst Kohldampf und fingen an zu hupen.

Was willste machen, der Reingewinn schmolz auf zehntausendneunhundertfünf Mark zusammen. Meine Stimmung war schon etwas im Keller, hellte sich aber auf, als ich an die langen Gesichter der knickrigen Saubande im Angesicht der Serbischen Bohnensuppe dachte. Nun ging's also los, waren auch bloß drei Kilometer bis Kruballas Garage. Sven, also Kruballa, hatte versprochen, alle Autowracks aus der Hütte rauszuschieben und die Öllachen wegzumachen, damit sich keiner der Gäste auf die Fresse legt. In der ganzen Hektik und dem Generve mit dem Pfarrer hatte ich mich da vorher nicht mehr drum kümmern können. Das mit den verminderten Einnahmen rumorte immer noch in mir, als wir vor dem «Festsaal» eintrafen. Ich hatte Jutta nichts von der aktuellen «Fachwerkscheune» erzählt und war jetzt auf ein derbes Donnerwetter gefasst, wenn sie die alte Wellblechbutze sehen würde.

Wenigstens war es ein lauer Altweibersommer-Nachmittag, und jetzt war ich selber davon überrascht, was Sven mit seinen Kumpels aus der Höhle gezaubert hatte. Von außen war sie nicht mehr wiederzuerkennen vor lauter Birkengrün, und dazwischen hatten irgendwelche Frauen, die Kruballa kannte, rote Rosen geflochten. Innen drin roch es zwar noch etwas nach Benzin und Schmieröl, aber es sah total geil aus, Jutta war hin und weg. Auf den Biertischen waren überall Blumengestecke und Kerzen. Es gab Teller aus richtigem Porzellan, keine Ahnung, wo Kruballa die organisiert hatte. Die Serbische Bohnensuppe kam dann mehr so mittelprächtig an, aber meine Schnäpse wurden ordentlich genommen, die Kronkorken der Edelpilspullen ploppten, und die Kinder beschmissen sich mit Wackelpudding. Dass die Mitternachtssuppe nur die verlängerte von Mittag war, ist keinem aufgefallen. Du glaubst ja nich, wie Maggi den Geschmack verändert.

Halb drei war alles vorbei, da gingen die Letzten, und alle haben gesagt, endlich mal 'ne Feier, bei der es nicht so steif zuging. So glücklich hatte ich Jutta noch nie gesehen. Ich war auch gut zufrieden, das lag teilweise an der halben Flasche Springer Urvater, aber auch an dem Gefühl, dass du bei jemandem, in diesem Falle bei Jutta, einen Gefallen gut hast. Als ich ihr noch erzählte, wir hätten achttausend Mark überbehalten, war sie völlig ausm Häuschen. Gut zweitausendfünfhundert Mark hatte ich mir eingesteckt für Sonstiges und Lametta, bisschen was musste ich von der Hochzeit schließlich auch haben. Und das Wichtigste in einer Ehe is, dass die Frau nich über alles Bescheid weiß, ist jedenfalls meine Meinung.

SCHWIEGERELTERN

Die Hochzeitsnacht war dann nich so der ganz große Knaller, weil erstens hatte ich die halbe Flasche Springer Urvater drin neben den diversen Pullen Pils, und zweitens war der Bauwagen, wo wir den Rest der Nacht gewesen sind, nicht gerade die Fürstensuite im Kaiserhof. Die Nächte im September können auch schon ziemlich kalt werden, und deckenmäßig war es da drin auch nicht zu best bestellt. Wir haben beide gefroren wie die Schneider und sind um fünf Uhr morgens, jeder allein, nach sein Zuhause gezuckelt. Das war jetzt nicht ganz so superromantisch, und ich merkte schon, dass Jutta etwas enttäuscht war nach der an sich ganz gelungenen Hochzeitsfeier.

Also bin ich am nächsten Morgen mit der üblichen Schachtel *Mon Chérie*, die man an der Tanke Ende September schon *kriegen* konnte, zu ihren Eltern gefahren, wo sie ja immer noch wohnte. Ich wollte sie überraschen mit meinem Plan zu unseren Flitterwochen. Weil mein Junggesellenabschied flachgefallen war in der ganzen Hektik, hatte ich meine Kumpels Sven Kruballa, Zuckmeier und den Langen gefragt, ob sie nich mitkommen wollten in unsere Flitterwochen, auch als kleines Dankeschön dafür, dass sie Svennis Wellblechschuppen so schön geschmückt hatten.

Ich also zu Juttas Haus rein. Standen da zuerst Walter und Ilse, die Eltern von Jutta, und guckten mich an, als hätte ich in meinen Sachen gepennt, was allerdings auch stimmte. Ich wollte nicht sofort mit der Tür ins Haus fallen und hab den beiden erst mal bisschen Honig um den Bart geschmiert, was für 'ne mördermäßige Tochter sie da großgezogen hätten und wie dankbar ich doch wäre, dass ich dieses scharfe Geschoss heiraten durfte. In der Hochzeitsnacht wäre es zwar nicht zum Äußersten gekommen, aber wir hätten ja auch noch unser ganzes Leben lang Zeit für die eheliche Pflicht. Das war jetzt Ilse schon «zu untenrum», und verschwunden war sie. Walter guckte auch etwas komisch, dabei wollte ich nur das Eis brechen zwischen uns, denn ich wusste, die beiden hatten sich was anderes für ihre pummelige kleine Prinzessin vorgestellt als so 'nen Schlaks vonner Straße, mehr einen, der aufe Stadt arbeitet und mit sauberen Fingernägeln.

Nun war's, wie's is, und schließlich waren sie ja auch zu unserer Hochzeit erschienen und hatten gute Miene zum bösen Spiel gemacht. Ob Jutta denn schon wach wäre, fragte ich, da wäre eine Überraschung für sie vorhanden. Ich hatte den Prospekt dabei von da, wo wir unsere Hochzeitsreise hinmachen wollten. Ich wusste, Jutta wäre gern nach Mallorca geflogen, weil da um diese Zeit irgendein Gestrüpp blüht, welches, weiß ich nich, kenn ich mich nicht mit aus mit Gestrüppen. Aber einen Ort, wo man nich mit 'nen Auto hinkann, müsste es meinethalben gar nich geben, jedenfalls für Wolfgang Schrage. Ich fand immer, Deutschland hat auch haufenweise schöne Ecken, wo man noch nich gewesen is. Deshalb sagte ich mir, warum nich ans Meer fahren, ans Steinhuder Meer, das is nich so weit und in der Nachsaison auch nich teuer. Jedenfalls nicht, wenn man nicht direkt aufs Wasser gucken will. Unser Ferienhaus war auf dem Campingplatz Erlengrund in Münchehagen, na gut «Ferienhaus», es war ein Wohnwagen, ein Tabbert Gouverneur 480 Baujahr 1971, den hatte ein Kumpel von mir da stehen mit alles, was man braucht. Vom Erlengrund bis nach Steinhude waren es drei Stunden zu Fuß, wenn man stramm ging, also durchaus machbar. Man musste da aber gar nich hin. Bloß fünfhundert Meter den Berg hoch, und von da aus konnte man das Steinhuder Meer komplett sehen, jedenfalls mehr davon, als wenn man direkt in Steinhude gewohnt hätte.

Als Jutta dann endlich aufgestanden ist, hab ich ihr den Prospekt gezeigt vom Erlengrund. Zuerst war sie nicht so begeistert, dass es nich Mallorca war. Aber was das Schöne is, so 'ne Jutta, die findet sich da schnell rein in die neue Situation.

Ich sag mal, das is der Vorteil von Frauen, die jetzt nicht ganz so super attraktiv sind. Das is jetzt nicht negativ gemeint, im Gegenteil. Würde ich heute aus meiner Sicht jedem eher zu raten zu so einem Typ als zu so 'ner Freibad-Schönheit. Wenn solche auch sonst nix wissen, aber das wissen se, was sie bei Männern unterrum auslösen. Und das nutzen die gnadenlos aus. Ich hab schon gestandene Männer zerbrechen sehen, weil sie auf so eine reingefallen sind. Und weil sie an ihren Männern immer nur am Nörgeln sind, werden se selbst immer hässlicher. Dauert keine zehn Jahre, und aus dem Schwan von früher ist ein faltiger Truthahn geworden. Nä, da is mir Jutta doch wesentlich lieber, sie is immer noch die Jutta, die ich geheiratet habe, wie gesagt, ein solides Fundament für 'ne Ehe. So weit dazu. Andern Tag sind wir dann los in den Erlengrund.

DIE FLITTERWOCHE

Insgesamt eine ganz ansprechende Anlage auf ihre Art, nich so überkandidelt, dass man sich wie 'n Eindringling vorkommt, sondern ganz normal. Auf dem Gelände gab's 'n Schwimmbad, was jetzt um diese Jahreszeit nich ganz so wichtig war, und auch 'ne Kneipe für abends. Es war zwar nich weit bis zum Steinhuder Meer, aber im Grunde hatte man auch hier alles und musste da gar nich hin. Jutta hatte ich vorher nich direkt gesagt, wo wir da unterkommen würden, womöglich glaubte sie noch an so was wie 'nen Ferienhaus. Aber bei dem Wort Campingplatz hätte sie an sich auch selbst drauf kommen können, was es ist, immerhin kein Zelt. Trotzdem war sie 'n bisschen enttäuscht, als sie den alten Tabbert mit dem Moos an den Fenstern sah. Aber wie so 'ne Jutta nun mal is, die findet sich in eine Situation und hat drei

Stunden lang den Gouverneur geschrubbt, dass er blitzeblank aussah wie neu. Innen, ja gut, es roch etwas muffig, aber das is ja nix Außergewöhnliches bei alten Wohnwagen, die im Grunde mehr oder weniger aus Presspappe bestehen. Mit Querlüften war das meiste von dem Muff auch weg, und als wir abends in der Rundsitzgruppe saßen und jeder zwei Würstchen kalt ausm Glas verputzten, da war die Stimmung, man könnte fast sagen, «gelöst».

Das änderte sich schlagartig, als am anderen Morgen Kruballa, Zuckmeier und der Lange mit 'ner Kiste Bier vor dem Wohnwagen standen. Jutta lehnte im Schlüpfer inner Tür und kapierte zuerst gar nich, was das hier sollte. Als ich sagte, die drei würden mit uns die Flitterwochen hier verbringen, da fiel ihr die Kinnlade runter. Jutta is aber nich der Typ, der anfängt zu schreien, wenn ihr was nich passt, die frisst alles mehr so in sich rein. Zack, knallte die Tür vom Tabbert wieder zu, die drei Kasperköppe guckten dämlich, und ich wusste auch nich, was jetzt los war. Na gut, der Tabbert hatte bloß vier Schlafplätze, und wir waren jetzt zu fünft, aber das war nach Adam Riese auch bloß einer mehr. Na ja, wir vier draußen vorm Tabbert haben uns erst mal in die Plastikstühle gehauen und 'ne Flasche Gutsherren-Edelpils angelutscht. Drei Minuten später tauchte Jutta wieder in der Tür vom Tabbert auf, gestiefelt und geschnürt, ihren kleinen Pappkoffer in der Hand. Ohne ein Wort marschierte sie ab Richtung Nordnordoost, wie se früher im Wetterbericht immer sagten. Das war grob die Richtung Steinhuder Meer. Wir vier haben erst mal unser Pils ausgetrunken, denn abgestanden schmeckt das nachher ja nich mehr. Dann sind wir hinterher. Oben aufm Berg steht son Aussichtsturm, den hatte Graf Wilhelm da hinbauen lassen, um die Arbeitslosen in seinem Herrschaftsgebiet etwas an die Kandare zu nehmen. Ja nich Hartz vier innen Arsch blasen, nix da: Raboti, raboti, so ging das damals. Da oben haben wir Jutta wieder eingefangen. Erst war se 'n bisschen nölig, aber der Spaziergang hatte ihr wohl gutgetan, denn sie kam freiwillig mit uns zurück zum Erlengrund.

Die sieben Tage Flitterwoche mit den vier anderen verliefen dann nich ganz so wie geplant. Ich hatte gedacht, ich mach mir 'n paar gemütliche Tage mit den Jungs aufm Campingplatz, und Jutta betüddelt uns 'n büschen, wo se ja auch den ganzen Tag Zeit hat, um was Leckeres zu kochen für alle. Und als Belohnung machen wir dann an einem Tag mit allen eine Tour nach Steinhude und essen ein Matjesbrötchen. Das war der Plan, aber ablaufen tat es dann doch etwas anders.

Fing damit an, dass der Tabbert nur vier Schlafplätze hatte, wir aber, wie gesagt, zu fünft waren. Im Endeffekt lief es darauf hinaus, dass Jutta allein im Schlafraum übernachtete und die drei Schergen auf der umgebauten Rundsitzgruppe abends wegmuckerten. Da waren sie meist auch schon so blau, dass sie überall eingepennt wären. Ich hab im Jetta übernachtet, was auch nich so schlimm war, denn der GT hat Liegesitze, und nach 'ner Zeit schläft man dann doch irgendwie ein. Tagsüber lief es auch nich so ganz nach Plan. Statt dass Jutta für uns alle gekocht hat, haben die vier die ganze Zeit Doppelkopf gespielt. Stimmt, hatte ich noch gar nich erwähnt, Jutta is 'ne leidenschaftliche Doppelkopf-Spielerin und hat so 'ne eigene Mädels-Clique einmal alle vierzehn Tage, wo se Karten kloppen. Als sie mitgekriegt hat, wie sich Kruballa, Zuckmeier und der Lange darüber unterhalten haben, dass zum perfekten Urlaubsglück nur der vierte Mann zum Doppelkopf fehlte, wurde Jutta sofort hellhörig. Ich hab's ja nich so mit Kartenspielen, kein Skat, kein Doppelkopf, kein Mau-Mau, nix. Jutta war da das genaue Gegenteil und in vielen Sachen auch 'ne untypische Frau. Das hätte ich schon merken müssen, als wir uns kennenlernten und sie nich wie die andern Mädels alle 'n Automatik-Mofa fuhr, sondern 'ne Zweigang-Libelle. So 'ne Frau spielt auch Doppelkopf. Immerhin macht sie keinen Kampfsport.

Als die vier ihre gemeinsame Leidenschaft entdeckt hatten, gab's kein Halten mehr. Entweder drinnen im Tabbert oder draußen auf den Plastikstühlen wurde den ganzen Tag Karten gekloppt. Ich war mehr oder weniger ihr Laufbursche. «Schrage, hol mal halbe Hähnchen für alle. Schrage, Bier is alle. Schrage, was gibts heute Abend zu essen?» So ging das die ganze Zeit. Wenn ich nicht gerade was besorgen oder kochen musste, durfte ich denen ihren Müll wegräumen und die Hähnchenknochen unterm Tisch aufsuchen.

Zu dieser Zeit muss sich Jutta angewöhnt haben, mich «Schrage» zu rufen, wenn ihr was nich passte oder ich was machen sollte. Die ersten Jahre der Ehe war das noch eher selten, aber später war ich bloß noch «Schrage», was soll's, so heiß ich ja auch an sich, die Frau allerdings auch. Aus dem Ausflug nach Steinhude und den Matjesbrötchen ist dann auch nix geworden. Stattdessen haben die vier ein Doppelkopf-Turnier auf dem Campingplatz Erlengrund organisiert. Das war ein Hallo, den ganzen Sonnabend wurde an fünf Tischen parallel gespielt, und abends um acht stand der Sieger fest: Wie sollte es anders sein, es war Jutta mit knappen Vorsprung vor Zuckmeier, der auch 'ne gute Hand hatte.

Wenn ich später ausnahmsweise mal mit Jutta ins Bräustübchen ging und die drei hingen da ab wie immer, dann war ich Luft für die Jungs, die verehrten Jutta regelrecht. An dem Sonntag nachm Turnier war die «Flitterwoche» zu Ende und die Sachen alle in der Jetta verpackt. Die Jungs waren im eigenen Wagen gekommen, der Tabbert Gouverneur 480 sah viel besser aus als bei unserer Ankunft, und wir fuhren ab nach Hause. Eine warme Septembersonne schien auf der ganzen Fahrt von hinten in meine Jetta, und an einigen Bäumen wurde das Laub schon braun. Jutta schlief auf der ganzen Rückfahrt und hatte dieses Lächeln im Gesicht, das sie ab und zu, aber viel zu selten, hatte, wenn sie glücklich war. Dann war sie für mich in dem Moment die schönste Frau, die ich kannte.

In den Jahren danach hab ich sie öfter mal gefragt, ob wir nicht einen Kurzurlaub oder 'nen Tagesausflug zum Erlengrund machen wollen. Dann hat sie ganz kurz wieder dieses besondere Lächeln, sagte aber nein, sie wolle sich nicht ihre schöne Erinnerung kaputt machen, denn das sei schließlich das Einzige, was einem bliebe im Alter. Manchmal macht mir meine Jutta regelrecht Angst.

ICH WERDE EIN MANN
VON DER STRASSE

DIE EINSTELLUNG

Hatte ich ja schon erzählt, dass ich von Hause aus Konditor gelernt habe, aber in dem Beruf selber nich groß tätig war. Obwohl da bloß Männer gearbeitet haben in der Konditorei, hatte der Beruf für mich immer was Weibisches. Das muss nicht mal schlecht sein, vielleicht liege ich da auch falsch, war aber so für mich. Und mein Traum war ja immer schon die Straße, wo die richtigen Männer arbeiten. So kam es dann ja auch, dass ich nachm Bund bei der StruWAG vorstellig geworden bin. Weiß ich noch wie heute, das Herz hing mir inner Buchse, so aufgeregt war ich, mehr als vor meiner ersten Nummer mit Jutta, der in dem Datsun Bluebird, hatte ich, glaub ich, schon mal erwähnt und möchte ich eigentlich auch nicht groß dran erinnert werden. Den fuhr ich ja damals noch, und deshalb komme ich da jetzt drauf. Bin ich also zur Badeckenstedter Straße 12 bis 18 gefahren, da ist die Zentrale vonner StruWAG. Konnste schon von weitem sehen, die großen Buchstaben aufm Dach: *Straßen- und Wegebau Aktiengesellschaft vormals Bregendorf und Söhne*. Ich weiß nicht, ob du diese Buchstaben in Amerika kennst, wo se Hollywood an den Berg genagelt haben, so sah das damals für mich aus.

Ein imposantes Gebäude, ich würde mal sagen, alles aus Klinker und ging zweiundzwanzig Stufen die Treppe hoch, weiß ich noch wie heute. Vorm eigentlichen Eingang war son Glaskasten, da saß ein Oppa drin mit Uniform, der mich fragte, zu wem ich denn wollte und ob ich einen Termin hätte. Hatte ich natürlich nich, ich sag, ich wollte mich mal erkundigen, ob ich hier anfangen könnte bei der Firma. Da musste er lachen, hat aber trotzdem den Telefonhörer inne Hand genommen und 'ne dreistellige Nummer gewählt. Nach 'ner Zeit legte er auf und sagte: «Herr Bregendorf erwartet Sie.»

Wie jetzt, der Chef selbst? Mir schlotterten die Knie.

«Die Treppe hoch und dann die zweite Tür links.»

Ich rein und zur Tür, klopfte an, und sofort sagte eine etwas piepsige Stimme: «Herein.» Scheiße, dachte ich, der alte Bregendorf ist doch wohl kein Andersrummer, ich mein, is mir egal, kann jeder nach seiner Fasson rumorgeln, muss ja schließlich jeder selber wissen. Aber ich hätte nicht gewusst, wie man so einem als Chef in die Augen gucken sollte, ob man z. B. gleich mit der Tür ins Haus fallen sollte und sagen, man hätte nix gegen Schwule. Über solche Probleme machen sich die Schwulen selbst ja gar keine Gedanken. Jedenfalls war es dann nicht Bregendorf, mit der Stimme, sondern seine Vorzimmermieze, ein steinaltes Gewächs, passend zu der staubigen Sansevierie auf der Fensterbank.

«Herr Dr. Bregendorf empfängt Sie sofort», sagte die Sansevierie. Keine zehn Minuten später, ich hatte die *Schwarzdecke aktuell* noch nicht mal zur Hälfte durchgeblättert, ging die Tür auf, und der Alte selbst rief mich rein. «Sie sind der Herr Schrage, ich kannte mal eine Gaststätte in Wellingholzhausen, ist das Verwandtschaft?», fing er gleich ganz kumpelhaft an. Konnte ich nix zu sagen, denn mein Erzeuger hatte sich mit alle inne Flicken, keine Ahnung, mit wem wir alles verwandt waren.

«Sie wollen also bei uns anfangen, was haben Sie denn vorher gemacht?»

Als ich «Konditor» sagte, musste er lachen: «Dann können Sie ja bei uns Teer verspritzen statt Schlagsahne. Müllerchen, rufen

Se doch mal den Schneidereit an, ob er noch 'nen Teerspritzer für seine Kolonne brauchen kann. Hat mich gefreut, Herr Prange, ich kannte da mal ein Autohaus in Hilter am Teutoburger Wald, ist das Verwandtschaft von Ihnen? Müllerchen, bringen Sie den Herrn doch bitte zu Schneidereit auf den Hof.» Das war das komplette Einstellungsgespräch, und so wurde ich zum zweiten Mann an der Teerspritze.

MURAT

Der erste war Murat, ein Türke aus Bulgarien. Ich weiß nich, ob du wusstest, dass es da auch welche von denen gibt, an sich sind die ja mittlerweile überall eingesickert. Aber Murat hat mir erzählt, seine Familie wohnt da schon seit der Zeit, als das noch zur Türkei gehörte, deshalb spricht er auch noch türkisch, aber schreiben kann er nur in russische Buchstaben, weil das offiziell is in Bulgarien. Deshalb kann er seinen Verwandten auf der anderen Seite der Grenze auch nich schreiben, weil die können es nicht lesen, obwohl sie's an sich verstehen. Schon komisch, was es alles so gibt. Murat is an sich ein umgänglicher Typ, und nach und nach taute er immer mehr auf. Ich sag immer, es sind auch Menschen, nich ganz wie wir, aber was willste machen.

Da fällt mir grad noch 'ne Schote vom Bund ein, warum, weiß ich jetzt nich, bin ich Hirnforscher? In der zweiten Kompanie hatten wir 'nen Zetti, Lorch aus Saarlouis, genannt «Lurch». Der fraß mittags inner Kantine nur Kartoffeln, und da kippte er 'ne Dose Cola drüber und zermanschte das zu so 'nem plockigen Brei. «Na, Lurch, hat dir wieder der Schäferhund von der Wache aufn Teller geschissen?», sagten dann immer alle. Lurch ist viel später, nach über zwölf Jahren Dienst, als Nato-Zebra abgegangen, musste dir mal vorstellen. Wenn du nur Kartoffeln mit Cola frisst, kannst du auch beim Bund nix werden. Muss man sich wundern, dass sein Körper das überhaupt mitgemacht hat. Entweder war Lurch ein knallharter Typ, oder Cola enthält mehr Vitamine, als sie zugeben. Viele Jahre nach meiner Zeit beim Bund hab ich Lurch noch mal im Saarland wiedergetroffen, ich auf der Rückreise von meinem Ferienhaus in Frankreich, Lurch als Besitzer einer hässlichen Protzvilla – wie das Leben so spielt.

ALLTAG

Da hat sich seitdem bis inne heutige Zeit nicht viel dran geändert. Um halb sechs jeden Morgen klingelt der Wecker, Jutta ist da meist schon auf, sogar schon wieder da, weil sie morgens die Zeitung austrägt, hat se 'n bisschen Geld für sich, ich gönn ihr das. Sie bringt dann die Brötchentüte mit und macht Frühstück. Wenn ich ausm Badezimmer komme, riecht es schon nach Kaffee. Da muss ich manchmal denken, dass so 'ne Ehe doch nicht die schlechteste Lebensform auf Erden is. Ich bin froh, wenn ich ausm Badezimmer raus bin, das hat damals mein Vater noch gefliest. Machste dir keinen Begriff von, wie hässlich das is. Aber es ging sozusagen «konstruktionsbedingt» nicht anders damals, deshalb waren wir froh, dass er das gemacht hat.

Fünf Jahre nachm Einzug war immer noch jeden Sonnabend Fliesentag bei uns, genau wie zu Hause früher. Da hab ich mich natürlich gefragt, wieso ich überhaupt von da weggezogen bin, um mir den gleichen Stress in meinem eigenen Haus anzutun. Freitagabend immer dieselbe Frage von Jutta: «Warst du schon auf Klo, Wolfgang, du weißt ja, morgen is Fliesentag?» In dem

Falle nannte sie mich noch Wolfgang, aber sobald die Frage kam, setzte bei mir automatisch die Verstopfung ein, und ich konnte nicht, das war das Trauma als Kind eines Fliesenlegers. Muss ich bei Gelegenheit mal erzählen, wie das ablief, son Fliesentag, fällste vom Glauben ab. Jedenfalls konnte ich auf Deubel komm raus Freitagabend nicht vorscheißen, das machte mein Darm einfach nicht mit, auch später in unserm eigenen Badezimmer nicht. Also bin ich rüber ins Bräustübchen gefahren zu Lisbeth, die machte jeden Morgen schon um sieben auf, auch sonnabends. Kannste natürlich auch nicht einfach rein und sagen: «Lisbeth, ich will nur eben für kleine Fliesenleger, nix für ungut.»

Also hast du dir zur Tarnung und anstandshalber auf die Schnelle ein Durchgezapftes reingeschraubt, dann biste aufn Klo verschwunden, und wenn du wieder runterkamst, saßen da schon die üblichen Verdächtigen an der Theke, Sven Kruballa, Zuckmeier und der Lange. Meist war es der Lange, der dann anfing: «Na, Wolli, darfste zu Hause wieder nich aufn Lokus?»

Alle haben gelacht, und so bin ich dann an der Theke hängengeblieben, zwei, drei Runden waren's dann meistens, auf nüchternen Magen haut das den stärksten Braunbären um. Wenn ich dann gegen halb elf leicht angebreitet von Lisbeth zurückkam, war der Fliesentag schon voll im Gange. Da haben sich Szenen abgespielt zwischen mir und den Fliesenglotzern, da machste dir keinen Begriff von. Das waren die Jahre, wo unsere Ehe am meisten inne Brüche lag. Jedenfalls erinnert mich unser Badezimmer heute immer noch an die Fliesentage von damals, und wenn ich in Rente bin, schlag ich vielleicht das ganze «Kunstwerk» vonne Wände.

Aber sobald ich morgens aus der Fliesenhölle rauskomme und den Kaffee und die frischen Brötchen rieche, bin ich wieder versöhnt mit der Welt – fürn Moment wenigstens. Ich ess immer ein Brötchen mit Marmelade und eins danach mit Cervelatwurst, dazu anderthalb Tassen Bohnenkaffee. Zwei Brötchen mit was wegmuss für die Frühstückspause aufer Arbeit schmiert mir Jutta dann immer noch fertig. Um Viertel nach sechs sitze ich aufm Bock vom Materialkraftwagen, dem MKW, der parkt bei uns inner Einfahrt. Abend vorher hab ich den immer schon aufn Bauhof fertig gepackt und kann jetzt direkt nache Baustelle fahren. Ich bin der Einzige vonne StruWAG, der mitn Firmenwagen nach Hause fahren darf. Das is mein ganzer Stolz, wenn der MKW vonner StruWAG abends bei uns inner Einfahrt parkt und jeder, der vorbeifährt, sehen kann, welch Geistes Kind da wohnt. Viertel nach sechs erst los morgens ist natürlich Luxus. Wenn die Baustellen weiter weg liegen, muss ich auch schon mal um halb fünf los. Für Jutta heißt das, sie muss ihre Zeitungstour unterbrechen und mir zu Hause Kaffee kochen.

Die Fahrt alleine im MKW ist die schönste Zeit vom Tag, man kann über den Sinn des Lebens nachdenken oder auch mal einen reißen lassen, ohne dass die Kollegen gleich «ein Stück Brot dabei» rufen. Manchmal hör ich während der Fahrt alte Cassetten von früher, und dann biste auf einmal wieder der junge Hecht von damals und denkst, was hätte alles aus dir werden können bei den unendlichen Möglichkeiten früher. Nun biste im reifen Mannesalter, und die Grube ruft schon nach dir, das sind so die Gedanken, und dann is man froh, wenn man aufer Baustelle is und einen die Kollegen aufn Sack gehen.

SCHNEIDEREIT

Einer davon war in meinen ersten StruWAG-Jahren Günter Schneidereit, der Kolonnenführer, ein Arschloch vor dem Herrn.

Der hat die Leute gepiesackt, wo es nur ging. Einmal weiß ich noch, da hat er einen von den Rumänen zwei Stunden im Dixi-Klo eingesperrt, weil der seine Schaufel nicht ordentlich sauber gemacht hatte. Und wenn der Asphalt da dran erst mal aushärtet, hast du verloren. Den Rumänen hat die Strafe natürlich nich besonders gekratzt, das is 'ne andere Kultur, damals, noch unter Schauscheskuh, da wurdste dauernd wegen irgendwas weggesperrt. Schneidereit kam immer mit seinem eigenen Passat nache Baustelle und hatte den so geparkt, dass auf keinen Fall Teerspritzer an den Lack kamen. Einmal hatte er den Schlüssel stecken lassen, und Murat hat den Wagen zehn Meter näher an den Asphalt-Kocher gefahren. Weil alles immer in Bewegung is auf so 'ner Autobahnbaustelle, hat Schneidereit das gar nich gemerkt. Auch nich die winzigen Teerspritzer in seinem Lack. Erst nach drei Tagen, als er mit dem Wagen inner Waschanlage war, is ihm das Malheur aufgefallen. Er dachte, das wär sein Fehler gewesen, weil er zu dicht geparkt hatte, und hätte sich selber innen Arsch beißen können. 'ne Woche später hing ein Zettel am Frühstückscontainer: «Passat GL umständehalber günstig abzugeben.» Von den Lackschäden stand da nix, aber alle wussten Bescheid. Murat hat den Wagen dann fürn Appel und 'nen Ei gekauft und nach Bulgarien verschoben. Scheiderei dachte sogar noch, er hätte den Türken übers Ohr gehauen. Aber ich sag mal, wenn se eins sind, gewitzt sind se, die Türken. Ich war froh, als ich von Schneidereits Kolonne abgezogen wurde, weil der Alte einen Fahrer für den MKW suchte. Das war ein Vertrauensposten, da konnteste nicht jeden Heiopei draufsetzen, und so kam ich zu dem Traumjob.

Von Lurch, dem Zetti, hatte ich ja schon berichtet, der hing immer ab mit einem anderen Sackgassen-Dienstgrad, mit HG UA Eisenbarth, Hauptgefreiter Unteroffizier-Anwärter, gleich vier Pommes auf den Schultern aber ohne Goldschlaufe, also kein bestandener Lehrgang, mit anderen Worten: Totalausfall. Eisenbarth, genannt Blechfresse, war auch von der Saar. Blechfresse fraß allerdings nich bloß Kartoffeln, sondern ließ sich von seiner Mama immer Fresspakete schicken mit Schweinesteckdosen in Gelee. Lurch und Blechfresse hingen in der StOV rum, Abteilung Materialausgabe, zusammen hießen sie «die beiden Handtuch-Fotzen», obwohl es meist um die Ausgabe von Scheißpapier ging. Lurch saß die ganze Zeit auf 'ner A5 rum und spielte mit seinen Eiern, Blechfresse hielt den Betrieb am Laufen. Wenn Nato-Alarm war, mussten sogar die Handtuch-Fotzen zum Gewehr greifen und vor der Kaserne antreten, hatten se natürlich keinen Bock drauf. Meist haben se sich dann hinter den Regalen mit dem Lokuspapier verkrümelt und gewartet, bis der Spuk vorbei war. Durch ihre Nichtanwesenheit wurde die Verteidigungsbereitschaft der Bundesrepublik jedenfalls nich unbedingt geschwächt.

Es war ganz zu Anfang meiner Zeit beim Bund, ich sogar noch in der Grundausbildung, da gab es diesen Nato-Alarm, wo das passierte, es handelte es sich um das Manöver «Defensive Towel Issue». Das Manöver «Wehrhafte Handtuchausgabe» ging davon aus, dass es dem Warschauer Pakt gelungen war, die erste Verteidigungslinie vom Nachschub zu trennen. Hintergrund von deren Strategie war: Wenn die Soldaten an der Front vom Dreilagigen abgeschnitten werden, fangen sie an zu maulen, und die Wehrkraft fällt in sich zusammen. Bei «Defensive Towel Issue» sollte geübt werden, wie auf der anderen Seite die Soldaten vom Nachschub ohne Verbindung zu den Einsatzkräften mit eigenen Mitteln ihren Standort verteidigen können.

Um den mitgereisten Journalisten wenigstens etwas Feuerzauber zu bieten, haben die vom Dreiunddreißigsten – die haben die Angreifer gespielt – mit Übungsmunition in die Handtuchausgabe geballert, ob das genauso vorgesehen war in der insgesamten Nato-Strategie, kann ich jetzt nicht sagen. Als sich der Rauch verzogen hatte, kamen Lurch und Blechfresse hinter den Regalen vor und hatten sich von oben bis unten eingepisst. Ein Fotoreporter hat das dann auch noch geknipst. Damals gab es ja noch keine handverlesenen Journalisten wie im Golfkrieg, die machten damals noch, was sie wollten. Und der hat das Bild dann an möglichst viele Zeitungen verbimmelt. So haben es die beiden Handtuch-Fotzen auf jede Menge Titelseiten geschafft, ich meine sogar aufn Stern. Eine Überschrift weiß ich noch: «Bundeswehr bedingt abwehrbereit», und dazu die Zugestrullten. In der Zeit war Hans Apel deutscher Verteidigungsminister, als er das Bild von den beiden gesehen hat, soll er seine legendären Spruch losgelassen haben: «Ich glaub, mich tritt ein Pferd.»

Auch für die Nato blieb die Nummer nicht ohne Folgen. Nach dieser Schmach folgte vier Jahre später das Manöver «Able Archer», was ungefähr «Geschickter Bogenpisser» hieß und 1983 beinahe einen Atomkrieg ausgelöst hätte, so haben die da auf die Kacke gehauen. Die Russkis hatten in der Ostzone schon ihre Suchoi-Jagdbomber mit drangeschraubte Atomwaffen in Gefechtsbereitschaft versetzt. In ganz Osteuropa gingen die mobilen Abschussrampen der SS-20-Mittelstreckenraketen in Stellung, so isses jedenfalls später rausgekommen. Musste dir mal vorstellen, zwei Hauptgefreite aus der Handtuchausgabe schiffen sich 1979 ins Hemd, und dadurch wird vier Jahre später beinahe der Dritte Weltkrieg ausgelöst. Ich war 83 ja schon längst weg vom Barras, und was aus den beiden geworden war, wusste ich nicht. Hab ich jedenfalls 'ne ganze Zeitlang gedacht, bis zu dem Tag 1989, als ich morgens beim Frühstück die Zeitung aufschlage.

DIE STRUWAG

Aber an sich wollte ich ja von meiner Arbeit berichten, was wir hauptsächlich so machen. Die StruWAG ist eines der größten Tiefbau-Unternehmen in Deutschland. Wir bauen neue Autobahnen mit allem, was dazugehört: Brücken, Parkplätze, Auffahrten, der ganze Gammel. Das meiste sind aber Fahrbahnsanierungen und -erweiterungen, dann schreibt der Bund meinetwegen ein Los aus für die A7 zwischen Seesen und Bockenem, sechsstreifiger Ausbau. Darauf bewerben sich dann die fünf großen in Frage kommenden Firmen. Jede gibt ein Gebot ab, is aber untereinander längst abgekaspert, wer's kriegt, jede kommt mal dran. Der Preis, der da drinsteht, hat nix mit der Realität zu tun. Bist du erst mal im Geschäft, sind die Tresore offen, meist wird das Los dann ungefähr achtmal so teuer wie im Angebot. Liegt aber auch an der öffentlichen Hand. Da sollen dann schnell mal zusätzlich fünf Kilometer Flüsterasphalt aufgebracht werden, weil sich irgendwelche Lehrer in einer Initiative aufgeplustert haben, oder eine seltene Milbenpopulation wird entdeckt. Du glaubst gar nich, wie schwer es ist, in Deutschland 'ne Straße zu bauen. Es geht schneller einmal quer durchn Kongo als 'ne dritte Spur zwischen Seesen und Bockenem.

So verteuert sich alles, is dem Alten aber auch egal. Durch son

Hickhack kann er den Zeitplan selber gestalten. Je nachdem, wie voll die Auftragsbücher sind, kann er schneller oder langsamer reinhauen. Ist die Lage mau, kann er das Los etwas strecken, damit er keinen entlassen muss. Dafür hat er zwei Pfeile im Köcher: die Gelbbauch-Unke und das Römerlager. Das eine für hügelige Gegenden eher südlich, das andere für an sich überall, meist aber im Norden. Die scheiß Frösche züchtet er selbst zu Hause, und wenn was gestreckt werden muss, dann wildert er da ein paar von den Viechern aus und ruft seinen Undercover-Agenten beim NABU an, ruck, zuck stehen alle Räder still, bis die Kröten umgesiedelt sind.

Das Römerlager ist da schon gefährlicher, denn wenn's danebengeht, legt dir das Landesdenkmalamt den ganzen Bauabschnitt für Jahre still. Deshalb schmeißt der Alte da keine echten antiken Scherben hin, sondern zerdeppert ein paar Blumenvasen vom Woolworth. Der Trick ist, da ein paar echte alte römische Münzen zwischenzustreuen. Das verwirrt die Erdmännchen vom Denkmalamt 'ne Zeitlang, aber nach ein paar Wochen ist die Baustelle wieder frei. Hast du mal drauf geachtet, an wie viel verschiedenen Orten die Schlacht der Germanen gegen die Römer angeblich stattgefunden hat? Von Nordhessen über Lippe bis hinter Osnabrück soll's überall mal gewesen sein. Mindestens die Hälfte davon hat der Alte höchstpersönlich für die StruWAG eingerichtet. Ich bin absolut sicher, dass die Varus-Schlacht 9 nach Christus in Kalkriese bei Bramsche war. Dafür gibt es einen zwingenden Beweis: keine StruWAG-Baustelle im Umkreis von fünfzig Kilometer, is also alles echt.

Wenn wir den Auftrag inner Tasche haben, sagen wir mal Fahrbahnerneuerung, dann kommt als Erstes, bevor die Arbeit überhaupt losgeht, die Einrichtung der Baustelle. Noch davor kommt die Firma, die die Schilder aufstellt, sagen wir mal:

«Noch 28 km. Danke für Ihr Verständnis.» Erst wenn die weg sind, rücken wir an, und zwar mit dem großen Besteck.

Der Alte sagt immer, jede Maschine auf der Baustelle wird abgerechnet, egal ob sie gebraucht wird oder nicht. Deshalb kommt zuerst ein Tieflader mit lauter abgeschriebenem Gerümpel: kaputte Bagger, defekte Rüttelplatten, platte Schiebkarren, der ganze Scheiß, der aufm Hof nur im Wege rumsteht, wird grob über die Baustelle verteilt, und dann muss man hoffen, dass der Osteuropäer zuschlägt und einen Teil davon mitgehen lässt. Die Typen sind so dämlich, die haben sogar mal einen uralten «Weserhütte Seilzugbagger» geklaut, haben se wohl fürn Spezialgerät gehalten – keine Ahnung, wo der Alte den noch aufgetrieben hat. Die Versicherungsgelder von den geklauten Maschinen wandern alle beim Alten direkt ins Portemonnaie. Als Zweites kommen die Dixi-Hütten, is gesetzlich vorgeschrieben, die Zeiten, wo der Rotrücken 'ne Stange Wasser hinter die Leitplanke stellt, sind endgültig vorbei. Wenn die kaputten Klamotten und die Dixiklos auf der Baustelle verteilt sind, dann sieht das schon nach Arbeit aus, könnten wir also eigentlich anrücken. Was passiert, is aber, dass nix passiert, denn wir sind noch wochenlang woanders unterwegs, wo sich auch alles verzögert hat. Und nich wegen den Fröschen vom Alten oder kaputten Vasen, sondern zum Beispiel weil die komplette neue Fahrbahn den Abhang runtergerutscht ist.

DR. FLACHPFEIFFER

Ja, wie kann so was passieren, ist doch alles berechnet und tausendmal überprüft? Isses auch, aber kommt vor, dass mitten während des Aufbaus der neuen Trasse der Alte innen Kopp kriegt: Da könnte man doch herrlich zwei Züge Giftmüll drunter verbuddeln, weg wären se. Nu ist nix dagegen zu sagen, irgendwo muss der schließlich auch hin. Aber der Gammel is ja für nix zertifiziert, weiß also der Herr Ingenieur nich, welche Belastung das Material aushält. Für Berechnungen und den ganzen Kram is als leitender Bauingenieur zuständig Dr. Horst-Wilfried Pfeiffer, genannt «Dr. Flachpfeiffer». Dieser Eierkopp also verbaut dann die beiden Züge Giftmompe, mischt aber 'ne ordentlich Portion Weserkies drunter und gießt sicherheitshalber noch 'nen Betonkragen um das giftige Grab. Freitagnachmittag ist alles fertig. Alle rücken ab ins Wochenende bis auf einer von den Ostgoten, den stellt Dr. Flachpfeiffer ab, damit er den Beton regelmäßig wässert beim Abbinden, sonst reißt der im Sommer. Aber von wegen, der Ostgote verpisst sich lieber und brüllt sich in seiner Unterkunft die Hutze dicht. Das Ende vom Lied, wir kommen Montagmorgen auf die Baustelle und gucken wien Auto: Is der Hauptfahrstreifen doch komplett in den Graben gewandert. Und es stinkt wie beim alten Monsanto in der Unterhose. Was war passiert? Der Beton hat Risse gekriegt, Regenwasser is reingesickert und hat mit der giftigen Mompe unten drin reagiert, die hat sich aufgebläht und die Fahrbahndecke hochgedrückt, und ab in den Graben.

Ich sag dir, da war was los. Im Umkreis von drei Kilometern wurden die Häuser evakuiert, die Baustelle gesperrt, wir wurden alle vom ABC-Zug des Katastrophenschutz untersucht und, und, und. Wie der Alte aus dieser Nummer wieder rausgekommen ist, weiß ich nicht. Ich weiß nur so viel, dass wir den ganzen Sommer über am Wochenende bei Privatleuten Hofeinfahrten gepflastert haben, einmal wurde sogar 'ne private Auffahrt zu einer Autobahn gebaut. Das geht alles in Deutschland, man muss eben Kontakte haben.

Von Dr. Flachpfeiffer gibt's an sich nur solche Vorfälle, der muss seinen Studienabschluss im Lotto gewonnen haben. Einmal, weiß ich noch, hat er beim Neubau einer Trasse einen Kurvenradius falsch berechnet. Seit den fünfziger Jahren werden die Kurven im Fernstraßenbau nämlich nicht als Teil eines Kreisbogens, sondern als Klothoide gebaut, das heißt, die Krümmung nimmt in der Kurve zu, auf Deutsch könnte man auch Hundekurve sagen. Das macht man deshalb, damit sich der Autofahrer, wenn er volles Brett in eine Kurve reinfährt, sich langsam daran gewöhnen kann und nich sofort die komplette Kurve vorn Latz kriegt.

Dr. Flachpfeiffer war schon in dritter Generation Tiefbauingenieur. Sein Opa hat damals unter Adolf den Vorläufer der A 7 geplant, teilweise zwanzig Kilometer westlich von der heute. Die haben auch schon 1938 mit dem Bau angefangen, sogar die Brücken gegossen und die Trasse durchs Moor ausgekoffert. Kannst du heute noch begucken, die Reste in der Heide nördlich von Hannover. Aber die Autobahn is nie gebaut worden. Was ich damit sagen wollte, schon der Opa hatte nicht gerade den Docht inner Kerze erfunden, und sein Enkel war nich besser. Dr. Flachpfeiffer macht alles mit seinem Aristo-Trilog-Rechenschieber, konnte aber die Zahlen nich mehr so gut ablesen mit seinen beiden Glasaugen, die er mit einer Sonnenbrille tarnte. Jedenfalls fing er irgendwann an, auf die umständliche Klothoidenberechnung zu verzichten und den guten alten Kreisbogen aus der Reichsautobahn-Forschung wiederzubeleben.

Eine von diesen berüchtigten «Pfeiffer-Kurven» is auch im Osten beim Bauvorhaben Deutsche Einheit ausgeführt worden. Da sind die Zonis mit ihren neugekauften koreanischen Gebrauchtwagen reihenweise in die Botanik geschrotet. «Typisch, die Ossis sind nur Trabant gewohnt, die beherrschen die leistungsstarken Westautos noch nicht», so hieß es damals, bis einer mal die «Pfeiffer-Kurve» auf der Autobahn nachgemessen hat. Da gab es nix, astreiner Zirkelbogen, hundertprozentig, nur führte der dazu: Wenn man mit höherer Geschwindigkeit da reinorgelt, schleudert einen die Zentrifugalkraft auch sofort wieder raus. Der Alte musste den ganzen Mist auf eigene Kosten wieder abreißen und durch 'ne amtliche Krümmung ersetzen. Nu fragst du dich, wieso beschäftigt der Alte so 'nen Vollversager wie den Flachpfeiffer? Man munkelt, und da is sicher was dran, in jungen Jahren soll der Alte aufn Betriebsfest die Frau von Horst-Wilfried Pfeiffer genagelt haben, ob mit ihrem Einverständnis oder eher weniger, is nie rausgekommen. Was aber dabei rausgekommen ist, ist die kleine Annalena, die Horst-Wilfried als seine Tochter anerkannt hat, obwohl die Flachpfeiffers schon in dritter Generation impotent waren. «Das Leben sucht sich seinen Weg», sagt man ja immer. Deshalb hat der Alte wohl den Kuckucksvater seiner Tochter weiter mit durchgefüttert, und an sich fiel der zwischen dem ganzen normalen Murks auf 'ner Autobahnbaustelle auch gar nich weiter auf.

DIE BAUSTELLE

Denn wegen dieser unvorhergesehenen Ereignisse verzögert sich jede nachfolgende Baustelle fast immer. Was aber treibt einen deutschen Autofahrer zur Raserei? Eine Baustelle, durch die man nur mit sechzig Klamotten fahren darf, verengt auf eine Spur – aber zwei freie daneben, an denen gerade keiner arbeitet. Wenn dann noch jeden Tag ein Politiker dadurch muss auf dem Weg zu seinem Büro, dann is die Kacke am Dampfen.

'ne Zeitlang hat der Alte 'ne Kolonne billiger Ostgoten auf diesen Geisterbaustellen Lambada tanzen lassen, bisschen von links nach rechts fahren mit dem Dumper, einer lehnt an der Schaufel, der Teerkocher qualmt vor sich, denn wichtig is der echte Baustellengeruch, also muss immer irgendwo Asphalt vor sich hin brodeln. Die Nummer wurde dem Alten aber auf Dauer zu teuer. Da kam seine nächste Idee: Ein Zelt wird über der Fahrbahn aufgebaut, sieht ja keiner, ob da drunter einer arbeitet. Nur ein Mann regelt die ganze Nummer, der kommt alle fünf Minuten aus dem Dixiklo raus oder geht wieder rein. Is an sich 'n einfacher Job, aber einer von den Rumänen, der das zwei Wochen lang gemacht hat, is danach in der Klapse gelandet.

Die dritte Idee des Alten war geradezu genial. Die ist ihm gekommen, als die StruWAG eine Autobahnbrücke in der Rhön sanieren musste, bei Bad Brückenau, komischer Zufall. Da passierte natürlich auch monatelang nix, danach war die Hälfte von dem schrottigen Material schon geklaut, und die Dixi-Scheißhäuser hatte Kyrill ins Tal geweht. Der örtliche Abgeordnete wurde allmählich unruhig, und weil eines der weggewehten Dixiklos ausgerechnet auf dem Kirchturm im Tal festhing, wurde auch die Bevölkerung etwas mürrisch und fragte sich, ob da oben auf der Brückenbaustelle überhaupt etwas passiert. Da hatte der Alte die geniale Idee mit dem Schild, direkt am Anfang der Baustelle: «Die Arbeiten finden an der Unterseite der Brücke statt.» Ich hab mich kaputtgelacht, wie ich das das erste Mal gesehen hab. Aber danach hat es der Alte auf die Spitze getrieben und an ganz normalen Baustellen, wo keiner war, diese Schilder aufgestellt: «Die Arbeiten finden an der Unterseite der Fahrbahn statt.» Da ist die Sache aufgeflogen, und deswegen guckt die Bauaufsicht sogar unter die Brücken, ob da einer is oder nicht. Seitdem ist die Arbeit nich mehr dieselbe, überall Hektik und Stress. Mich is eins, die paar Jahre, die ich noch muss, die zieh ich durch, und dann können se mich alle mal.

DACH ÜBERM KOPF, FÜSSE UNTERM TISCH

SO FING'S AN

Da kannste die Uhr nach stellen. Wenn du verheiratet bist, fängt die Frau irgendwann mit dem Gejammer an, wann wir denn endlich bauen würden, alle von ihren Freundinnen hätten schon einen Bauplatz, und bei manchen wäre sogar schon Richtfest. Passte mir natürlich gar nich in den Kram, denn mit Bauerei hatte ich aufe Arbeit an sich schon genug am Hut, und abends und am Wochenende wollte ich meine Ruhe und nich an der Mischmaschine stehen. Aber wie das so is in einer Ehe, eine Zeitlang kannste dich wehren, aber auf Dauer verlierst du jede Schlacht. Mit Argumenten musst du da groß gar nicht kommen, das ständige Genörgel zermürbt einfach deine Abwehrkräfte, und du knickst ein.

Gut, unsere Wohnsituation in der Ehe war etwas ungewöhnlich, ich war Mitte zwanzig, Jutta 'n paar Jahre jünger, und wir wohnten beide noch bei unseren Eltern. Mir war das egal, im Gegenteil, das nahm der Ehe teilweise sogar den Schrecken. Man sah sich nicht ständig, musste auch nicht so tun, als interessierte einen der Scheiß, den der andere so vor sich hin brabbelte. Die Eltern waren das schließlich gewohnt, dass man sich nicht mit denen unterhielt, bei einer Ehefrau war das nicht selbstverständlich, da musste man die erst über lange Jahre zu erziehen. Und was die sogenannte «eheliche Pflicht» anbetraf, da hatten wir ja den Bauwagen aufm Garten von Juttas Eltern. Da drin war alles, was man brauchte für 'ne amtliche Nummer: alte Matratzen, Aschenbecher, Kleiderhaken und sogar Strom. Hatte was, die Bude, man vergaß regelrecht, dass man juristisch einwandfrei hier zugange war als Eheleute, es hatte was Verruchtes, und das is in diesem Bereich ja nicht die schlechteste Ausgangsposition. Ich war, um es kurz zu sagen, mit der Situation hochzufrieden, aber Jutta hatte die besseren Truppen, und so endete das Unternehmen mit meiner Kapitulation.

Wir wollten ein gemeinsames Heim, eine von den sieben Plagen, die der Herr für die Ehe vorgesehen hat. Die anderen sechs sind: eigene Blagen, Schwiegereltern, andere Eltern, Pärchen-Urlaube, Silvesterpartys und Regenjacken im Partnerlook. Es gibt bestimmt noch mehr, aber das sind die, die mir auf die Schnelle eingefallen sind.

Was brauchst du, um ein Haus zu bauen? Du brauchst eine Finanzierung, denn genug Geld hat ja keiner für so ein Unternehmen. Wenn du 'ne feste Stelle hast, kriegst du sogar 'ne Vollfinanzierung, das heißt, du brauchst gar kein eigenes Kapital. Und weil Jutta damals noch aufer Kasse war, hat die uns das sofort zugesagt, denn Geld hatten wir keines. Mit einer Vollfinanzierung bist du dein Leben lang komplett am Arsch, du musst dreißig oder vierzig Jahre die Hütte abstottern, kannst dir keine Sperenzchen leisten, und wenn der Bau dir endlich gehört, bist du kaputt, und die Blagen erben den Kasten. Das war das brutale Schicksal, dem ich zu dem Zeitpunkt in die Augen blickte, und ich versuchte mit allen Mitteln, das Schlimmste zu verhüten. Das heißt, die Bude sollte so günstig sein, wie's irgend ging, damit ich mich nicht für den Rest meiner Tage für die Sparkasse krumm machen musste.

Fing also an mit einem billigen Grundstück, das heißt, wir mussten eins finden. Weder Juttas noch meine Eltern hatten eigenen Grund, den se uns überlassen konnten, um dadrauf zu bauen. Juttas Eltern als überzeugte Vertriebene wohnten sogar nur zur Miete. Sie hatten einmal alles verloren, das sollte nich noch mal passieren. Dafür fuhren se zweimal im Jahr fett in Urlaub, denn sie mussten sich ja um nix kümmern, an sich gar nich mal so blöd. Mein Vater hatte mir angeboten, zu Hause bei uns den Schuppen auszubauen, als Einzelkind würde ich ja sowieso alles erben später und könnte dann ins Haupthaus umziehen.

Schönen Schrank auch, der alte Fliesenrammler war damals erst Mitte fünfzig, rauchte nich, soff nur Pepsinwein und schlief bei offenem Fenster auch im Winter, Old Man Schrage konnte ja gut und gerne noch dreißig Jahre leben, dann wäre ich schon in Rente und wohnte immer noch im Schuppen neben den Karnickeln. Nä, nix für mich! Hätte ich damals geahnt, dass ihn 'n paar Jahre später ein Blutgerinnsel in die Kiste schmeißen würde, hätte ich's gemacht, aber das kann ja keiner wissen.

Meine Mutter hat dann weiter da gewohnt, davon fünfzehn Jahre mit Paul Sontowski, mit dem hatte sie 'n Bratkartoffelverhältnis. Gut, hab ich ihr gegönnt, was sollte sie jahrelang trocken im Bett liegen, aber Hinke-Paul! So nannten ihn alle wegen seinem kürzeren Bein, das er von einem Betriebsunfall hatte. Dieser Sack hatte es geschafft, dass meine Mutter sich von ihm breitschlagen lassen hat, und seine überscharfe Tochter Kerstin is mit ihrem Stecher auch mit in das Haus eingezogen. Mittlerweile is unsere Mutter zwar schon seit ein paar Jahren in der Senioren-Demenz, und Hinke-Paul ist längst unter der Erde, aber Hinkes Kerstin mit ihrem Jugo, die wohnten da noch bis 2006. Mutter hatte für die doch tatsächlich ein lebenslanges Wohnrecht im Grundbuch eintragen lassen. Wenn sie mal nich mehr is, erbe ich zwar den alten Kasten, aber dann bin ich zu alt, um noch mal woanders Wurzeln zu schlagen. Aber noch mehr täte mich ja ärgern, wenn ich heute in dem ausgebauten Schuppen wohnen würde und mir jeden Tag angucken müsste, wie sich Kerstin in meinem Besitz von dem Jugo durchorgeln lässt. Is demnach alles so gekommen, wies es kommen musste, und das is auch gut so.

Wie fang ich an mit unserem Bauvorhaben? Richtig, wir brauchten erst mal ein Grundstück, von den Eltern war ja nichts zu erwarten, also mussten wir uns auf dem freien Markt umgucken. Such mal in unserm dichtbesiedelten Deutschland ein Baugrundstück, das erstens nicht sauteuer is und zweitens nicht total scheiße liegt. Findste nich! Ende der Durchsage. Bei uns inne Gemeinde wurde gerade ein Baugebiet erschlossen, direkt neben der Singvogel-Siedlung. Komponisten-Viertel nannte sich das Sumpfgelände, weil se sich im Gemeinderat die Straßennamen schon ausgedacht hatten: Beethovenweg, Ralph-Siegel-Ring und Erna-Mozart-Straße. Ich wusste gar nicht, dass der verheiratet war, nur so viel wusste ich natürlich, dass er genau wie ich mal Konditor gewesen is und man seine Erfindungen heute noch kaufen kann. Da biste ein gemachter Mann, wenn dir so was gelingt. Ich hätte besser damals in der Lehre auch bisschen mehr meinen Grips anstrengen sollen, dann könnteste heute an jeder Ecke «Schrage-Kugeln» kriegen, und ich müsste mir Grundstücke im Kompost-Viertel nich mal mitten Arsch angucken.

Hab ich auch so nich getan, war mir einfach zu blöd. Warum? Die waren zu billig, die Parzellen. Ja da staunste, da hätteste jetzt nich mit gerechnet. Fünfzehn Mark der Quadratmeter, das zieht doch jede Menge Gesocks an, Kinderreiche, Kaputte und Kriminelle. Nich mit mir, dafür mach ich mich nicht jahrelang krumm, dass ich zwischen dem Gesindel meine Zelte aufschlage. Ich musste kreativ werden, da gab's nix. Zwei Möglichkeiten:

entweder eine gebrauchte Hütte kaufen und entsprechend umbauen oder 'ne Baulücke auftun, wo man sich drin breit machen konnte. Oder noch besser: beides zusammen. Und das isses schließlich auch geworden.

Wenn man bei uns hinterm Spritzenhaus den einen Weg ganz durchfährt, kommt am Ende son alter Kotten, halb verfallen und zugewachsen. Der gehörte einer Erbengemeinschaft aus Holland, seitdem die alte Brenninkmeier gestorben is. War total vereinsamt die Alte, von ihrer noblen Verwandtschaft hat sie keiner besucht, liegt hier aufm Friedhof, ganz schlichte Grabstelle, muss man sich mal vorstellen. Dabei is sie damals noch mitter Kiepe über die Dörfer gezogen, erzählen die alten Bauern. Verwaltet, oder was das so heißt, wurde die Butze von einem Anwalt hier bei uns ausser Kreisstadt. Der Kotten war so runter, da zog nich mal ein Türke ein. So, nu kommt aber Schrage sein Ältester und forscht mal nach, was mit der Bude eigentlich los ist, man is ja doch gewitzt auf 'ne Art. Aufgefallen war mir nämlich, dass der Weg nachm Kotten hin laut Investitionsplan der Gemeinde im nächsten Jahr asphaltiert werden sollte.

Woher ich das wusste? Bin ich bei der StruWAG, oder bin ich bei der StruWAG? Die hatte nämlich schon das Baulos an Land gezogen, und der Alte hatte mich als Eingeborenen von da gefragt, ob man in der nassen Ecke womöglich drei, vier Züge Asbest einbringen könnte beim Ausbau oder ob da wissbegierige Lehrer in der Nähe wohnten. Nä, hab ich ihm gesagt, tote Hose da hinten, steht nur der alte Kotten von Oma Brenninkmeier. Und ich hab mich natürlich gefragt: Wieso lässt die Gemeinde eine Straße bauen hinein ins Nirgendwo? Und da hab ich mir aufm Katasteramt mal die Grundstückseigentümer angeguckt. Kann sich ja jeder zeigen lassen, du musst nur ein berechtigtes Interesse vortäuschen. Ich hab erzählt, ich wäre Vogelkundler und wollte da mit Erlaubnis der Eigentümer eine kleine Beobachtungsstation errichten. Da platzte es aus dem Beamten raus: Das würde wohl nix, dort würde demnächst ein großes Baugebiet erschlossen, dann wären die Piepmätze weg, aber das wollte man nicht an die große Glocke hängen. Die Gemeinde müsste erst noch die Modderlöcher im Komponistenviertel verkaufen, ehe die Filetstücke aufn Markt kämen.

Nachtigall, ich hör dir trapsen. Da war ich durch den Zufall, dass ich bei der StruWAG war, aufn Riesending gestoßen. Wenn die hinter Oma Brenninkmeiers Kotten ein Baugebiet ausweisen, dann war das kein Außenbereich mehr, und die Bebauungsgrenze wuchs so weit in die Wiese rein wie das am weitesten vonner Straße stehende neue Haus. Das hieß, die Brennnesselplantage hinter Oma Brenninkmeiers Kotten wurde auf wundersame Weise zu einem Bauplatz. Jetzt fragst du dich natürlich, wieso ist außer Kleindoofie Schrage keiner auf dieses Brett gekommen? Weil der Bürgermeister, dem gehörte nämlich die Wiese, aus der das neue Baugebiet werden sollte, weil der vor lauter Dollarzeichen Tomaten auf den Augen hatte. Der wollte nur teuer Bauplätze verhökern und hatte der Erbengemeinschaft in Holland auch schon gedroht. Die sollten den unbewohnten Schandfleck an der Gemeindestraße abreißen lassen, sonst würde die Behörde einschreiten.

Das war der Zeitpunkt, in dem der große Meister auf den Plan trat. Ich als Schrage bin hin nachm Anwalt von den Holländern inner Stadt und hab mein Kaufinteresse für den Brenninkmeier'schen Kotten «bekundet». Was ich denn mit der Bruchbude wolle, fragte der Anzugträger mit einem Grinsen, als ob ich nicht mehr alle Latten am Zaun hätte.

«Abreißen», hab ich gesagt, «und einen Angelteich ausbuddeln», denn ich wäre Erster Vorsitzender vom Anglerverein

«Petri-Heil 1932», und wir suchten schon lange ein abgelegenes Grundstück für unser Hobby. Nun war ich natürlich nich für zwei Pfennig Vorsitzender von einem Fischverein, und einen Forellenpuff wollte ich schon erst recht nich ausbuddeln lassen. Aber warum sollte ein Anwalt so was nachprüfen?

Ich hab ihm gesagt, wir würden den amtlichen Quadratmeter-Richtwert für den Grund zahlen abzüglich der Abrisskosten für den Kotten, und gefragt, ob wir darüber eine Art Vorvertrag machen könnten. Nach zwei Tagen Bedenkzeit lag der Wisch bei mir im Postkasten. Nun folgte der zweite Schritt im ausgefuchsten Plan von Commander Schrage. Als Erstes hab ich mir 'nen Katasteramtsauszug von dem Brenninkmeier-Grundstück besorgt: tausendachthundertfünfzig Quadratmeter, nicht schlecht. Bodenrichtwert für die nasse Ecke da hinten: 1,20 Mark, nach Adam Rieses Vadder seinem begabten Sohn: zweitausendzweihundertzwanzig Märker. Was ich jetzt brauchte, war ein Kostenvoranschlag für den Rückbau der Bruchbude. Da bin ich zum Alten hingegangen und hab ihm ein Geschäft vorgeschlagen. Er unterschreibt mir den Kostenvoranschlag, den ich ihm vorbereite, und im Gegenzug sorge ich später dafür, dass die vier Züge Asbest stickum unter die Schwarzdecke wandern. Alles klaro! Ich mich also einen Abend hingesetzt und schön auf Stru-WAG-Papier den Schriftsatz aufgesetzt. Andern Tag bin ich zum Alten, er hat mir den Wisch unterschrieben, und ich bin gleich weiter zu dem Blödmann inner Stadt. Als mich sein Vorzimmerdrachen endlich vorgelassen hat, hab ich vor ihm meine Show abgezogen: Ich war den Tränen nahe, ich hab ihm den Kostenvoranschlag von einer renommierten Tiefbaufirma gezeigt und erzählt, ich wäre ausse Puschen gekippt, fünftausendachthundert D-Mark wollten die dafür haben, noch ohne die Deponiekosten, die kämen noch obendrauf, und laut Bodenrichtwert wäre das Grundstück bloß zweitausendzweihundert Mark wert. Eigentlich müsste der Verein also noch was rauskriegen bei dem Kauf.

«Tut mir leid, Herr Schabe, aber diese Lösung gibt unser Vorvertrag leider nicht her.» Ob ich dann von dem Vertrag zurücktreten könnte, denn fünftausendachthundert Mark hätte der Verein nich, und in Eigenleistung ginge der Abriss auch nicht, denn außer mir wären das alles betagte Herren im Verein, wie der Name «Petri Heil 1932» ja schon andeuten würde.

«Tut mir ebenfalls leid, Herr äh ..., aber da muss ich leider auf die Vertragserfüllung bestehen. Und obwohl ihnen also das Objekt laut Vorvertrag kostenfrei überschrieben wird, fallen dennoch nach der niedersächsischen Gebührenordnung Notarkosten an», ritscheritsche machte der Tischrechner, als der Blödmann seine manikürten Flossen darauf tänzeln ließ. «Na ja, macht immerhin dreiunddreißig Mark dreißig. Eine unsere Damen wird Ihnen einen entsprechenden Bescheid zukommen lassen. Die dreieinhalbprozentige Grunderwerbssteuer von», ritscheritsche, «siebenundsiebzig Mark siebzig plus den entsprechenden Eintragungsgebühren müssen Sie direkt an die Gemeinde entrichten. Und da Sie nun schon mal da sind, Herr, äh ... können wir den Vorgang auch hier gleich vor Ort erledigen.» Und dann folgte der übliche Notar-Singsang: «Anwesend und ausgewiesen mit Personalausweis sind der Asphaltarbeiter Wolfgang Schrage, im Folgenden VP 1 genannt, und in Vertretung der Clemens-und-August-Brenninkmeier-Stiftung der Notar Wilfried Brosam ...» Blablabla.

Ich wollte schon rausgehen nach dem Gelaber und den Unterschriften, da rief mich seine Hoheit noch mal zurück. «Ach, Herr, äh ... Schlager, ich als Notar bin dazu zwar nicht verpflichtet, möchte Sie aber aus, hähä, berufsethischen Gründen noch darauf hinweisen, dass von Seiten der Gemeinde eine Abrissverfügung für das unbewohnte Haus An der Poggenkuhle 1 vorliegt. Dieser Verfügung gilt es innerhalb der nächsten vier Wochen Folge zu leisten. Das Schreiben ist von letzter Woche. Da müssen Ihre, hähä, alten Herren wohl die nächsten drei Wochen zu, hähä, Spitzhacke und Spaten greifen, hähä. Lassen Sie mich das noch als väterlichen Rat hinzufügen, junger Mann. Das nächste Mal, wenn Sie in der Welt der Erwachsenen Geschäfte machen, informieren Sie sich vorher, auf was Sie sich da einlassen. So und nun zurück an die Arbeit, dreiunddreißig Mark dreißig ist nicht der Stundensatz, der mich erheitert, wenn Sie wissen, was ich meine, Herr Schubert. Ihnen noch einen schönen Tag.»

«Du mich auch, Herr Notar!» Von wegen «Abrissverfügung für ein unbewohntes Haus». Ich bin sofort auf die Gemeinde zum Einwohnermeldeamt und hab mich für meinen neuen Wohnsitz umgemeldet: An der Poggenkuhle 1. Selber hähä!

Mein Haus, mein Baugrundstück, meine Frau. Alles zusammen für hundert Mark «und ’ne Schüssel Quark» plus noch die Eintragungsgebühr. Ich war etwas stolz auf mich, wie ich als einfacher Hauptschulabgänger die ganzen Superschlauberger an der Nase rumgeführt hatte. Gut, war auch ’n bisschen Glück dabei, aber wie heißt es immer? «Das Glück ist mit die Tüchtigen.» Ende der Durchsage. Irgendwann haben wir dann auch gebaut hinter der alten Hütte – na ja «gebaut», ein Haus hingestellt mehr oder weniger, das war dann Hausnummer 1a, die vollständige neue Adresse lautete Am Klärwerk 1a. Fällt dir daran was auf? Irgendwas is da nicht ganz so gelaufen, wie ich mir das vorgestellt hatte, aber der Reihe nach. Denn erst kam noch der härteste Teil vom Schützenfest, ich musste Jutta zeigen, wo wir demnächst wohnen würden.

Dafür hatte ich extra eine Packung *Edle Tropfen in Nuss* besorgt, weil *Mon Chérie* gibt's ja im Sommer nich, kommt erst im September wieder auf den Markt.

Ich weiß nich, ob du dich mit der Materie schon mal befasst hast. *Mon Chérie* ist Schnaps plus Kirsche in Zartbitterschokolade. Wenn's zu warm wird im Geschäft, schmilzt die Schokolade, der Alk frißt sich nach draußen, die Kirsche kullert ausm Regal, und dann haste den Salat. Deshalb gibt's die im Sommer nich. Und warum packen se die Pralinen nich einfach ins Kühlregal? Kann doch so schwer nich sein. *Mon Chérie* kommt aus Italien, und weil der Italiener im Sommer sowieso nich arbeitet, kommt ihm der Vorwand mit der Hitze-Empfindlichkeit von *Mon Chérie* ganz zupass. Fällt dir nix mehr zu ein. Italienischer Panzer: ein Vorwärtsgang, vier Rückwärtsgänge. Deshalb übernehmen im Sommer die *Edlen Tropfen in Nuss* das Kommando, bei denen ist der Schokoladen-Hohlraum innen mit einer Zuckerkruste ausgekleidet, damit der Alk auch im Sommer nich abhauen kann. «Vorsprung durch Technik», so isser, der Deutsche, käme der Italiener nich in tausend Jahren drauf. Andererseits: Die *Edlen Tropfen in Nuss* gibt's ständig, *Mon Chérie* nur im Sommer. Wer schmeckt aber besser? Weißte Bescheid. Ich sag immer, is wie mit Hildegard Knef und Gina Lollobrigida. Knef is 'ne solide Sache, aber wen von beiden würdest du nich vonner Bettkante schubsen? So sieht's dann eben auch wieder aus.

Ich mag die *Edlen Tropfen in Nuss* auch gar nich, aber es ging in diesem Fall ja auch mehr um die Geste.

Wenn ich mit eine Schachtel Pralinen anrücke, dann ahnt meine Jutta schon immer was. Einmal weiß ich noch, sollte ich für sie ein Kleid ausse Reinigung abholen. Nun wollte es der Zufall, dass ich nich bloß bei der Reinigung vorbei musste, sondern auch noch bei Svenni Kruballa eine scharfe Nockenwelle für die Jetta abholen wollte. Zwanzig Grad längere Öffnung sollte der Wolfsburgerin Beine machen, behauptete jedenfalls Svenni, der mir den Prügel für zweihundertfünfzig Scheine überlassen hat. Ob das bei einem 16-Ventiler überhaupt ging, ich hatte keine Ahnung, aber erst mal gesichert, die scharfe Nocke. Ich also nach Kruballa hin, sah die versiffte Welle vor der Garage auf 'ner Palette liegen, kein Sven zu sehen, kein Papier, kein Garnix zum Einwickeln. Ich wollte das Teil aber nich einfach so in den Kofferraum legen, der is komplett mit Teppichboden ausgekleidet und wird jede Woche gesaugt, normal darf man da gar nix reinlegen, nich mal, wenn ich mit Jutta im Getränkemarkt war. Dann musste Jutta die Kiste Bier immer die ganze Fahrt aufn Schoß halten. Wer weiß, wo die vorher gestanden hat, die Kiste, ich lass mir doch nicht dadurch mein ganzes Auto zusauen. Aus dem Grund kann ich auch nich allein nachm Getränkemarkt hin, ich kann ja die Kiste als Fahrer nich bei mir aufn Schoß stellen. Das nur am Rande, und nun seh ich hier die siffige Nockenwelle, wer weiß, aus was für einer verhurten Schrottkiste Svenni die ausgebaut hatte. Gut, dachte ich, hast ja die Zellophanhülle von Juttas Kleid, nimmste die, das Kleid kommt ja direkt ausse Reinigung, wird die Rückbank ja wohl nich zusauen, der Fummel. Ich also den Siffknochen von Sven in die Plastikhülle von dem Kleid geschoben, sachte in den Kofferraum getan und bin nach Haus gedüst. Da hab ich dann das versiffte Teil vorsichtig wieder ausgepackt und inne Garage gelegt. Die leere Zellophanhülle lag wohl noch im Kofferraum, als ich inner Garage war und Jutta ausm Haus kam. Das letzte freundliche Wort, das ich an diesem Tag von ihr hörte, war: «Wolfgang Schrage, dieser dösige Kerl, nimmt das Kleid aus der Schutzhülle, das staubt ja total zu, wenn ich das übern Hof trage.» Muss ich nich weitererzählen, oder?

So war es auch diesmal, als ich bei ihren Eltern vorn Haus stand, da wohnte sie damals ja noch. Ich Schachtel Pralinen inner Hand, sie guckte oben ausn Fenster und bölkte runter: «Wolfgang», damals nannte sie mich noch so, «Wolfgang, was hast du jetzt schon wieder angestellt?»

«Ich hab uns ein Haus gekauft, Juttilein.» Wenn ich sie «Juttilein» nannte, dann wusste sie, dass es entweder zur Sache gehen sollte oder ich noch größeren Scheiß gebaut hatte.

«Komm erst mal rein, bevor die ganze Nachbarschaft mitkriegt, was für 'n Döskopp du bist.» Ja, und da bin ich also reinmarschiert und hab Jutta die ganze Geschichte haarklein berichtet. Die Stimmung hellte sich auch schon etwas auf, ein bisschen war Jutta, glaub ich, sogar stolz auf ihren Gatten, wie er den Blödmann dermaßen vorgeführt hatte. Der entscheidende Moment kam aber, als wir zur Besichtigung der Immobilie schritten beziehungsweise fuhren.

Allein schon die Straße dahin war damals so, wie man das von Filmen aus Russland kennt, wenn die mit ihren Panjewagen da durch die Taiga zuckeln. Ein Schlagloch reihte sich an das nächste, und inne Mitte war se so hoch, dass die Jetta teilweise sogar aufsetzte. Hatte ich ja gesagt, dass der GT schon werksseitig zehn Millimeter tiefer gelegt war, man glaubt es nicht, was zehn Millimeter ausmachen können, nich bloß optisch. Manchmal schrecke ich heute noch nachts ausn Schlaf hoch, wenn ich im Traum dieses Geräusch höre: «Hhhhhhrrrrrnnnnnn», so setzte der Unterboden vonner Jetta auf. Bis auf die erste Fahrt, schon nicht mehr auf der Rückfahrt von dem Besichtigungstermin, durfte dieser Weg nur noch mit ein Mann Besatzung befahren werden, um den Lack am Unterboden zu schonen. Ab da sollte Jutta eigentlich immer am Spritzenhaus aussteigen und die restliche Strecke zu Fuß gehen. Ich hab ihr sogar oben 'n Fahrrad hingestellt, und wie sollte es anders sein, mit dem bin ich dann die letzte Strecke gefahren und Jutta mit meiner Jetta.

Aber zurück zur Besichtigung. Als wir den Brenninkmeier'schen Kotten schon sehen konnten, sagte Jutta: «Kommt dahinter noch was? Ich sehe nix.» Als sie meinen Blick sah, wusste sie es schon. «NEIHEIN» war alles, was ich zu hören kriegte. Sie hat sich dann sogar geweigert, überhaupt auszusteigen.

Das war ein hartes Stück Arbeit, sie in den nächsten Wochen davon zu überzeugen, dass die Bruchbude nich bloß uns gehörte, sondern dass wir da auch ruck, zuck einziehen mussten, denn sonst wäre das Wohnrecht erloschen und die Gemeinde mit der Abrissvollstreckung angerückt. Der Kompromiss ging dann so, dass ich da erst mal allein eingezogen bin. Weil die Hütte ja auch kein fließendes Wasser hatte und nich anne Kanalisation angeschlossen war, konnte man Frauen wohl generell nich von dem Wohnwert überzeugen.

Ich jedenfalls bin gleich am nächsten Tag los und hab mir von Sven Kruballa seinen LT geliehen, zu Hause meine Sachen inklusive das Jetta-Poster übern Bett zusammengepackt, und hab das «Fliesencenter» für immer hinter mich gelassen. Ich musste mich auch schon wieder selber loben. Denn damit hatte ich es tatsächlich geschafft, den Wunsch der Ehefrau nach einem gemeinsamen Haus und den Fortbestand meines Junggesellendaseins unter einen Hut zu bringen. Alle Achtung, Schrage! Diese Zeit zog sich gut zwei Jahre hin und war, wenn ich jetzt so drüber nachdenke, die zweitschönste in meinem Leben, nach der Zeit beim Bund. Ich will nich vorgreifen, aber sonst vergesse ich's noch. Ich komme nur gerade drauf, weil ich an meine Zeit beim Bund zurückdenke. Damals, im ersten Jahr allein aufm Kotten, hatte ich die aber weitestgehend abgehakt. Ich hatte mich schon halbwegs eingerichtet, fließend Wasser kam ausm Brunnen, Strom hatte ich auch, zwei Kanonenöfen vom Schrott kriegten die Bude halbwegs warm, und unterm Dach, wo's durchregnete, hatte ich überall Eimer aufgestellt. Jutta kam einmal die Woche vorbei und fand das alles wildromantisch, wollte aber auf keinen Fall hier für ständig wohnen, da könnte sie ja gleich nach Russland ziehen. Das änderte sich alles ein Jahr später, dem Jahr, wo unheimlich viel passierte. Aber jetzt sitz ich noch ein Jahr vorher Ende November mit der zweiten Tasse Kaffee am Frühstückstisch, im Kanonenofen bullert das Feuer von den Spanplattenabschnitten, die ich da immer verheize, und ich hab frei, denn beier StruWAG is Schlechtwetter. An dem Tag hatte sich Jutta für abends angesagt, ich war also bester Laune und gucke so auf die Titelseite vom Käseblatt.

DER EINMARSCH 1989

Riesige Überschrift: «Bundeswehr marschiert in die DDR ein.» Ich konnte es nich glauben, denn vierzehn Tage vorher hatte die Zone den Zaun aufgerissen, und da war denen die Bevölkerung sofort in Scharen durche Lappen gegangen. Selbst bei uns weit weg vonner Zonengrenze stank es nach Zweitaktgemisch, so weit hatte sich die zivile NVA nach Westen vorgekämpft. Warum also sollte die Bundeswehr in ein Land einmarschieren, das längst fertig war mitte Welt? Ich hab die Zeitung aufgeschlagen, und auf Seite zwei war sogar ein Bild von zwei BW-Soldaten mit G3 quer vor der Wampe und Sturmgepäck. Da drunter stand:

«Ein Bürger der DDR schoss dieses Foto mit seiner *Pentacon SIX TL* in der Nähe von Todesleben. Auf der Fotopirsch waren ihm diese beiden Gestalten im Wald begegnet. Der Bürger stellte das Foto der Magdeburger Volksstimme zur Verfügung, über deren Abdruckgenehmigung es unsere Heimatzeitung erreichte.» Die *Pentacon Six* TL war übrigens eine hervorragende Mittelformatkamera mit Zeiss-Objektiven und allem Pipapo, diese Qualität hat selbst der Kommunismus nicht kaputt gekriegt.

Ich weiß noch, als Kind hab ich mit meinem Vater – ich glaub, es war dienstags – des Öfteren «Ein Platz für Tiere» geguckt mit Bernhard Grzimek. Und da erinnere ich mich an eine Szene, wie Grzimek aus der Tür eines Hubschraubers hing, der über der Serengeti kreiste. Mit einer Hand hielt er sich fest, in der anderen Hand hielt er eine Pentacon und knipste eine Herde Gnus oder Wildebeest, wie man damals noch sagte. Ist irgendwie hängengeblieben, dies Bild aus der Kindheit. Sah total halsbrecherisch aus. Wer aber is bei einem Flugzeugunglück zu Tode gekommen? Grzimeks Sohn Michael, schon vorher. Der ist in seiner Dornier Do 27 mit einem Geier zusammengeprallt. Beide tot, er und der Geier. Später hat der alte Bernhard seine Witwe geheiratet, also die von seinem Sohn. Kommt noch härter: Bernhard ist an dem Tag, als ich und Jutta geheiratet haben, an genau dem Tag ist der alte Grzimek im Zirkus Althoff bei einer Tigervorführung zusammengeklappt und war selber mausetot. Andere lassen sich von der Raubkatze zerfleischen und bringen den Tiger damit in wer weiß was für Schwierigkeiten. Bernhard Grzimek, bloß weil er den Tiger sieht, stirbt von sich aus. Ein schöner Tod, und ein großer Deutscher tritt in Würde ab. Stand inner Zeitung, und weil's unser Hochzeitstag war, weiß ich's noch. Wie das alles zusammenhängt, ist doch sagenhaft, oder? Nun liegt er als Asche neben seinem Sohn im Ngorongoro-Krater – auch son Wort aus meiner Kindheit, das ich nie vergessen werde.

Aber ich wollte ja erzählen, was ich auf dem Foto gesehen hab auf Seite zwei. Irgendwie kamen mir die Typen bekannt vor, und da fiel es mir wie Schuppen aus den Haaren: Ach du heilige Scheiße, das waren ja die beiden Handtuch-Fotzen, Lurch und Blechfresse. Was machten die denn in der Ostzone, und dann auch noch zu Fuß, hatten die nich sogar beide 'n Fünf-Kilo-Schein? Dieses Foto hatten die obersten Zonenköppe natürlich auch gesehen, denn die DDR war ja noch nicht liquidiert. Erich hatte zwar abgedankt, aber es gab jetzt Egon Krenz, und die NVA gab's auch noch. Bei aller Fried-fertigkeit, und selbst wenn se nicht auf die eigene Bevölkerung geschossen haben – also nicht wie früher anner Grenze –, konnten die das trotzdem nich so einfach hinnehmen, dass die Bundes-wehr so mir nichts, dir nichts unter Waffen in der Zone rummar-schiert. Also wurde nach den beiden gefahndet. Und wer wusste, ob da nicht eine ganze Division im Anmarsch war und die beiden Geknipsten bloß die Speerspitze des «Nato-Angriffs» waren? Die NVA-Hundertschaften wurden jedenfalls wieder in Alarmbereit-schaft gesetzt, und die GSTD gab es schließlich auch noch, das waren zu der Zeit noch fünfhunderttausend sowjetische Soldaten. Später wurden die ja mit Milliardenbeträgen aus Deutschland rausgekauft. Hätte man das vorher gewusst, dass die käuflich sind, hätte man sich den ganzen Kalten Krieg sparen können. Einfach den Verteidigungshaushalt nach Russland überweisen und aus die Maus. Insgesamt standen 1989 in der DDR noch sechshundert-siebzigtausend Soldaten unter Waffen und wurden angegriffen von zwei übergewichtigen Hauptgefreiten aus der StOV.

Nach der Blamage 1987, als ein Zivilist namens Mathias Rust auf dem Roten Platz in Moskau landete, war endlich die Ehre der

Bundeswehr durch die beiden Soldaten wiederhergestellt. Auch eine untermotorisierte Friedenstruppe konnte mit ihren Spezialkräften, genauer gesagt mit Handtuch-Fotze 1 und Handtuch-Fotze 2, unbemerkt eindringen in das Territorium der größten zusammengeballten Streitmacht, die es zu dem Zeitpunkt gab auf der Erde. Im Stille-Post-Verfahren war aus den beiden Fettsäcken in Moskau kurz darauf schon ein Bundeswehr-Panzerbataillon geworden, das sich in Westberlin mit den West-Alliierten vereinigen wollte, um die DDR-Regierung im Ostteil der Stadt abzusetzen. Gorbi war schweinenervös, und die Welt stand wieder mal kurz vorm Krieg. Gott sei Dank hat Gorbi vor dem Erstschlag noch seinen alten Strickjackenkumpel Helmut angerufen. Der hat sich nach dem Telefongespräch dann sofort von Ecki in die Zweigstelle der Sparkasse Vorderpfalz nach Oggersheim fahren lassen. Eine Milliarde D-Mark waren schon avisiert und wurden sofort per Blitzgiro nach Moskau überwiesen. Von wem die Milliarde stammte, is nie rausgekommen, und Kohl hat sein Ehrenwort, es nicht zu verraten, mit in sein Grab genommen.

Mit dem Geld konnte der Krieg im letzten Moment wieder mal verhindert werden. Woher ich das alles weiß? Hat mir Mischka erzählt, ein Arbeitskollege vonner StruWAG, der machte bei uns die Materialausgabe aufm Bauhof. Vorher isser General bei der Stasi gewesen, aber nach deren Ende komischerweise nich in die Bundeswehr übernommen worden. Es gab da wohl die ein oder andere undurchsichtige Erschießung, jedenfalls is er bei der StruWAG gelandet. Die ganze Story hat er damals hautnah an höchster Stelle miterlebt und sie mir später mal beim Bier erzählt, als ich ihm sagte, dass ich mit Lurch und Blechfresse, also mit den beiden Hauptgefreiten Lorch und Eisenbarth, zusammen beim Bund war. So klein is manchmal die Welt.

Offiziell gab es nie eine Stellungnahme der Bundeswehr zu

dem Vorfall, und irgendwann hatten sich die Gemüter wieder beruhigt, es war ja auch sonst genug los zu der Zeit in Deutschland. Wie die beiden dahin gelangt sind, das hab ich allerdings aus erster Hand erfahren. Es war schon nach der Jahrtausendwende, und ich fuhr gerade mit Jutta von unserem Ferienhaus in Frankreich zurück. Das is wiederum noch 'ne andere Geschichte, die ich mal getrennt erzählen muss. Jedenfalls machten wir Halt an einer Autobahnraststätte noch in Luxemburg wegen günstig tanken. Ich hatte mich gerade mit meinem Schnitzel Wiener Art zu Jutta gesetzt, da sah ich, wie am Nebentisch jemand Cola über seine Kartoffeln gegossen hat. Es konnte nur einen geben auf der ganzen Welt, der zu so einer Sauerei imstande ist: Hauptgefreiter Lurch. Wie sich rausstellte, wohnte er ganz in der Nähe und kam ab und zu zum Tanken in die Raststätte, und bei der Gelegenheit genehmigte er sich sein Lieblingsgericht «Babbisch Krumpa», is saarländisch für Cola mit Kartoffeln, und sah immer noch aus wie damals beim Bund.

Hat mich sogar gefreut, den alten Lurch nach all den Jahren mal wieder zu treffen. Wir sind dann noch mit zu ihm, und er hat mir die ganze Geschichte erzählt, jedenfalls soweit er sie wusste. Es wurde ein langer Abend, und wir sind über Nacht geblieben. Seitdem, wenn wir aus Frankreich kamen, machten wir manchmal bei ihm im Saarland Halt für 'ne kleine Pause. Versprochen, ich erzähl euch die ganze Geschichte auch noch. Schmeißte dich weg.

DER ALTE KOTTEN WIRD RENOVIERT

Zurück ins erste Jahr, als ich allein im Kotten gewohnt hab, wie gesagt, die zweitschönste Zeit in meinem Leben.

War ja nich viel, was ich hatte zu Hause beim Fliesenwämser und meiner Mutter. Nur das ausm Kinderzimmer und 'n paar Sachen im Schuppen, Fahrrad, Werkzeug, Jetta-Teile und son Zeug. Rein in den LT von Sven und ab nachn Kotten vom Oma Brenninkmeier. Da sah's vielleicht mal drin aus, machste dir keine Vorstellung von, als wär die Welt stehengeblieben seit vorm Krieg. Am ehesten ging's noch in ihrer Stube, da hatte sie wohl die letzten Jahre hauptsächlich gehaust. Ein alter Sessel stand in der Ecke am Fenster, eine Spiralfeder guckte ausm Sitz, und die eine Ecke oben anner Lehne war speckig wie der Lederhosen-Arsch von einem bayrischen Stepptänzer. Sonst gab es an Möbel noch 'n altes Buffet mit Tassen und Teller, einen niedrigen Tisch und 'ne Stehlampe, die aber mangels Strom nich funktionierte. Was ich interessant fand, is, dass Oma wohl Zigarre geraucht haben muss, denn die Gardinen warn so braun wie die Zeit, von der sie herkamen, und überall lagen Stummel im Zimmer rum.

Die anderen Räume konnste voll vergessen, bloß Gerümpel ausm letzten Jahrhundert, Eichentruhen, Tische und Stühle mit krummen Beinen, noch mehr Tassen und Teller, Vasen aus Porzellan, wo anne Seite 'ne Eidechse auch aus Porzellan hochkrabbelte. Wenn du einen Sitzen hattest, durfteste dich in den Zimmern nich umgucken, wärste plemplem geworden. Ich hab einen Teil der Möbel hinten auf das Brennnesselgrundstück geschleppt, Kanister Ablauföl rüber und 'nen Sticken dran. Paar Monate später is noch mal einer vom Heimatmuseum vorbeigekommen und hat gefragt, wo denn die originalen Biedermeiermöbel und die Worpsweder Stühle geblieben wären. «Weiß ich nich», hab ich gesagt, isser wieder abgedackelt. Das Porzellan hab ich in eine von den Eichentruhen getan, wenn mal 'ne Polterei is, hat man wenigstens was zum Zerdeppern.

Nach einer Woche war die Butze halbwegs besenrein, und ich konnte mir die ganze Bescherung mal von der Nähe angucken. Der Kotten war hauptsächlich Fachwerk, und die Gefache noch mit Braken und Lehmschlag ausgefüllt, schien ja über ein Jahrhundert gehalten zu haben, trotzdem: Ich hab die ganze rechte Seite mitn Vorschlaghammer rausgeprügelt und Ytong-Steine reingemauert. Auf den scheiß Lehm hält ja keine Latexfarbe, was willste machen. Der Fußboden in den Kammern war sogar Eiche, hab ich zwei Winter mit geheizt, war knochentrocken, brannte wie nix. Keller war ja nich, also hab ich da 'ne Betonplatte gegossen, Schwimm-Estrich und nachher PVC in Eichenoptik, pflegeleicht und ebenso schön. Die Innenwände waren nich tapeziert, sondern da war son Muster über die Kalkfarbe gerollert, sah aus, als wenn da 'nen Dutzend Hühner mit Kacke anne Füße die Wände hochgelaufen wären. Hab ich Rigipsplatten vorgenagelt, dass man auch wenigstens mal 'ne grade Wand hatte für was dranzustellen. So allmählich wurde die alte Hütte halbwegs wohnlich. Badezimmer war natürlich nich, Lokus war aufn Hof: Plumsklo. Dusche und Waschbecken hab ich provisorisch inner Speisekammer eingebaut.

Es sollte auch nicht zu elegant werden, denn erstens wollten wir ja hinter dem Kotten bauen, und zweitens war mir das ganz recht, dass Jutta nicht so lange am Stück blieb und ich da schalten und walten konnte, wie es mir passte. Hat auch alles 'ne Zeit gedauert, denn nebenbei musste ich ja auch noch arbeiten bei der StruWAG. Außen hab ich die Hütte so gelassen, wie sie war, bloß die Brennnesseln gemäht und die ganzen Blüsen rund ums Haus abgeholzt, besonders diese riesige Wildrose vorm Haus, Stamm so dick wie mein Bein und wucherte den ganzen Vorplatz zu. Gut, blühte ganz schön den einen Sommer, aber ich konnte nich mit der Jetta vore Tür parken, nicht dass mir das

Gestrüpp mit seinen Dornenstacheln noch den Lack verkratzt. Hat also eines Abends die Summse gesprochen, und aus war's mit der Herrlichkeit. Jutta hat danach drei Wochen nich mit mir geredet, sie hat's nu mal mit Pflanzen und diesem ganzen Gartengedöns. Viel geholfen hat's übrigens nicht, nach Jahren – ich hatte die Rose schon vergessen, waren ja auch Platten überm Stumpf –, also nach fast dreißig Jahren kriecht das Biest wieder an die Luft und fängt an zu blühen, das Leben sucht sich seinen Weg.

Jedenfalls damals konnte ich endlich mit der Jetta bis ans Haus, hab in dem Zuge auch die krummen Sandsteinplatten weggerissen, schön mitm Vorschlaghammer zerkleinert und damit den Vorplatz ausgekoffert, gebrauchtes Betonverbundpflaster drüber, amtlich abgerüttelt, 'ne saubere Lösung. Gelernt is gelernt, ich bin schließlich nich umsonst im Tiefbau beschäftigt. Nachdem die Blüsen ums Haus weg waren, konnte man die Hütte überhaupt erst mal richtig angucken. Kam auch tatsächlich an einem Sonntag ein Spaziergänger vorbei und sprach mich an. Ich war grad am Brennholzmachen und schob einen von den Oma-Stühlen über die Kreissäge. Er guckt aber nur auf das Haus und kriegte sich einen daher, das wäre ja noch ein original erhaltenes Ackerbürgerhaus mit Biberschwanz-Eindeckung und sogar noch mit dem Abtritt an der Hauswand. Ich dachte, dem geht gleich einer ab. Ob er mal innen reinschauen dürfe? Mir war's egal, ich hab ihm nur gesagt, dass ich erst 'n paar Monate hier wohne und innen noch nicht zu viel gekommen bin, es sehe also noch meist so aus wie anno dunnemals. Das sei es ja gerade, sagte er und war schon halb in der Tür.

Innen auf der Diele war ich tatsächlich noch zu nich viel gekommen. Links war alles noch wie gehabt, Fachwerk, die alten Türen mit den schmiedeeisernen Drückern, die Treppe hoch zu dem Hühnerboden, der ganze alte Gammel. Rechts hatte ich allerdings schon mit ein paar Kumpels die komplette Fachwerkwand weggerissen und mit Ytong wieder hochgemauert. Der Dachstuhl stand auch nicht mehr auf dem riesigen Trumm aus Eiche, da hatten wir mit sechs Mann einen Doppel-T-Stahlträger hochgewuchtet.

Dieser Spaziergänger guckte jedenfalls durch die Tür auf die linke Wand, und da wäre ihm bald noch einer abgegangen. «Gucken Se mal nach rechts, da hab ich schon alles renoviert», sagte ich noch, da hörte ich ihn schon schreien, als ob er den Geist von Oma gesehen hätte. Keine Ahnung, warum. Ich hab den Kumpels nachher von der Geschichte erzählt, und der Lange meinte, der hätte wohl vor Entsetzen geschrien, weil ich eine tragende Wand aus Ytong hochgemauert hätte. Jahre später hab ich mich wieder an diese Szene erinnert, da is die Bude genau an der Stelle nämlich zusammengebrochen. Is aber keinem was passiert, mein Wagen parkte draußen, und wo Jutta und die Kinder waren, wusste ich in dem Moment gar nich, hab sie dann abends aber alle zusammen gesehen.

So vergingen die Tage einer nach dem anderen, ich war auf Arbeit, und abends muckelte ich an der alten Hütte rum. Unsere Ehe schleppte sich auch so dahin, Jutta war nich mehr aufe Kasse, sondern arbeitete halbtags aufm Friedhof.

DAS EIGENE NEST BEINAH
IN DEN SAND GESETZT

WENDEZEIT

Das war das Jahr, in dem am meisten passiert is. Nich bloß bei mir, auch sonst war jede Menge los. Das Jahr 1990 fing ja schon im Grunde im November 1989 an, als der Zaun aufging. Man sagt ja, dass der Geruchssinn die tiefsten Erinnerungen hochkommen lässt. Sagen wir mal Apfelshampoo, das erinnert mich an meine erste Freundin Ulla, die nahm das immer. Wenn ich das heute riech, kommt bei mir die Klassenfahrt damals nach Spiekeroog wieder hoch. Nun isses aber so, dass es Apfelshampoo heute, glaub ich, gar nich mehr gibt, und deswegen denk ich auch nich mehr an Ulla zurück. Anders isses zum Beispiel mit Appelkorn, das is son ähnlicher Geruch, von dem Zeug hab ich zum ersten Mal abgereihert. Immer wenn ich Appelkorn rieche, kommt's mir noch heute wieder hoch, zum Glück gibt's auch den kaum noch. Nun könnte man denken, die Erinnerungsgerüche von Ulla und von Kotze liegen so dicht beieinander, dass sich die überlagern und ich beim Gedanken an Ulla den Brechreiz kriege. Is aber nich so, der Geruchssinn kann da sehr fein unterscheiden, wäre auch sonst schade um Ulla. Manchmal denke ich noch so zurück, ob es nich besser gewesen wäre, ich hätt Ulla geheiratet, aber nu is Jutta, auch egal.

Warum ich das hier erzähle, mit dem Geruch, das hat direkt mit dem Jahr 1990 zu tun, als die vielen Ossis mit ihre Trabbis rüber zu uns kamen. Es is dieser Geruch nach Auspuff von Zweitaktmotoren, der mich an diese Zeit erinnert. Immer wenn ich den wieder inne Nase kriege, habe ich wieder diese Bilder von damals im Kopp, läuft quasi 'ne innere Tagesschau ab, noch mit Karl-Heinz Köpcke richtig original. Nu isses ja so, dass man Zweitaktgeruch ja heute kaum noch hat, Mofas gibt's nich mehr, und die 45er Roller haben meist Viertaktmotoren. Bei Rasenmähern hat sich der Zweitakter noch lange gehalten, aber die riechen nicht so wie die Trabbis damals. Mein Vater hatte einen SABO-Mäher, der stank zwar auch, aber nicht nach Ostzone. Ich hab keine Ahnung, welches Öl der daraufgekippt hat, aber wie ich ihn kenn, kein spezielles Zweitaktöl, und mit dem Mischungsverhältnis hat er das auch nicht so genau genommen. Damals bei Mofas war es eins zu fünfundzwanzig, weiß ich noch. Ich hab heute noch 'nen Zweitakter als Mäher, weil der einfach mehr Wumm hat und besser mit den Brennnesseln fertigwird. Den typischen Ostgeruch hat der aber auch nich. Um den mal wieder zu riechen, bin ich sogar mal auf ein Trabbitreffen in Haldensleben gewesen. Durch Nachfragen hab ich dann rausgekriegt, dass die meisten Trabant-Fahrer ein fettes Gemisch eins zu dreiunddreißig fahren, um auf Nummer sicher zu gehen, denn erst 1974 erfolgte die serienmäßige Umstellung der Kolbenbolzenlagerung von Bronzebuchse auf Nadellager – oder war es umgekehrt, hab ich vergessen – und damit die Umstellung von eins zu dreiunddreißig auf eins zu fünfzig oder sogar eins zu einhundert. Und genau das is der Geruch, der mir in Erinnerung is, es is nicht das Ostöl aus Braunkohle, sondern das fette Gemisch. Da hatte sich die Fahrt nach Haldensleben richtig gelohnt, obwohl Jutta mich für verrückt erklärt hatte, dass ich zum Trabbi-Riechen extra in den Osten fahre. Aber so fein ist eben der Geruchssinn, es ist der Unterschied zwischen Ulla und Kotze. Deshalb kann ich auch getrost bei mir den Rasen mähen, ohne an 1990 zurückzudenken, denn meiner tankt eins zu fünfzig rein Synthetisches.

Ganz persönlich in Erinnerung is mir aus der Zeit natürlich die Geschichte mit Lurch und Blechfresse, die im Osten einmarschiert sind.

Ich wohnte nun ja schon anderthalb Jahre allein aufm Kotten, und das Leben hatte sich irgendwie so eingependelt. Für mich war's in Ordnung, aber ich merkte, dass Jutta immer mehr in sich zusammensackte, vonner Psyche her gesehen. Für sie ging es nich weiter, sie war immer noch in der Wohnung bei den Eltern, in ihrem Alter, das stank ihr schon lange.

Es musste etwas passieren, und das tat es auch: Ihr Vater Walter fuhr am fünften Februar nachts bei Glatteis mit seinem Passat vorn Baum und war mausetot. Warum er überhaupt so spät noch unterwegs war, rätselten Jutta und ihre Mutter zuerst. Und was er überhaupt in Bielefeld gewollt hatte, dass er in Stedefreund kurz hinter Herford nachts an einen Baum rauschte? Einen Kunden jedenfalls konnte er nicht mehr besucht haben. Juttas Vater war nämlich Reisender in Beschläge für *Schürmann und Holtorf.* Er besuchte in seinem Gebiet die kleinen Tischlereien und nahm die Aufträge an für Fenster- und Türbeschläge, Schrauben und Drahtstifte. Waren auch nicht mehr viele, wo er so hinfuhr. Manchmal lohnte es sich nicht, abends nach Hause zu kommen, da nahm er sich ein Zimmer in 'nem Gasthof. Dann sah und hörte seine Frau oft tagelang nichts von ihrem Walter, sie hatte so gesehen auch 'ne schöne Zeit für sich.

Aber als er nun in Stedefreund vor die Linde gerauscht war, kam das ganze Elend ans Licht: Papa Walter hatte schon seit Jahren eine Geliebte in Bielefeld-Jöllenbeck, bei der er immer war, wenn er «Gasthof» sagte. Handy gab's ja damals noch nicht, also auch keine Kontrollanrufe von seiner Frau. Mitgekriegt haben das Jutta und ihre Mutter, als sich einen Tag nach dem Unfall eine Roswitha bei ihnen meldete und fragte, wann die Beerdigung wäre von Walter Pigorsch, sie hätte von dem tragischen Unfall in der Neuen Westfälischen gelesen. Wer sie denn wäre, soll Jutta gefragt haben, und da hat diese sogenannte Roswitha die ganze Geschichte gebeichtet. Sie und Walter hätten seit über zehn Jahren ein Verhältnis gehabt. Zuerst wäre es was rein Sexuelles gewesen, Walter sei ja die erste Zeit so ein stürmischer Liebhaber gewesen, aber über die Jahre wäre das Feuer erloschen und ihr Verhältnis mehr eine Freundschaft geworden. Walter habe immer gesagt, bei ihr könnte er sich seine Sorgen von der Seele sprechen, Walter hätte ja letztens erst diesen Befund gekriegt und wohl sowieso nich mehr lange gehabt.

Als Jutta das ihre Mutter erzählte, is für sie eine Welt zusammengebrochen, das «Sexuelle» hat sie ja noch verkraftet, aber dass er sich einer sogenannten Roswitha eher anvertraut hatte als ihr, danach war sie fertig mit ihrem Walter. Nichts hatte er ihr gesagt von einem «Befund», nichts. Alles, was sie an ihrer Ehe mit Walter erinnerte, musste weg. Seine Wiking-Auto-Sammlung flog noch vor der Beerdigung in den Müll, die Fotos wurden kaputtgerissen, und in der Wohnung wollte sie auch nich mehr sein. Mit dem Vermieter hat sie dann vereinbart, dass sie spätestens im Herbst ausziehen kann. Der hätte dann sowieso die Wohnung gekündigt wegen Eigenbedarf für seinen arbeitslosen Sohn. So gesehen hätte Walters Unfall nicht viel später kommen dürfen. Ilse Pigorsch wollte im Herbst zu ihrer Schwester Waltraud nach Bad Sachsa ziehen, die war auch Witwe und hatte eine Pension. Für Jutta aber hieß das, auch sie hätte ab dann keine Wohnung mehr. Aber immerhin war sie verheiratet, und der Mann musste ihr Obdach gewähren. Der aber wohnte in der von ihr so bezeichneten «Schimmelbutze», und da würde sie «ums Verrecken» nicht einziehen. Das war dann der Startschuss zum Baubeginn, jetzt gab's kein Zurück mehr.

DAS FERTIGHAUS

Die Baugenehmigung war 'ne reine Formsache, mussten se ja auch so durchwinken, sonst hätte ich das geplante «Neubaugebiet An der Poggenkuhle» schon rausposaunt. Einzige Bedingung war, dass ich nach Fertigstellung des Neubaus die alte Butze abreiße. Da hatte die Behörde natürlich nich mit dem gewitzten Commander Schrage gerechnet. Den Trick kannte ich ausm Fernsehen. Hamse mal gezeigt aus Spanien, gibt's eigentlich überall da unten bei den Völkern im Süden. Die bauen das Erdgeschoss und lassen oben ausse Betondecke ein paar Moniereisen rausgucken, als ob se da demnächst weiterbauen täten. Bei denen geht das, glaub ich, um Steuern oder so, is aber auch egal. Mir ging's darum, dass mein Neubau nie offiziell fertiggestellt is und ich deshalb die Hütte von Oma nicht abreißen muss. Dadrin hatte ich mir nämlich 'ne schicke kleine Eberbucht eingerichtet. So nennt man den Verschlag aufm Bauernhof, in den man den alten Eber einbuchtet, wenn er die Schnauze voll hat von seinen Sauen.

Kannste dir womöglich vorstellen, dass ich durch unser Haus, so wies geplant war, mit Jutta wenigstens zwei Probleme gehabt hätte: einerseits ohne richtiges Dach, wo oben die rostigen Eisenstangen rausgucken. Gut, sagst du, sieht Jutta ja nich, wenn sie drin wohnt. Aber da is dann Problem Nummer zwei, was Jutta nämlich sieht: Sie guckt auf die alte Schimmelbutze statt auf einen gepflegten Vorgarten. Aber ich sag mir dann immer: Eine gute Ehe kann und muss solche Konflikte aushalten. So sieht's aus. Aber von Anfang an:

Mitte Februar ist nich gerade die günstigste Jahreszeit, um mit einem Hausbau anzufangen. Immerhin gab's die Kreditzusagen von der Sparkasse noch, obwohl Jutta da nich mehr arbeitete. Fünfzigtausend Mark, damit konnte man auch damals beim Hausbau keine Berge versetzen, da musste die Muskelhypothek noch zusätzlich aktiviert werden. Normal vergibst du ja son Hausbau an eine Firma, die rückt dann mit dem ganzen Geschirr an, und ruck, zuck steht der Rohbau, gut is auch, wenn du 'ne Zeichnung hast, wies später mal aussehen soll. 'ne Statik, hab ich mir gedacht, is für Mädchen, hatten die beim Kölner Dom auch nich, und der sieht aus, als ob er jeden Moment einkrachen täte mit den ganzen Löchern in den Steinen – tut er aber nich. Und deshalb konnten die mich alle mal mit ihre Statik. So ging's los mit dem Neubau, was heißt Neubau, im Grunde war's ein Wiederaufbau, denn eins war klar: Mit den fünfzigtausend D-Mark kannst du nicht um die Ecke spucken, Schrage.

Also hab ich zu Trick siebzehn mit Selbstüberlistung gegriffen und geguckt, was sich so auf dem Gebrauchtmarkt tut. Normal heißt «gebrauchtes Haus», dass man da hinzieht, wo die Hütte steht. Das ging bei uns natürlich nich, also hab ich geguckt nach gebrauchten Fertighäusern zum Selbstabbau. Damals gab's eBay-Kleinanzeigen ja noch nich, sonst wäre die Auswahl bestimmt größer gewesen. Nur eins war im Angebot. Ein dreißig Jahre altes Okal-Fertighaus, nicht weit von uns, musste weg, weil die Oma, die dadrin gewohnt hatte, war tot, und die Erben wollten da neu bauen. Zehntausend Mark sollte die Hütte noch bringen. Sicherheitshalber hab ich Jutta zu Hause gelassen bei dem Besichtigungstermin.

Junge, Junge, ich war ja schon einiges gewohnt von Oma Brenninkmeier, was das Wort «abwohnen» heißen kann, aber diese Oma hat da noch ein Kothäubchen draufgesetzt, wenn man das mal so formulieren kann. Okal-Oma war Katzenliebhaberin gewesen und hatte mehrere Dutzend von den Stinke-

Viechern in ihrer Butze beherbergt, zuletzt hatte sie's wohl auch nicht mehr geschafft, denen ihre Hinterlassenschaften rückstandsfrei wegzumachen. Es stank in der Höhle, wie wenn man im Zoo ins Raubtierhaus ging oder bei den Füchsen vorbei. Die Tierschützer waren noch zugange, um die Biester wegzufangen.

Jeder andere als Wolfgang Schrage hätte jetzt sofort aufm Absatz kehrtgemacht. Mir war allerdings sofort klar, dass mir die stinkigen Miezekatzen gut in den Kram passten: Jeder Schiss fünfhundert Mark Abzug vom Preis. Zuerst hab ich bloß mündlich drauf hingewiesen, wenn ich wieder einen Haufen entdeckt hatte, dann bin ich absichtlich reingetreten und hab laut aufgeschrien vor Ekel. Die Besitzer waren auch schon ganz kleinlaut. Als wir als Letztes die Küche angeguckt haben, bin ich zur großen Form aufgelaufen: Bin mit voller Absicht ausgerutscht in der Katzenscheiße, hab mich komplett aufn Bart gelegt.

Um die Situation richtig auszukosten, hab ich danach erst mal nichts gesagt, damit die Verkäufer sich noch beschissener fühlten, als es ja genau genommen ich war. Nach zwei Minuten Wirkenlassen des Vorfalls hab ich dann bloß gesagt: «Da kommt was auf Sie zu.»

Und schon ging's los: Ob man das nicht zwischenmenschlich regeln könne, es täte ihnen ja auch leid, wir sind doch alle auch nur Menschen, blablabla. Kann sein, ich nicht, ich bin in erster Linie Wolfgang Schrage, dann kommt 'ne ganze Zeit lang nichts und dann erst Mensch. Als ich gar nicht auf ihr Gesülze reagierte und auch das Stofftaschentuch von der aufgebrezelten Trulla nicht annahm, um mir den Katzendünnschiss ausm Gesicht zu wischen, kam der Mann endlich zum Kern des Geschäftes: «Am Preis ließe sich unter Umständen sicher auch noch was machen.»

Jetzt erst nahm ich ein eigenes Tempotaschentuch aus der Hose und wischte mir das Gesicht sauber, und dann ließ ich die

Bombe platzen: «Ich räume Ihnen das Okal-Katzenklo unentgeltlich weg.» Der Schönling wollte gerade sein Maul aufreißen, da hat ihn seine Trulla am Arm gerissen: «Sei vernünftig, Sasch, oder möchtest du etwa den Tierkot hier entfernen. Außerdem kommt unser HUF-Haus in zwei Wochen, da muss das Grundstück leer sein.»

Das hätte sie nicht sagen sollen, das mit den zwei Wochen.

«Okay», sagte ich, «fünftausend dafür, dass ich das Grundstück termingerecht abräume und besenrein hinterlasse, zahlbar in drei Tagen vor Beginn der Maßnahme.»

«Abba ...», versuchte der Schönling dagegenzuhalten, wurde «abba» von seiner Trulla sofort zurückgepfiffen.

«Sasch, das HUF-Haus!»

Ich hatte als Profi in solchen Dingen natürlich einen Vordruck dabei, mit dem man gleich Butter bei die Fische geben konnte. Hatte ich vom Alten gelernt.

So teuer wurde Katzendreck noch nie bezahlt. Ich hatte nicht bloß die zehn Riesen für den Ankauf gespart, sondern noch fünf obendrauf kassiert. Und sosehr ich die fünf Scheine auch brauchen konnte, hab ich mich dann doch entschlossen, dafür einen Subunternehmer zu engagieren. Und so kam Murat, mein türkischer Bulgare vonner Arbeit, ins Spiel. Ich hab ihm drei fünf geboten, wenn er die Okalbude auseinanderschraubt und mir die Elemente «sauber» aufs Grundstück stellt. Murat kannte eine Truppe illegaler Weißrussen, die hat er erst mal mit drei Kärchern vonner Arbeit durch das Katzenscheißhaus gejagt. Für zweihundert Kracher war die Sache erledigt. Gut, hätte er vielleicht doch noch 'nen Schein drauflegen sollen, denn die Belarusskis sind mit den drei flammneuen Hochdruckreinigern durchgebrannt. Keine Ahnung, wie Murat das beim Alten geregelt hat.

Dann ging's auch sofort los, ich sagte noch vorher zu Murat: «Sieh zu, dass du die ganzen abgebauten Teile anständig beschriftest, bevor ihr die Hütte auseinandernehmt, sonst steh ich nachher da wie der Esel vorm Okalhaus.»

Sonntagabends kam der Tieflader zusammen mit dem kleinen LTF von Liebherr, und die haben mir das Okalgerümpel aufs Grundstück gestellt. Als ich Murat schon die dreieinhalb großen Scheine in die Hand gedrückt hatte, kam er damit raus, dass beim Abbau das Dach leider zu Bruch gegangen wäre und sie den Schrott auf dem Grundstück liegen gelassen hätten. Mir war's im Grunde egal, denn ich wollte sowieso ein Flachdach wegen den rausguckenden Moniereisen, und auf die Asbest-Eindeckung war ich auch nicht besonders scharf. Geärgert hat es mich trotzdem, dass Murat mich hintergangen hat. Aber was soll's, ich hatte ihn auch um eins fünf beschissen, er die Weißrussen sowieso und die ihn um drei flammneue Kärcher, und wir hatten alle zusammen den Schönling und seine Trulla beschissen, da war die soziale Gerechtigkeit mal wieder voll zum Zuge gekommen.

Es hatte aber auch noch ein kleines Nachspiel. Als der Schönling am Montag auf das Grundstück kam und sah, dass alles voller kaputter Dachsparren lag und vor allem das alte Asbestdach in tausend Fetzen über das Gelände verstreut war, da is er verständlicherweise mächtig sauer geworden. Er hat sich also in seinen Corrado mit G60-Lader geschmissen – hab ich dem Arsch schon bei unserm Treffen nicht gegönnt, aber hätte meine Jetta keine Angst vor haben müssen –, er also eingestiegen und nach der Adresse auf dem Räumungsvertrag gebrettert.

Besser, man lässt sich immer den Perso zeigen von einem Vertragspartner. Die Adresse auf dem Papier war die von meinen Eltern, die hatte ich noch als Zweitwohnsitz behalten, wofür, weiß ich nicht mehr. Jedenfalls düste der Schönling dahin und klingelte bei Schrage. Als dann mein Vater aufmachte, zögerte er wohl erst, war aber so auf hundertachtzig, dass er gleich lospolterte, die verdammte Schragebrut, dies asoziale Pack, solle gefälligst ihren Müll von seinem Grundstück wegräumen, und zwar zackig, denn nächste Woche käme das HUF-Haus.

Mein Vater verstand nur Bahnhof und hatte auch von einem HUF-Haus noch nie was gehört. Also wechselte er in eine Mitteilungsform, die er kannte, und hat dem Schönling voll eins auf die Zwölf gezimmert. Das war altdeutsche Überzeugungsarbeit, die der Schönling so nicht gewohnt war. Ich hab nix mehr von ihm gehört, hatte aber auch so genug Probleme, denn hinter Oma Brenninkmeiers Hütte standen Wände, Balken und tausend Kleinteile, auf die jemand was in kyrillischer Schrift gekritzelt hatte.

DER WIEDERAUFBAU

Viel schlimmer als mein Wiederaufbau der Katzen-Villa kann's nachm Krieg auch nicht gewesen sein. Meine Fresse, ich war damals kurz vorm Durchdrehen. Und Jutta war mir keine große Hilfe, kann ich dir sagen, da stand unsere Ehe auch wieder mal auf Kippe. Ich hab mich natürlich vorher informiert, wie man das sinnvoll macht, son Fertighaus ab- und wieder aufbauen. Hamse mir alle von abgeraten, das sei viel zu teuer und lohnte sich nicht. Das war ja schon mal total daneben, die Villa von Old Catwoman hatte mich nix gekostet, billiger geht's ja ersma nich. Selbst wenn der Wiederaufbau gar nich klappt, hatte ich kein Geld verloren, sondern höchstens einen Haufen Schrott aufm Grundstück liegen – dachte ich damals zumindest.

Ich weiß ja nich, ob du schon mal irgendein Gerät bestellt hast, und dann kriegst du 'nen Karton voll Einzelteile und eine Tüte Schrauben plus Sechs-Millimeter-Sechskantschlüssel. Den ganzen Sums sollst du dann anhand eines Zettels mit Bildern in der richtigen Reihenfolge zusammenbasteln. Ich sag dir, das is nix für Leute wie Schrages Ältesten. Ich hab mir mal ausm Baumarkt 'nen Betonmischer geholt, 'ne *Attika* für 179,90 Euro – is noch gar nich lange her. Stand im Prospekt abgebildet in diesen typischen Attika-Orange, und ich also gleich hin nach Obi. Da stand se auch direkt draußen vorm Eingang mit Preisschild dran, 179,90 €. Wunderbar, dachte ich und hab das Teil hinter mir hergezogen nache Kassenmamsell hin.

«Die soll's sein, Frollein, und 'ne Packung Weingummi dabei, bitte schön», und streckte ihr vier Fuffis hin. Die Kassiererin guckte mich an, als ob ich ihren rechten Fuß kaufen wollte, nahm aber schon mein Geld, tippte drauflos und gab mir das Wechselgeld zurück.

«Das ist ein Ausstellungsstück, da hinten steht der Stapel mit den verpackten Geräten», erzählte sie einen vom Pferd.

Umso besser, dachte ich: «Wie viel Prozent gibt es denn auf dieses Exemplar als Rabatt, Gnädigste?»

«Gar nichts, ein Ausstellungsstück können Sie nicht kaufen, Sie müssen die verpackten da hinten nehmen.»

Da hinten stand der Stapel mit Kartons, jeder bisschen größer als wie fürn Tausender-Puzzle. Und genauso sah's da drin bestimmt auch aus, dann durfte man sich zu Hause die Attika stundenlang aus dem Teilehaufen zusammenschustern anhand eines chinesischen Comic-Heftes. Daran sind schon Ehen zerbrochen. Die Schweinehunde können die Attika auch bloß zu dem Preis raushauen, weil der Arbeitslohn für den Zusammenbau dem Kunden aufs Auge gedrückt wird.

«Ich nehm die hier, Frollein, oder ich ruf die Polizei», ging ich knallhart in die Vollen. «Laut Warenabgabegesetz sind Sie verpflichtet, ein preislich ausgezeichnetes Angebot einem Kaufinteressenten auch auszuhändigen, andernfalls hätten Sie es ordnungsgemäß als unverkäufliches Ausstellungsstück kennzeichnen müssen.» Tatsächlich hab ich was Ähnliches irgendwo mal gelesen, war mir aber egal, ob das stimmt, Hauptsache, Madame an der Kasse war geplättet. «Und weil Sie mein Geld schon angenommen haben, ist es bereits zu einem Kaufvertrag gekommen.»

«Da muss ich erst den Geschäftsführer ...», fusselte sie noch irgendwas, ich hatte aber schon den Kassenbon in der Hand und meine Adresse auf einen Werbewisch gekrickelt.

«Und weil ich die Maschine nich in meinem Pkw mitkriege, obwohl die in Ihrem Prospekt als *Mitnahmeartikel* gekennzeichnet war, scheiße ich Sie zusätzlich vor Gericht an wegen unlauterem Wettbewerb. Es sei denn, die Attika steht heute Abend bei mir aufn Hof. Hier wohn ich, Wiedersehen», und gab ihr den Zettel mit der Adresse. Was soll ich sagen, abends stand die Attika vor der Tür mit einem Brief vom Geschäftsführer und Bitte um Verständnis ... Man darf sich von den Brüdern nix gefallen lassen, sonst wirst du in diesem Leben von jedem Schafscherer übern Tisch gezogen, is jedenfalls meine Meinung.

Was mein Fertighaus-Puzzle anbetraf, hatte es wenigstens einen Vorteil: Es gab keine Zusammenbau-Anleitung, über die man sich aufregen musste, und die kyrillischen Buchstaben auf den Elementen waren auch keine Hilfe. Is mir ein Rätsel, wie die Russen mit dem Gekrickel bis in den Weltraum vordringen können.

Los ging's mit 'ner Bestandsaufnahme. Wir hatten fünfzehn Wandelemente, sechs Fenster, sieben Innentüren, eine Außentür, jede Menge Kleinscheiß und Gedöns sowie die ganze Haustechnik.

«Ein Bolzenschneider gehört nicht in Bulgarenhand», war das Ergebnis nach der ersten Sichtung der Haustechnik, konnteste im Grunde alles wegschmeißen. Die Kalmücken hatten jede Leitung – egal, ob Wasser, Gas oder Strom – mit dem Bolzenschneider durchgetrennt. Ab in die Mulde mit dem ganzen Schrott. Blieb der Rest. Die Okalbutze bestand aus einer Holzrahmenkonstruktion, das heißt, die Rahmen waren aus KVH, die Flächen aus OSB, und dazwischen war Kamelscheiße. Kannste also nich mit der Sumse passend schneiden, sondern musste so nehmen, wie se sind. Und weil die Fensteröffnungen schon da sind, kannste da auch nicht wild vor dich hin puzzeln, sondern musste schon den ein oder anderen Gedanken dran verschwenden, wie du die Wände so aneinanderschraubst, dasses auch hinkommt.

Am Wochenende haben Sven, Zuckmeier und der Lange ausm Bräustübchen geholfen. Ich hab mal im NDR 'ne Sendung gesehen über Kurt Schmittchen, das war ein – heute würde man wahrscheinlich sagen «psychisch kranker» – Mann aus Hannover, mit anderen Worten ein Bematschter, jedenfalls hat der auch ein völlig durchgeknalltes Fertighaus zusammengenagelt, das er «Merzbau» nannte. Hatte ich schon beinahe vergessen, die Sendung, aber als ich sah, was Sven, Zuckmeier und der Lange da mit meinen Wänden gemacht hatten, hat mich das daran erinnert. Musste alles wiederzurückgebaut werden.

Was aber das Gute is an Deutschland – und darum beneidet uns die Welt –: Alles is genormt, ich sag bloß mal DIN A 4 als Beispiel, das hat sich weltweit durchgesetzt. Egal ob der Araber verkehrt rum von rechts nach links schreibt, der Chinamann seine Arschgeweihe untereinanderkrickelt – alles auf DIN A 4. Das is

Norm. Und genauso sieht's auch im Fertighauswesen aus, egal, welche Wände du nebeneinanderstellst, die Höhe is dieselbe.

Fällt mir gerade noch 'ne Schote ein zu deutscher Norm. Worüber wir uns bei Lisbeth im Bräustübchen des Öfteren mal unterhalten haben, is die normale Schwanzlänge des deutschen Mannes: Was ist der DIN-Pimmel? Dazu gab's ganz unterschiedliche Meinungen, Lisbeth meinte, es käme beim Mann eher auf die inneren Werte an. Hat ihr natürlich keiner abgenommen. Im Gegenteil, haben wir ihr sogar übelgenommen, denn wieso erzählt die wohl so was? Weil sie uns vier für kleinpimmelige Versager hält, aber nicht als Stammkunden von ihrer Kneipe verlieren will. Jedenfalls ist die Diskussion damals auch zu keinem Ergebnis gekommen, ich schätze mal, niemand hat sich getraut, 'ne Zahl rauszuhauen, um nix über seine eigene Bestückung zu verraten.

Wie kam ich drauf? Ach so, wegen DIN-Format und dass die deutsche Fertighauswand auf Höhe zwei fuffzig genormt ist. Wir hatten zehn Außenwände, erkennbar an den Fensterlöchern, und fünf Innenwände, da waren Tapeten dran oder Fliesen. Die mit Fliesen gehörten zur Küche und zum Badezimmer, welche zu was, konnteste aber nich erkennen, waren beide gleich von so 'ne undefinierbare Farbe. Kann man mir schließlich auch keinen Vorwurf machen, dass ich die verwechselt habe.

DER NEUE FLIESENTAG

Deshalb musste nachgefliest werden. Das hat mein Vater unter der Bedingung gemacht, dass unser Bad fünf Jahre lang am Sonnabend als Musterbad für seine Kunden auf is. Hab ich ihm in die Hand versprochen. Dann is er ja so urplötzlich im

Herbst an einem Blutgerinnsel gestorben, und ich dachte, super, hat das mit den Fliesentagen ein Ende. Von wegen, da hatte ich meine Rechnung ohne Jutta gemacht: «Du darfst doch ein Versprechen, das du deinem Vater auf dem Sterbebett gegeben hast, nicht brechen, das bringt Unglück.» Was heißt da «Sterbebett»? Der Alte war noch quicklebendig, und mit dem Ende von VP1, in diesem Falle der Alte, geht das Vertragsverhältnis auf seine Erben über oder erlischt. Seine Erben waren je zur Hälfte seine Ehefrau Hildegard und sein Sohn Wolfgang, also ich, der außerdem identisch war mit VP2. Nach einer schriftlichen Verzichtserklärung der hälftigen Erbin Hildegard auf Abhaltung der «Fliesentage» für die restlichen viereinhalb Jahre war für mich die Situation rein juristisch sauber geklärt. Aber Jutta behauptete, das is keine Frage von Recht, sondern von Anstand.

Und so sah das dann über vier Jahre bei uns jedes Wochenende aus. Freitagabends Vorscheißen, oder wer das nich konnte, wie ich, musste es sich bis Sonnabendnachts verkneifen oder ins Bräustübchen rüber ... vier volle Jahre lang. Sonnabends Punkt neun Uhr stellte Jutta dann das Schild an die Straße: «Meister Schrage lädt ein. Heute Fliesenschautag in familiärer Atmosphäre. Belegte Brötchen 50 Pfennig.»

Der Preis stammte noch aus den Zeiten der ersten Fliesentage bei uns zu Haus und war nich mehr zu halten, rein wirtschaftlich. Aber das Schild hatte der Fliesenwämser noch selber gepinselt, da durfte man nix dran ändern ... bringt Unglück ... Frauenlogik! Seitdem der alte Schrage tot war, hatte er logischerweise auch keine Kunden mehr, musste also keiner mehr seine hässlichen Fliesenmuster anglotzen. Meine Fresse, an der neugebauten Nordwand des Badezimmers hatte er sich so richtig ausgetobt, Mannomann, war das pottenhässlich. Ich weiß gar nich, wie ich das beschreiben soll.

Warste schon mal in Hannover, in Herrenhausen im Großen Garten? Hatte mich Jutta mal hingelockt zu so 'nem Gartenfestivals, die andauernd sind. Jedenfalls haben die da in diesem Garten von Herrenhausen sone Art nachgebaute Höhle von Steinzeitmenschen oder was das mal darstellen sollte, und diese Höhle hat eine Französin, die anscheinend nur noch auf zwei Pötten lief, «künstlerisch ausgestaltet», alle Wände mit Scherben vollgeklebt, nix passt zusammen, von Scheckkarten-Fuge ganz zu schweigen. Eben typisch französischer Murks, genau wie in unserm Ferienhaus in Frankreich, komm ich noch drauf.

Und so ähnlich sieht auch unsere Badezimmerwand aus. Zu der Zeit musste Old Schrage schon 'nen leichten Schlag weggehabt haben, denn die kaputten Fliesen sind nich bloß nebeneinandergeklebt, sondern stehen teilweise sogar ab vonner Wand. Oder er hat da Gesichter draus geformt. Ich meinte sogar, ich hätte in einem Muster ein Hakenkreuz erkannt, hat aber außer mir keiner. Schade eigentlich, denn dann hätte man wegen unerlaubtem Nazisymbol das ganze beschissene Kunstwerk wegreißen können. Ja genau, das isses nämlich geworden: «ein Kunstwerk».

Zuerst kamen zu den Fliesenschautagen nur irgendwelche Penner, die scharf auf die günstigen Brötchen waren – meist gab's auch noch 'n umsonsten Kaffee dabei von Jutta, die is ja einfach zu gut für diese Welt. Aber an einem Fliesentag is einer vom Käseblatt dagewesen, der wollte was schreiben über «Ein Toter wirbt um Kunden», oder was er sich vorher am Telefon herkriegte. Als er dann da war und die Wand vom alten Schrage gesehen hat, hieß der Artikel plötzlich «Kunst, die im Verborgenen blüht». Werner Schrage würde darin verglichen mit Fliesenreich Hundertwasser. Das muss auch son Spinner gewesen sein wie die Franzmännin aus Hannover. Dieser Hundertwasser soll angeblich einen Bahnhof ähnlich verschandelt haben wie Werner Schrage unser Badezimmer. War mir ja egal, ich fahre nich Bahn, hab ja 'nen Auto. Nach dem Artikel im Käseblatt über den «verborgenen Künstler» Werner Schrage kamen immer mehr Etepetete-Leute zu den Fliesentagen, haben sich die hässliche Scheißhauswand vom Alten angeguckt und dabei Juttas belegte Brötchen für fünfzig Pfennig weggemümmelt. Einmal hab ich aufgeschnappt, wie einer von denen sagte, die pappigen Aufback-Schrippen mit der Billigwurst fände er total authentisch, die machten den Besuch zu einer echten Performance. Keine Ahnung, was er damit meinte. Dass wir scheiße sind oder er, is mir aber auch egal.

MISCHKA WULFF UND DER ALTE

War zwar Wochenende, aber ich wusste, dass immer einer aufm Bauhof is, und zwar Mischka Wulff, der Bauhof-General. Der hatte das ganze Geschirr unter sich und war so ziemlich der Einzige, der sich im Bestand auskannte. Mischka lebte quasi auf dem Bauhof, oder nich bloß quasi, sondern tatsächlich in einem alten DDR-Leutewagen, den er sich als «Single-Apartment» zurechtgemacht hatte. Übrigens der DDR-Anhängerbau, der war nich verkehrt. Wenn du mal Zeit hast, dann guck dir mal die Wechselbrücken-Anhänger von *Spezialanhängerbau Børnsen* an. Da können sich die ausm Westen 'ne Scheibe von abschneiden.

Mischka Wulff regierte vom StruWAG-Bauhof ein ganzes Unternehmen an illegalen Geschäften. Man munkelt, dass er auch Tipps an osteuropäische Banden verkaufte, auf welcher Baustelle sich welche Maschinen klauen ließen. Fast alle wussten, dass der Alte mit ihm unter einer Decke steckte: Mischka kriegte das Geld von den Osteuropäern, und der Alte versicherte die Maschinen vorher üppig – besser geht's gar nich.

Die fetten Jahre für Mischka und den Alten kamen Anfang der Neunziger, das war die Zeit der «Verkehrsprojekte Deutsche Einheit», als in Dunkeldeutschland die alten Kopfsteinpflaster-pisten ersetzt wurden. Da haben sich die beiden Fürsten der Finsternis so richtig die Taschen vollgemacht. Wenn die Stru-WAG ein Los gewonnen hatte für – ich sag mal ein Beispiel – «Er-neuerung der Fahrbahndecke von Müllgruba nach Rostbeula in Sachsen-Anstalt», dann knallten die Sektkorken. Als Erstes rückte ein Subunternehmer an, die *Kontaminationsdiagnostik Eberswalde*, eine hundertprozentige Tochter von der StruWAG, die wegen Subventionen von Braunschweig in den Osten verlegt wurde, nach Eberswalde. Diese Schergen fertigten ein Umwelt-gutachten für den alten Streckenabschnitt an, Ergebnis: «Hoch-kontaminiert durch unkontrolliertes Eindringen von Mineralöl aus Pkw-Zweitaktmotoren.» Folge: Der ganze Scheiß musste aufgenommen und deponiert werden, einfach Teer über die Basaltköppe gießen wie früher, das lief nich mehr in der neuen Mädchenrepublik. Jetzt trat Mischka auf den Plan. Eine Truppe von seinen Ostgoten nahm per Hand das alte Kopfsteinpflaster auf, war billiger als mit 'nem Radlader, und war auch nich so viel Dreck dazwischen. Eine Scheinfirma aus Polen stellte dem Alten dafür ein Deponie-Zertifikat und eine entsprechende Rechnung aus. Die Steine wurden in Wahrheit zu einem Lager für histori-sche Baustoffe in Westdeutschland gebracht, und aus dem kon-taminierten Sondermüll wurde wie durch ein Wunder «histori-sches Graubasaltpflaster». Das hat der Alte den Quadratmeter zu hundertfünfzig Mark an Gartencenter verbimmelt. Zum Teil haben sich auch neureiche Schwachmaten wie die Besitzer des

Billigklamottenladens «Friedhelms Family» ganze Garagenauf-
fahrten mit Original-Zonen-Basalt aufmotzen lassen.

Das war der erste Schritt in der «Wertschöpfungskette Deutsche Einheit». Bis jetzt hatte die StruWAG noch keine Schaufel
angepackt, aber schon viermal kassiert: Umweltgutachten,
Aufnahme des Altbelags und Abtransport, Deponiekosten des
Sondermülls, Verkauf des «historischen Kopfsteinpflasters».
Der größte Teil des Geldes wanderte in die privaten Taschen
von Mischka Wulff und dem Alten. Der Gelackmeierte war der
Steuerzahler, hätte der Staat das Altpflaster in eigener Regie
an «Friedhelms Family» verhökert und keine Deponierkosten
gehabt, wäre davon die neue Straße schon bezahlt gewesen. So
aber musste der Steuerzahler noch mal in die Schatulle greifen,
denn erst jetzt rückte die StruWAG mit ihrem Geschirr an.

Die Nummer mit den Fröschen oder das Römerlager konnte
der Alte im Osten nicht durchziehen, hier sollten schnell Ergeb-
nisse her, damit die Eingeborenen nicht rebellierten. Also mussten sich die beiden Strategen eine andere miese Nummer ein-
fallen lassen. Und da kam ihnen die Vergangenheit von Mischka
Wulff bei der Stasi zugute. Aus der Zeit hatte er noch beste Kontakte zur GSSD (oder auch GSTD) und wusste, was die Kollegen
so alles an Sauereien in der Erde verbuddelt hatten. Bis 1994 zog
sich der Abzug der sowjetischen oder später russischen Truppen hin, und überall da, wo ein Standort aufgegeben wurde,
hinterließen die Militärs eine Umweltkatastrophe erster Güte.
Mischka Wulff kannte die schlimmsten Hotspots, wo jahrelang
Schweröl und Kerosin in der Heide versickert war.

Zusammen mit dem Alten und ein paar anderen Ex-Stasis
gründete er die *Mitteldeutsche Renaturierungs-GmbH in Hal-
le/Saale.* Da fragst du dich allmählich, warum so einer noch
als Sheriff aufn Bauhof malocht. Das war einerseits seine Tarn-

existenz und zweitens sein Kontakt zu den Kriegsgewinnlern im Westen, dadurch hatte er schließlich den Alten überhaupt erst kennengelernt. Aus den beiden sind im Laufe der Jahre richtig Freunde geworden, und 1995 haben se gegenseitig die Frauen getauscht, das nenn ich mal deutsch-deutsche Verständigung, der Dunkel-Ossi und der Besser-Wessi als Lochschwäger. Jedenfalls hat die Mitteldeutsche Renaturierung den Umweltschaden in den GSTD-Standorten kartiert und die Beseitigung des kontaminierten Bodens organisiert. Durch die Treuhand hatte sie auch das Zertifizierungsrecht für die ordnungsgemäße Deponierung erlangt.

Und hier kam der Alte ins Spiel. Nachdem das Kopfsteinpflaster abtransportiert war, rückten die Lkw mit der verseuchten Russenmompe an, und damit wurde die Trasse ausgekoffert. Zum Transport von dem Giftzeug hatte sich der Alte eine ganze Flotte von IFA W50 besorgt. Die Laster aus Ludwigsfelde waren noch aus altdeutschem Eisen, bei West-Lkw fraß sich das russische Gift nach drei Fahrten durch die Kippermulde. Wenn der Gammel eingebracht war, kam sofort eine Deckschicht aus Spritzbeton drüber, damit die Katzen ausm nächsten Dorf nich tot ausm Straßengraben glotzten. Sicherheitshalber wurde die Einbringung des Giftzeugs nicht von Dr. Flachpfeiffer organisiert, so viel hatte der Alte mittlerweile begriffen. Dann folgte der normale Aufbau. Das heißt, der war so berechnet, dass Phase drei der Wertschöpfung nach spätestens zehn Jahren anfing. Dann musste die Decke nämlich so kaputt sein, dass die StruWAG wieder mit der Fräse anrücken und dem Staat die Straße noch mal verkaufen konnte. Für diese termingerechte Zerstörung hatte der Alte eigene Rezepte und Methoden entwickelt. So hat er zum Beispiel mit Wasser gefüllte Schnapsflaschen in den Aufbau einbringen lassen. Wenn genug Schwerverkehr über die Straße fuhr, sagen wir mal ein Motmarsch der Bundeswehr, dann zersprangen die unterirdischen Wasserbomben. Es entstand eine Wasserblase, die im Winter hochfror, und die Asphaltdecke kriegte Risse, mehr Wasser drang ein, und nach ein paar Jahren war die Straße komplett im Arsch. Damit die Pullen nicht von allein bei schwerem Frost schon zu früh kaputtgingen, hatte der Alte eine vorher genau berechnete Menge Glyphosat untergerührt. Solche üblen Tricks haben sich Mischka und der Alte laufend ausgedacht.

Der fieseste kam, nachdem die goldenen Jahre im Osten vorbei waren. Zu der Zeit hat die StruWAG neben der Brückensanierung hauptsächlich Wohnstraßen im Westen erneuert, das war Ende der Neunziger. Und da zeigte sich, wie weit die beiden Strategen in die Zukunft – hauptsächlich natürlich die eigene – dachten. «Die StrABS, das ist meine Rente», sagte der Alte damals. Die StrABS, das ist die «Straßenausbaubeitragssatzung», und die galt damals fast überall in Deutschland, erst heutzutage is sie in einigen Ländern komplett und in einigen Gemeinden teilweise abgeschafft worden. Diese Satzung besagt, dass sich Anwohner an den Ausbaukosten ihrer Straße mit einem bestimmten Prozentsatz – das können gut und gerne mal siebzig sein – beteiligen müssen. Es bedeutet in der Realität: Wenn die Straße bloß ein bisschen geflickt werden muss, dann darf der Staat, also meist die Gemeinde, das voll bezahlen. Ist sie aber komplett im Arsch und muss durch eine neue – womöglich mit Radweg – ersetzt werden, dann ist das ein «Ausbau», und da greift die StrABS.

Kannste dir vorstellen, was solche kranken Hirne wie die von Mischka und dem Alten aus so einer Steilvorlage gemacht haben. Die beiden haben den Kommunen Straßen verkauft, die zwanzig Jahre mit wenig Aufwand am Leben gehalten werden können und dann schlagartig komplett zusammenbrechen. Übrigens fällt mir gerade ein, haste von dem Autobahnabschnitt der A 20 in MeckPommes gelesen, der komplett weggesackt ist? War auch der Alte, hatte sich verrechnet, ist zu früh kaputtgegangen. Fuchs, wie er is, hat er dem Bund aber auch noch die Behelfsbrücke verbimmelt. Aber zurück zur StrABS. In den späten Neunzigern haben die beiden Tiefbau-Verbrecher reihenweise den Gemeinden diese Zeitbomben-Straßen verkauft. Mischka war als Ostdeutscher naturgemäß vom Kapitalismus und seinen ungeahnten Möglichkeiten total fasziniert. Als er von der «geplanten Obsoleszenz» gelesen hatte, also dass Glühbirnen oder Drucker an einem vorher festgelegten Tag kaputtgehen, wollte er das Prinzip unbedingt auch im Tiefbau einführen. Zupass kam ihm dabei die StrABS. Den Kommunen haben er und der Alte versichert, dass die neue Straße wie geplant nach circa zwanzig Jahren komplett die Läufe streckt, und dafür schon im Vorgriff zwanzig Prozent der späteren eingesparten Kosten kassiert, die die Kommune auf die Anlieger umlegen darf. Die Gearschten waren natürlich später die Anwohner, bei denen kam Ende der zehner Jahre das böse Erwachen, aber was sind se auch so blöd und wohnen im Eigenheim statt zur Miete, wo se Rechte haben.

Das also war der Mischka, zu dem ich an einem Sonntagvormittag gefahren bin, weil es in meine Okalbutze reinregnete und ich die Idee hatte, er besorgt mir ein Bauzelt für mein Hausprojekt. Kann man sich vorstellen, dass so einer noch 'ne ganz andere Idee hat, wie mein Haus fertig wird. Sollte es nämlich bald, denn im Herbst würde Juttas Mutter die Wohnung aufgeben, und ich musste meiner Ehefrau Obdach gewähren.

Als ich Mischka die ganze Story mit der Villa Katzenscheiße berichtet hatte, musste er laut lachen und hat mir auf die Schulter geklopft: «Du bist eener von uns, Schroage, ick hölfe dir, meen Freund.» Und dann ist er mit mir zur Poggenkuhle 1 gefahren. Er kam ausm Lachen gar nich mehr raus, als er die aufgestellten Wände rum ums Nichts gesehen hat: «Det reißen wir allet wieda wech bis uf det Badezimma, det hat was.»

Krieg also nix mit Zelt drüber, und dann muckeln wir uns dadrunter so langsam eine Hütte zurecht. Wenn Mischka etwas anpackt, dann soll man froh sein, dass er's macht, und am besten groß keine Widerworte geben, weil das is er aus seiner Zeit im real dahinvegetierenden Kommunismus einfach nich gewohnt. Am Montag kam ein Trupp Sibiriaken und hat die ganze Baustelle geräumt, bis auf das Horrorbad vom alten Schrage, das blieb einsam und im Regen stehen. Jetzt war ich also wieder ohne ein Haus und konnte nur hoffen, dass Mischka was im Köcher hatte.

Das hatte er! Ich weiß nich, ob du von dem gigantischen Bauvorhaben gehört hast, das ab 1992 bis 1994 in Russland ablief. Für eine halbe Millionen abrückende russische Soldaten und Zivilunken musste Wohnraum in der ehemaligen Sowjetunion geschaffen werden. Genauer gesagt, hauptsächlich für die Offiziere, wo das Volk – die einfachen Soldaten – blieb, is dem Iwan generell schon immer egal gewesen. Deutschland hat dafür 8,3 Milliarden rausgerückt, wofür sechsunddreißigtausend Offizierswohnungen gebaut worden sind. Obwohl bei dem Auftragsvolumen finanziert durch EU-Gelder auch EU-Recht gilt und deshalb die Aufträge international ausgeschrieben werden mussten, ist die StruWAG über mehrere Briefkastenfirmen auch da voll zum Zuge gekommen.

Im Zwei-plus-Vier-Vertrag, der am 12. September 1990 in Moskau unterzeichnet wurde, gab es ein Zusatzprotokoll, das die «Repatriierungskosten» der sowjetischen Truppen regelt. Da drin hieß es, dass die BRD vollständig für die Kosten aufzukommen habe, und dieses Projekt müsste bis 1994 abgeschlossen sein. 12. September Unterzeichnung, am 13. lag eine Abschrift bei Mischka Wulff aufm Tisch. Er witterte sofort das Riesengeschäft, hatte aber weder Lust, bis 1992 zu warten, noch auf irgendwelche EU-Richtlinien. Also rief er eine alte DDR-Verbindung an, Lülle-Lothar, den letzten Außenminister der DDR. Kurz bevor der am 2. Oktober 1990 den Laden dichtmachte, hat er zwölf Millionen Ostmark, danach in 5,9 Millionen umgerubelte Westmark, bewilligt und die StruWAG mit einer Pilotsiedlung von insgesamt fünfundzwanzig Offiziers-Eigenheimen beauftragt.

Keine Ahnung, wen Mischka Wulff von seinen alten Kameraden alles mit den anderen vierundzwanzig Häusern versorgt hat. In Durnewo bei Kursk, wo diese Pilotsiedlung hingebaut werden sollte, ist jedenfalls keine der Hütten angekommen. Das ganze Projekt ist in den Wirren der Auflösung vonner Sowjetunion irgendwie verschwunden. Mischka und der Alte haben die fünf Millionen eingesackt, für die Hälfte fünfundzwanzig Fertighäuser gebaut und damit alle möglichen Leute bestochen oder Mitverschwörer versorgt. Eins davon steht heute Am Klärwerk 1a, vormals an der Poggenkuhle 1a. Rund um ein vorhandenes Badezimmer wurde ein russisches Offiziersheim gebaut, insofern ist es einzigartig in Deutschland, auch deshalb, weil an einer Seite rostige Moniereisen rausgucken, um einen geplanten Anbau vorzutäuschen. Von mindestens einem anderen dieser Russenbutzen weiß ich noch.

Es war Anfang 1998, Volker und Melanie waren noch klein. Stimmt, die hatte ich noch gar nich erwähnt, hol ich gleich nach.

Man kommt ganz ins Tüddern bei seinem eigenen Leben. Egal, also Anfang 1998, an einem Sonntagvormittag im Mai, warm und herrliches Wetter, da sag ich zu Jutta: «Lass uns doch 'nen Ausflug machen. Vonner Arbeit gießen wir 'ne neue Standspur hinter Helmstedt, kann ich dir und den Kindern mal zeigen, was sich in Sachen Beton so getan hat.» Die Blagen kannten diese Ausflüge schon, sagten aber nix, damit se sich die Chance auf Pommes oder Eis aufn Rückweg nicht verscherzten. Jutta war das egal, ob sie zu Hause im Sessel saß und einen von ihren Romanen las oder im Auto. Jutta las in den Jahren viel, hat se sich aber wieder von erholt. Wir fuhren also auf der A 2 Richtung Osten, nach anderthalb Stunden waren wir über die ehemalige Zonengrenze. Kurz hinter Ostingersleben fing Volker an zu quengeln, er müsste ganz dringend mal. Gut, sag ich, halte ich eben aufer Standspur, du springst über die Leitplanke und pinkelst schnell. Nä, quengelte der Bengel, er müsste groß und wollte aufn richtiges Klo, sonst könnte er nicht. Diese Empfindlichkeit hat er von seinem Vater geerbt. Also bin ich in Uhrsleben runter von der Autobahn und durche Gegend gefahren auf der Suche nach einer Gastwirtschaft mit Klo. Plötzlich sagt unser Melanie: «Guck mal, Papa, da hinten steht unser Haus.»

Und tatsächlich, genau dieselbe geduckte Bude, die man sonst in Deutschland nirgends zu sehen kriegt. Zwei Kilometer weiter war ein Chinese, der aufhatte, da hab ich den Bengel reingejagt. Aufn Rückweg sind wir wieder an dem Haus vorbeigekommen, und ich hab angehalten: «Melanie, lauf mal schnell nach dem Haus hin und guck aufe Klingel, wer da wohnt.» Unsere Melanie ging noch nich zur Schule, konnte aber schon lesen und wollte das immer vormachen. Sie rannte los, reckte sich hoch bis zum Klingelschild und kam zurück. «Wer steht da drauf, Mädchen?»

«Eisbär oder so ähnlich, war so gekrickelt, konnte ich nich genau lesen.»

Hatte ich mirs doch gedacht: Eisenbarth, Handtuch-Fotze 2, lebte frech unter seinem richtigen Namen im Osten.

Eine Sache muss ich aber noch zu unserm neuen «Sowjet-Haus» erzählen. Es muss fünf oder sechs Wochen später gewesen sein, die Hütte stand schon im Rohbau, da kam der Schönling mit der Polente vorbei. Der Wachtmeister kam zu mir hin und sagte: «Dieser Herr beschuldigt Sie, sein Fertighaus gestohlen zu haben», dabei zwinkerte er mir schon zu. Dann wandte er sich an den Schönling und zeigte auf unser Offiziersheim: «Erkennen Sie in diesem Rohbau Ihr Eigentum?»

Der Schönling guckte wie ein frisch gefickter Waschbär: «Nein, das ist es nicht, aber er muss mein Haus hier irgendwo auf dem Grundstück versteckt haben, es muss hier sein, ich rieche es.»

Der Wachtmeister rief bloß zu seinem Kollegen im Peterwagen: «Heinz, ruf die Hundefänger, hier braucht jemand Hilfe.»

Der Schönling is nie mehr richtig normal geworden, ich hab ihn später noch mal in der Stadt gesehen, wie er vor Karstadt saß und Mundharmonika spielte – gar nich mal schlecht.

Am 3. Oktober null Uhr war das Kapitel DDR endgültig zu Ende. Lülle-Lothar hatte sich schon am Tag vorher verabschiedet, Erich und Margot Honecker hatten sich im sowjetischen Militärhospital Beelitz verkrochen, Egon Krenz tourte mit seinem bekloppten Buch durch die Republik, und Günther Krause wurde Bundesminister für besondere Aufgaben, danach 1991 sogar Bundesverkehrsminister und verantwortlich für den Bau der A 20 an der Ostsee, die von der StruWAG gebaut wurde und wo ein ganzer Abschnitt eingestürzt ist. Krause bewohnte übrigens

auch eins – und zwar das luxuriöseste – von Mischkas Offiziers-
häusern. Jetzt, glaub ich, sitzt er im Knast oder so.

Das war der 3. Oktober, es war der Tag, an dem die DDR aus-
radiert wurde und wir in die Poggenkuhle 1a eingezogen sind.
Alle waren da auf der Einzugsparty: der Lange, Zuckmeier, Svenni Kruballa, Murat, Mischka Wulff, Paul Sontowski, mit dem
hatte meine Mutter nach Vaters Tod 'ne Tändelei angefangen,
Juttas Mutter Ilse, und sogar Lisbeth kam kurz ausm Bräustübchen rüber. Es war 'ne schöne Feier an diesem 3. Oktober 1990.

Eine Sache lag mir allerdings schwer auf der Seele, wie man
so schön sagt: Mischka Wulff hatte uns für umme eine Hütte
hier hingestellt, irgendwann würde er dafür einen gigantischen
Gefallen einfordern. Genug gegrübelt, man muss nach vorne gucken, und in der Nacht haben Jutta und ich anscheinend einen
angesetzt, denn am 1. Juli 1991 ist unser Volker auf die Welt gekommen.

ZWEI KINDER UND EIN
ABGESCHOSSENER DÜSENJÄGER

KINDER UND ELTERN

Kannste im Grunde nicht verhindern in einer Ehe, irgendwann kommen die Blagen. Und da musste nich mal oft dabeigegangen sein. Einmal nicht aufgepasst, und das Malheur ist da. Jutta war zwar erst fünfundzwanzig, also da tickte die biologische Uhr noch nich, aber ich schätzte, sie wollte es einfach irgendwie hinter sich bringen. Wenn ich also richtig zurückgerechnet hatte, dann wurde am 3. Oktober 1990 in der Nacht einer angesetzt, die erste gesamtdeutsche Befruchtung. «Wir sind das Volk», haben die Spermien geschrien, und los ging's.

Im Juli 91 isser dann geboren, unser Volker, so musste er dann ja auch heißen. Jutta hatte sich zuerst gewehrt. Erst wollte sie, dass der Bengel nach ihrem ein Jahr vorher totgegangenen Vater wieder Walter heißen soll, da war aber ihre Mutter Ilse total dagegen, weil die sich nach seinem Tod von ihm getrennt hatte und den Namen nicht mehr hören konnte. Aufe andere Seite hätte Jutta auch gern einen modernen Namen gehabt. Der beliebteste Jungen-Vorname 1991 war Kevin, im Jahr davor war nämlich der Film mit dem Rotzlöffel rausgekommen. Is schon komisch, dass sich Eltern die Namen für ihre Blagen nach Filmen aussuchen und nicht zum Beispiel nach wichtigen Politikern aus der Zeit, sagen wir mal Helmut oder Michail Sergejewitsch, nä, da gilt die freche Kevin-Bratze ausm Film mehr. Heute is sogar Jutta froh, dass wir unseren Volker nich Kevin genannt haben. Kevinse gibt's ohne Ende, und sogar bekannte Doofköppe dadrunter,

Volkers gibt's in seiner Generation ganz wenig, außerdem klingt «Volker Schrage» seriös, «Kevin Schrage» hört sich nach Bretterpenne an. Du glaubst gar nich, wie viel Eltern sich über den Namen ihrer Blagen inne Flicken kriegen. Verstehe ich nich, da tuste deinen Kindern keinen Gefallen mit. Ich sag immer: Hauptsache, die müssen ihren Vornamen nich ihr ganzes Leben lang buchstabieren und bei jeder Gelegenheit Sachen sagen wie: «Thorsten mit TeHa» oder «Kristine mit K vorne – nein, nicht Kristina, sondern mit e – nein, hinten mit e, nicht Krestina.»

Da wirste doch bekloppt bei, da ham wir unseren beiden doch mit Volker und Melanie einen Gefallen getan, is genau wie Wolfgang und Jutta, normal deutsch und nich dieser Dschastin- und Schantall-Blödsinn.

Was soll ich sagen, mit Kind ändert sich alles, als Mann bist du jetzt das fünfte Rad am Wagen, die Frau tänzelt bloß noch um den Schacker rum: «Volki hier und Volki da.» Manches Mal denkste, ob das alles so richtig war. Die Aufzucht von dem Bengel lief aber soweit relativ normal, krank sind se ja dauernd die ersten Jahre, und Krach machen se wie 'ne heißgelaufene Scheibenbremse.

Das größte Problem am Anfang: dass die Opas und Omas der Totalausfall waren. Walter und Werner waren jeder auf seine Art kaputt ohne Wiederkehr, und die beiden Omas, Ilse und Hildegard, waren widerborstig. Ilse, also Juttas Mutter, war nach Bad Sachsa zu ihrer Schwester gezogen und schon dadurch nich zu gebrauchen, konnte man nicht eben mal schnell den kleinen Scheißer bei ihr ablegen. Und Hildegard, meine Frau Mutter, die is dummerweise nach Vaters Tod noch mal richtig aufgeblüht. Beim Altencafé vonne AWO hatte sie Paul Sontowski kennengelernt, geschieden und gelernter Gas-Wasser-Klo-Klempner. Bei einem Unfall hatte er sich das rechte Bein eingeklemmt, und irgendwie hatten sie es nich geschafft, das in voller Länge an den Paul wieder dranzufrickeln, deshalb zog er den rechten Hinterlauf immer nach, und alle nannten ihn «Hinke-Paul», seine überscharfe Tochter dementsprechend «Hinke-Kerstin», obwohl die ganz normal laufen konnte und dummerweise mit einem Jugo zusammenlebte, demzufolge «Hinke-Jugo». Das ging so weit, dass der Hund von Hinke-Paul – das war son mops-gedackelter Fixköter –, den nannten alle im Dorf «Hinke-Fido». Wenn die ganze Bande sonntagvormittags nache Kneipe ging, dann hieß es: «Da kommen Hinkes umme Ecke.»

Jahre später, als Paul untere Erde musste, stand in seiner To-desanzeige – die war nich groß und ohne Kreuz, stattdessen mit son halbes Elchgeweih, was man bei toten Ostpreußen damals oft hatte –, jedenfalls stand da: «Wir trauern um unseren lieben Vater, Schwiegervater und Lebensgefährten Paul Sontowski. Deine Hinkes nebst Hildegard, 5. Juni 2006.» Hildegard hat den zweiten Tod von einem Mann an ihrer Seite nich verkraftet, sitzt seit Herbst 2006 inne Residenz und is nich mehr bei sich.

FALA

Aber so weit sind wir ja noch nich, sondern noch im alten Jahr-tausend.

Paul Hinke war also seit dem Tod vom alten Schrage der neue Stecher von Hildegard, und deshalb fiel die auch komplett aus für die Blagenaufsicht. Kindergarten und son neumodischen Quatsch gab's jedenfalls bei uns nich oder war nich kostenlos, kam jedenfalls nich in Frage.

Was machste da? Kaufste dir 'nen Hund, dass der Bengel je-denfalls bisschen Gesellschaft hat, wenn keiner da is. Das war

Fala, ein Deutsch Stichelhaar, von einem Kumpel. Dem seine Hündin hatte Junge gekriegt, und er wollte sie loswerden. Also nich die Welpen, die hat er gut verkauft an sämtliche Jäger inner Umgebung. Die Hündin sollte weg, weil er sagte, wenn die einmal geworfen haben, sind die auf Sauen nix mehr wert. Keine Ahnung, ob das stimmte. Und ehe er den armen Hund erschießen würde, hab ich gesagt: «Komm, Georg, tu mich den Hund, geb ich mal einen für aus.» So sind wir zu Fala gekommen, und ich muss sagen, nach Jutta die beste Anschaffung in meinem Leben. Weil sie Welpen gehabt hat, war sie so auf Junge fixiert, dass man ihr den Volker problemlos ins Körbchen legen konnte, und der Bengel ratzte sofort ein. Was ich da allein gespart habe an Kassetten und Bilderbücher vorlesen, dass das Blag endlich einschläft, das is mit Hundefutter gar nich aufzuwiegen. Fala und der kleine Volker, die waren ein Herz und eine Seele. Das führte so weit, dass sich der Junge, noch ehe er «Mama» sagte, mit dem linken Fuß hinterm Ohr kratzen konnte. Irgendwann, da war er schon drei Jahre alt, hab ich im Spaß zu Jutta gesagt: «Bevor Volker anfängt, im Garten nach Mäusen zu buddeln, sollten wir ihn da nich wieder 'nen bisschen an uns gewöhnen, oder was meinst du?»

Das war aber auch an sich kein großes Problem, bloß wenn du deine prägende Phase als Kind mit einem Deutsch Stichelhaar verbracht hast, dann hinterlässt das Spuren. Als Oma Hildegard mal zu Besuch war und den Hund wohl bisschen unsanft geschubst hat, da hat Volker ihr ins Bein gebissen. Und du weißt ja, wie Hundebisse sind, die verheilen sehr schlecht. Seitdem hat Oma Hildegard Angst vor kleinen Kindern, obwohl die meisten ja nur spielen wollen. Volker wuchs zu einem kräftigen Jungen ran und war ganz normal, trotz oder gerade weil er von früh an Kontakt zu Tieren hatte. Mit sieben isser aufe Schule gekommen, und da war Fala auch schon ein Jahr tot. Vergessen hat er den Hund nie, manchmal dachte ich, es wär ihm lieber gewesen, einer von uns wäre gestorben, oder zumindest Oma Hildegard.

Zwischendurch war auch schon unser Melanie auf die Welt gekommen, die war drei, als Volker zur Hundeschule ging – ich meine Grundschule. Melanie war das genaue Gegenteil von Volker, eben ein Mädchen. Die beiden waren von Anfang an wie Hund und Katz. Melanie war mehr so der häusliche Typ, und mit Stöckchenwerfen konnteste die überhaupt nich begeistern. Aber was Sauberkeit anging, war sie ihren Bruder um Jahre voraus.

Da war die normale deutsche Familie also komplett, zwei Eltern und zwei Blagen, ein Haus und ein Auto, nur Hund hatten wir leider keinen mehr, und so einen wie Fala gab's sowieso kein zweites Mal.

DER CORRADO

Richtig, Auto hatte ich gar nich erwähnt, welches das war. Seit die Jetta uns verlassen hatte, wurde sich für die Bauphase kurzfristig eine alte DoKa-T2-Schlurre zugelegt. Nach unserem Einzug ins Offiziersheim konnte die an sich wieder weg, und Frühjahr 1991 war dann auch klar, dass Jutta in gute Hoffnung war und die DoKa nicht das richtige Familienauto is. Jeder andere hätte sich jetzt 'nen Kombi geholt, was eben damals so aufm Gebrauchtmarkt angesagt war: Opel Omega, VW Passat, Renault 14 oder «Wer rostet schon im Prospekt? – FIAT 131 Mirafiori». Der letzte davon gebaute war 1991 allerdings schon sieben Jahre alt, also konnteste bei dem auch schon durche Bodenplatte die Straße begucken.

Ich hab mir keinen davon geholt, sondern gedacht, das is die letzte Chance in deinem Leben, noch mal ein richtig scharfes Teil zu fahren, bevor dir die Blagen mit ihren Schokoladengriffeln die Polster versauen. Und da fiel mir der VW Corrado mit G60-Lader von dem Schönling wieder ein.

Und mir is dazu innen Kopp gekommen, was der Wachtmeister zu seinem Kollegen gesagt hatte: «Heinz, ruf die Hundefänger, hier braucht jemand Hilfe.» Auf gut Deutsch hieß das doch wohl, den Knaben hatten se ausse Wirklichkeit weggefangen und in die Geschlossene verfrachtet. Dadrin würde er den Corrado sicher nicht mehr brauchen.

In gewisser Hinsicht war der Corrado für mich sogar ein Rückschritt vom Jetta GT 16V, denn der hatte nur acht Ventile. Allerdings trotzdem einundzwanzig PS mehr, nämlich hundertsechzig Tierchen unter der Haube, und das lag an dem G-Lader.

Ein Motor mit G-Lader reagiert bissiger als ein normaler Motor, und anders als ein Turbomotor hat er kein Turboloch, logisch, denn er is ja auch kein Turbo. Sogar im Drehzahlkeller hat der G-Lader schon ordentlich Wums. Nu fragst du dich sicher, wieso VW die Dinger nich mehr einbaut? Waren zu anfällig, zu viel Mechanik, und wenn man die Motoren gefahren is wien Achtzehnjähriger mit Dauerlatte, dann waren die schnell kaputt. Und darauf hab ich natürlich gesetzt bei dem cholerischen Schönling: dass er bei seinem Corrado schon das Herz des Motors zerschossen hatte und der Bolide kaputt in der Garage neben dem HUF-Haus verfaulte. Aber es kam noch besser.

Nun konnte ich nicht einfach zu seiner Trulla marschieren und sagen: «Verehrteste, die Hütte stinkt nach Katzenkacke, dein Alter sitzt in der Klapse, könnte ich womöglich den Corrado für Schmales ansaugen.» So lief das nich, und Fräulein Trulla war sicher nicht gut auf mich zu sprechen. Ein Plan musste her, und da kam mein Kumpel Kruballa ins Spiel: Auf dem offiziellen Papier von seiner Autobude hat er ein Schreiben verfasst an Sascha Rosenow, so hieß der Schönling nämlich. Darin ging's um einen «kostenlosen Ersatz der in Fahrzeugen des Volkswagenwerkes verbauten G-Lader wegen vereinzelt vorkommender Explusionen» – im Nachhinein hatten wir Glück, dass der Trulla nicht aufgefallen ist, wie Kruballa als alter Hauptschulversager «Explosionen» geschrieben hatte – jedenfalls stand da weiter: «Die Firma Auto Kruballa ist von VW mit der Sichtung der Fahrzeuge beauftragt worden und steht für eine Terminvereinbarung zur Verfügung.»

Jetzt konnten wir nur abwarten und hoffen, dass sein Frauchen auch die Briefe an ihren Sasch aufmachte. Und tatsächlich, vier Tage später meldete sie sich bei Kruballa als die amtlich bestallte Vormundschaft von Herrn Rosenow. Am gleichen Tag rückte Svenni vorm HUF-Haus an und wäre fast in Ohnmacht gefallen. «Sie müssen den Geruch entschuldigen, Herr Kruballa, er stammt noch von der Vorbesitzerin und verzieht sich hoffentlich in einigen Monaten.» Wie wir inzwischen wissen, tat er das nicht. Svenni wurde in die Garage gebeten und machte sich gleich am Corrado zu schaffen. Die Hausherrin hatte ihm einen «Latte» angeboten und war im Haus verschwunden. Zur Sicherheit hatte Svenni ein kaputtes und veröltes altes Motorteil mitgebracht. Als das Fräulein zurückkam mit dem «Latte», hielt er ihr den Siffklumpen hin: «Da haben wir aber noch mal Glück gehabt, Frollein, der G-Lader ist vollkommen in Ordnung, aber der Zylinderkopf ist gerissen, da wäre ihnen die Karre bei der nächsten Fahrt um die Ohren geflogen.»

«Huch», kam es hinter dem Kaffeetablett hervor, «wie kann das denn passieren?»

«Durch unsachgemäße Bedienung, zu hoch gedreht, den alten Achtzehnhunderter, und peng, das war's.»

«Ich hab immer schon zu Sasch gesagt, Saschilein fahr nicht so ungestüm, du bringst uns alle noch ins Grab.»

«Jedenfalls mit dem Corrado hat er's geschafft, der ist Kernschrott», sagte Kruballa.

«Und was nun, Herr Kruballa, ich als Frau habe doch keine Ahnung ...»

Wir ahnen, wie die Geschichte weiterging, Svenni hat mir alles nachher haarklein erzählt. Zwei Tage drauf hat er den Corrado theatralisch mit 'nem Abschlepphund am Haken weggeholt. Fünfhundert Märker Schrottwert hat er ihr – oder vielmehr dem Sasch – noch dafür gelöhnt.

Annalena – so hieß das Frollein, wie ich später erfuhr – hatte ihrem Sasch beim Besuch in der Klapse freudestrahlend berichtet, was für ein Glück sie wegen des explosionsgefährdeten Schrottautos gehabt hätte, fünfhundert Mark hätte es sogar noch obendrauf gegeben. Als Sasch hörte, was mit seinem nicht mal ein Jahr alten Corrado passiert is, war das der letzte Hinweis, den er noch brauchte, um komplett in seiner Birne die Jalousie für immer runterzulassen.

Für Svenni hat sich die Nummer auch gelohnt, er war danach zwei Jahre mit Annalena zusammen. Bis zu dem Tag, als sie mal bei ihm war und ich mit dem Corrado aufn Hof fuhr, meine Herren, war das eine Szene, schlägste lang hin, zu was Frauen fähig sind, das ahnt man ja nich.

Annalena ist kurz danach aus dem HUF-Haus ausgezogen. Aber noch nie hat sich der Satz: «Man sieht sich immer zweimal im Leben» so bewahrheitet wie zwischen mir und Annalena Pfeiffer.

Der Corrado war von der Serienausstattung allererste Sahne: ABS, Servolenkung, höhenverstellbare Sportsitze, Nebelscheinwerfer, grüne Color-Wärmeschutzverglasung und in Wagenfarbe lackierte, elektrisch einstellbare und beheizte Außenspiegel. Ich bin den dann noch bis ein Jahr nach Melanies Geburt gefahren. Ab dann wollte Volker nicht mehr in den Kofferraum, der Jagdhund wuchs allmählich raus aus dem Bengel. Auf dem knappen Rücksitz war ja die Babytrage, so ging's also nich weiter. Ich konnte mich nicht länger um eine Familienkutsche rumdrücken.

JUTTA, VOLKER, MELANIE
UND DER PASSAT

Du weißt ja, wie das ist mit Familie, du kommst zu nix. Den Corrado bin ich noch gut losgeworden, trotz dann doch kaputtem G-Lader, und hab mir dafür 'nen Passat geholt. Der Wagen hat mich so was von gar nich interessiert, da weiß ich nicht mal mehr den genauen Typ, pissgelb war er, das weiß ich noch.

Unser Volker ging jetzt zur Schule und wollte unbedingt später Hundefrisör werden. Da hab ich noch so halb im Scherz zu Jutta gesagt: «Wir haben alles richtig gemacht, dass er nicht mit einem Schwein aufgewachsen is.» In solchen Momenten guckte mich Jutta immer an, als ob sie mich umbringen wollte. Sie war ja total vernarrt in den Bengel und meinte, wer weiß, was aus ihm werden müsste. Das soll's ja wohl öfters geben bei Müttern und ihrem Ältesten. Was musste der arme Junge nich alles über sich ergehen lassen, sogar Klavierunterricht, dabei war er genauso unmusikalisch wie sein Vater. Damit er den Sprung aufs Gymnasium schaffen würde, gab's jeden Tag Nachhilfeunterricht in Rechnen, und Jutta hat sich selber sogar Englisch beigebracht, damit sie später seine Hausaufgaben überwachen konnte.

Es war ein einziges Elend, der kleine Volker war schließlich mitte Nerven am Ende, und wenn ich nicht dazwischengegangen wäre, dann könnteste den heute inner Bematschtenanstalt besuchen. Was der Junge wirklich konnte, waren Tiere, er verstand sich sofort mit allen Viechern, egal ob Hunde, Pferde, sogar die Enten von Oma Hildegard liefen ihm hinterher. Was soll man so einen zu etwas zwingen, wo er keinen Spaß und kein Talent dran hat? Ich sag immer, es findet sich alles im Leben. Guck mal, ich war bloß aufe Volksschule und hab danach 'ne Lehre als Konditor angefangen. Die hab ich mit einer Backe abgesessen und mir gedacht, es kommen auch bessere Zeiten. Und kamen dann ja auch: Ich zum Bund, hatte 'ne Freundin am Start und mein erstes Auto, den Bluebird.

DIE NUMMER IM BLUEBIRD

Ja, ich weiß, die Nummer mit Jutta im Bluebird, hatte ich versprochen, dass ich die noch erzähle. Nu isses auch egal, wenn die Blagen dieses Buch lesen sollten, die sind beide erwachsen und werden ihrem alten Vater deshalb wohl nich die Eier abreißen.

Kennengelernt hab ich Jutta in unserer Mofa-Clique, also die Mädchen fuhren meist Mofas, die Jungen noch die 50er-Kleinkrafträder. Erst 1981 sind die durch die 80er-Leichtkrafträder abgelöst worden. Bis 1978 musstete aufm Mofa auch noch keinen Helm tragen, du konntest die Mädels also schon von weitem abchecken. Was an Mopeds so angesagt gewesen is damals, das waren immer noch die Klassiker von Zündapp, Hercules, Kreidler, aber auch schon Batavus und Puch. 1977 hatte Hercules die knallrote Ultra rausgebracht und löste damit die lilafarbene Zündapp KS 50 watercooled als den angesagten Bock ab.

Luftgekühlter Sachs-Motor, 6,25 PS, 96 Klamotten Spitze, auf-gemacht waren locker über 100 drin. Kann man sich heute nich mehr vorstellen, aber damals war auf dem Gebiet kein Japaner weit und breit zu erkennen. Wer eine feuerrote Ultra mit Cock-pit-Verkleidung und den roten Gussrädern fuhr, der war Chef, da gab's nix dran zu rütteln.

Ich gehörte damals noch zu der Clique, hatte mir aber mit dem schmalen Lohn von Meister Derbfuß kein anständiges Mo-ped leisten können. Ich hab das Geld zusammengehalten und für den Dreier-Lappen ausgegeben. Vom Erzeuger hatte ich mir noch was zusätzlich geliehen, sodass der Bluebird schon aufn Hof stand. Die Lehre war fast zu Ende, und ich wusste schon, im Herbst ging's zum Barras. Obwohl ich vom Alter eigentlich nich mehr dazugehörte, hing ich noch weiter mit der Clique bei Kött-gers Lina ab, das war die Kneipe bei uns. Bei Lina durften wir uns stundenlang an einer Cola festhalten, und wenn wir da ab und zu 'nen Asbach von zu Hause reinkippten, sagte sie auch nix. Die Jungs waren alle mehr oder weniger siebzehn, die Mädchen meist paar Jahre jünger, wie das so von der Natur vorgesehen is, also fünfzehn, im Mofa-Alter. Die Ausnahme war Kerstin Sontowski, die war schon siebzehn und vom Schärfegrad ein-deutig kurz unterm Diamant-Sägeblatt. Kerstin war der absolute Hauptgewinn, dagegen waren die Mofa-Mädels bloße Beilage. Kerstin fuhr auch kein Mofa, so eine wie Kerstin, die wird ge-fahren, da hätte sich jeder drum gerissen. Ich war natürlich auch total hin und weg von Kerstin und bin um sie rumgeschlichen wie ein Märzkater.

Nun denkst du womöglich, ich als Autobesitzer hätte die bes-seren Karten gehabt gegenüber den Mopedjungs. Aber nich bei Kerstin. Die interessierte sich zwar einen Scheiß für Mopeds und konnte eine Ultra nicht von einer Watercooled unterscheiden.

Wofür aber manche Frauen, wenn nicht alle, einen siebten Sinn haben, is, wer die Macht hat. Und sie konnte spüren, dass alle Sören Weihmann angeguckt haben, der eine knallroten Ultra hatte. Und wenn's nur ist, dass sie ihn den anderen wegschnappte, um zu zeigen, wer bei den Weibern die Macht hat. Ihr war sonnenklar, Sören ist der stärkste Hirsch auf der Lichtung. Wie sich später erst – auch für ihn selbst – rausstellte, war Sören schwul wie 'ne Natter und machte sich nicht viel aus Kerstin, was sie natürlich noch schärfer auf ihn werden ließ. Sören wusste, dass ich hinter Kerstin her war, und das musste man echt sagen, er war Kumpel und hätte sie mir, ohne zu mucken, abgetreten. War aber kein Rankommen, und so ist dieser Kelch an mir vorübergegangen.

Kerstin hat in ihrem Leben nich so viel Glück gehabt wie ich. Freibad-Schönheiten verblühen ja normal ziemlich früh, das konnte man bei ihr allerdings nicht sagen. Die steht auch heutzutage noch ganz ordentlich inne Strümpfe. Ich hab mich damals gefragt, warum sie mit neunzehn den bescheuerten Frank Niekamp geheiratet hat. Den seine Alten hatten zwar das große Gardinengeschäft inner Stadt, aber sogar ich wusste, dass die Gardine keine Zukunft hatte. Mit siebenundzwanzig saß sie dann da, Gardinen-Niekamp war längst pleite, der bekloppte Frank hatte ihr zwei Blagen gemacht und hing anner Flasche. Kerstin musste putzen gehen, damit wenigstens nich auch noch das Haus an die Sparkasse gegangen wäre. Mittlerweile sind die Blagen groß, der eine is bei BMW in München, der andere fährt zur See, Kerstin hat endlich den Saufkopp inne Wüste geschickt und wohnte danach mit ihrem Jugo-Stecher im Haus von unserer Mutter. Immer wenn ich sie damals sah, ging noch son kleiner Stich durchs Herz, geb ich ganz ehrlich zu. Aber is auch egal, ich hab ja Jutta und wollte eigentlich erzählen, wie es dazu kam.

Als klar wurde, dass an Kerstin kein Rankommen is, hat Sören als echter Kumpel zu mir gesagt: «Hör mal zu, Wolli, du musst demnächst zum Bund, wenn du bis dahin keine Freundin hast, dann steht dir am Wochenende der Saft bis Oberkante Unterlippe. Ich mach dir einen Vorschlag, am Sonnabend is Fete bei Ecki inner Scheune, du kommst da auch hin, mit deinem Auto, und gibst mir die Schlüssel. Ich mach eine für dich klar, Alter.»

Am Sonnabend bin ich zu Ecki, war jede Menge Highlife, die Devils waren auch schon anwesend, da würde im Laufe des Abends garantiert noch 'ne amtliche Klopperei von werden. Von unserer Clique waren alle so weit vorhanden, Kerstin tanzte allein zu «When You're in Love With a Beautiful Woman» von Dr. Hook und guckte dabei die ganze Zeit Sören an. Der unterhielt sich aber mit den Mofa-Girls, die ihn natürlich auch alle anhimmelten, er war eben der Typ mit der knallroten Hercules und sah auch noch verdammt gut aus. Ich hatte mir in der Zwischenzeit an der Theke ein paar Charlys reingeschraubt und merkte auch schon was.

Nach zwanzig Minuten kam Sören zu mir, drückte mir meinen Autoschlüssel und 'ne Packung Kondome in die Hand und sagte: «Beeil dich, Wolli, ich hab ihr gesagt, ich hol nur gerade Pariser von 'nem Kumpel.» Zuerst hab ich nich begriffen, was das sollte, aber dann war mir alles klar, Sören hatte mir 'nen «blinden Stich» besorgt, wie wir damals sagten, 'ne Braut heiß gemacht und dann weitergereicht. Ich also hin zu meinem Bluebird, alles war dunkel, und ich hab mich reingetastet. «Sören», flüsterte eine Mädchenstimme, ich brummte irgendwas, und dann ging's zur Sache mit uns zwei. Ich weiß nicht, ob du schon mal 'ne Nummer in einem japanischen Auto der unteren Mittelklasse geschoben hast – das wünscht man seinem ärgsten Feind nich. Trotzdem haben wir's irgendwie hingebogen und es auch amtlich zu Ende gebracht. Beide wussten wir ja von den

Softpornos aus dem Bahnhofskino, den sogenannten «Lebens-
geister weckenden Filmen», welche Geräusche angesagt waren
beim Rummachen, und so war es meiner Ansicht nach insgesamt trotz der widrigen Umstände eine runde Sache ... bis zu
dem Moment, als das Mädchen mit dem Fuß an den Schalter für
die Innenbeleuchtung gekommen ist.

Den Schrei hättste mal hören müssen, dagegen is Robert
Plant in «Whole Lotta Love» aber ein Waisenknabe gewesen. Ich
war auch etwas erstaunt, hatte ja nich gewusst, dass es Jutta war,
mit der ich im Dunkeln zusammen war. Ich war jetzt nicht enttäuscht oder so, sie fuhr immerhin eine Zweigang-Libelle, außerdem hatte ich sowieso schon ein halbes Auge auf sie geworfen. Es war ja an sich auch unter den Umständen 'ne ordentliche
Nummer gewesen. Nachdem Jutta sich ausgeschrien hatte und
mir ein paarmal mit dem Fuß ins Gesicht getreten hatte, wurde
sie eiskalt: «So, du Arschloch, wehe, du erzählst irgendwem je-
mals ein Sterbenswörtchen davon, dann kratz ich dir die Augen
aus, du Arsch. Und deinem sauberen Kumpel Sören kannst du
das auch bestellen.»

Ja, das war jetzt nich gerade ein Liebesschwur. Damals dachte
ich, schöner Mist, jetzt haste es dir für 'ne krumme Nummer
für immer mit ihr verdorben, wieder eine Chance weniger. Aber
da hatte ich wie so oft im Leben meine Rechnung ohne Jutta
gemacht. Paar Tage später, ich war gerade dabei, im Bluebird
den Kofferraum auszusaugen, hörte ich mit halbem Ohr einen
Sachs-Motor von weitem ankommen und wie jemand vom ersten in den zweiten Gang schaltete. Mit allem hatte ich gerechnet, nur damit nicht.

«Hallo, Wolfgang», mehr hat sie gar nicht gesagt, aber wie sie
es gesagt hat. Ich Arsch war damals eigentlich nur froh, dass ich
die Chance auf 'ne Freundin für die Zeit beim Bund hatte, da-

nach würde sich schon irgendwas ergeben. Tat es dann ja auch, und Jutta war immer diejenige, die das Steuer in der Hand hielt. So Männer wie unsereins, die heiraten ja weniger aus freiem Willen, bei denen kommt die Ehe auf sie zu, und sie wehren sich nicht groß dagegen. Und im Nachhinein würde ich sagen, das hat die Natur auch gut so eingerichtet: «Unverheiratete Frauen kommen zurecht, unverheiratete Männer verkommen.»

VON DER POGGENKUHLE
BIS ZUM KLÄRWERK

Der Alte hatte mir damals einen getürkten Kostenvoranschlag für die Brenninkmeier-Hütte An der Poggenkuhle 1 anstandslos unterschrieben. Dafür musste ich ihm versprechen, wenn die Straße An der Poggenkuhle für das neue Baugebiet asphaltiert wird, vier Züge Asbest «stickum unter der Schwarzdecke» verschwinden zu lassen. An sich kein Problem, 1991 hatte der Gemeinderat beschlossen, dass in dem Feuchtgebiet eine neue Siedlung für die vielen Russland-Deutschen und Übersiedler aus der Ehemaligen entstehen sollte. Vorher musste sowieso für den Baustellenverkehr die alte Schotterpiste erneuert werden, da sollte man sie am besten gleich mit Schwarzdecke für den späteren Anrainerverkehr bauen. Ausführender war die Firma StruWAG, Projektleiter Dr. Horst-Wilfried Pfeiffer, Kolonnenführer Günter Schneidereit, und im Einsatz war vorgesehen die berüchtigte StruWAG-Kolonne OG, das Kürzel stand offiziell für Oberbau-Gruppe, intern jedoch für «Ostgoten», denn bei der Truppe waren ausschließlich illegale Rumänen beschäftigt.

Als Erster tauchte an einem Montagvormittag im März 1992 Dr. Flachpfeiffer An der Poggenkuhle auf. Weil wir uns ja von der Arbeit kannten und er wusste, dass ich hier wohne, meldete er sich bei mir. Der Alte hatte mir den Montag freigegeben und gesagt, ich sollte mal ein bisschen Flachpfeiffer aufe Finger gucken, damit der keinen Blödsinn machen täte. Wir beide saßen also bei Kaffee und Cognac in der Küche und haben über alte Zeiten schwadroniert. Horst-Wilfried war noch als Hitlerjunge in den letzten Kriegswochen zum Volkssturm eingezogen worden und hatte mit einer batavischen SS-Einheit Salzgitter und die Hermann-Göring-Werke verteidigt. «Ganz prima Kerle dabei, die waren vor nix bange, prrrt, prrrtt – haben jeden umgemäht, der sich anschlich.»

Von «Anschleichen» konnte beim Vorrücken der 2. US-Panzerdivision wohl keine Rede sein, und worum es sich bei der «batavischen SS» handelte, wusste ich auch nicht. Ich ließ ihn einfach reden, denn die Flasche Springer Urvater war auch schon halb leer. Gegen halb zwölf konnte ich die Kriegsgeschichten nich mehr hören und hab ihn mal gefragt, ob er dienstlich hier zu tun hätte oder ob das nur ein Höflichkeitsbesuch sei.

«Dienzzlich, ich muss füren Scheff die Schrasse vünässen äh vümässän.» Er habe den Theodoliten im Kofferraum, und ob ich den Knüppel halten könne. Gesagt, getan, ich stand also mit dem rot-weißen Knüppel am Wegesrand, und HaWe – wie ich ihn nennen sollte, seit der vierten Runde –, HaWe torkelte um das Stativ des Theodoliten rum und kritzelte irgendwas in sein Notizbuch. Nach 'ner halben Stunde, in der wir mehrmals die Standpunkte gewechselt hatten, rief er plötzlich: «Die Schohse is geritzt, abrückn, Männer, Atzung fassen.» HaWe taperte in Richtung seines uralten VW 411 und schob den Theodoliten samt Stativ auf den Beifahrersitz.

«Siehstewoll Theo, so ssnell kannas gehen, wenn Brofis was anbackn, hihihi.» Den Tag konnteste abhaken, das war sonnenklar. Wir rückten so gesehen wieder in unser Haus ein und machten uns über den Rest der Flasche Weinbrand her. Dass der nicht reichen würde, war ebenfalls sonnenklar. Im Buffet fand ich noch eine unangebrochene Flasche Bullenschluck aus der Emil-Dunker-Forschung in Sulingen. Von dem Zeug kann man mal einen trinken, aber mehrere und auf dem Fundament aus Springer Urvater – das kann nur verheerende Folgen haben. Und so war es auch. Als Jutta um kurz nach eins von ihrer Arbeit kam, hatten wir beide schon die Köppe aufe Tischplatte abgelegt.

«Haoh Ssneewittchen», röchelte HaWe, dann war er auch schon wieder nach Salzgitter im April 45 abgetaucht. Jutta hat mir einen extra starken Kaffee gemacht, und dann ging es wieder einigermaßen, ich hatte schließlich auch nicht annähernd so zugeschlagen wie HaWe. Am späten Nachmittag wachte der aus seinem Koma auf und war so nüchtern, wie es nur Schwerstalkoholiker schaffen nach so 'ner Sauferei.

Ich war mir natürlich im Klaren, dass man mit der «Vümässunk» von Dr. Flachpfeiffer nicht viel anfangen konnte, dachte aber, das würde schon schiefgehen, schließlich müsste man sich bei dem Neuaufbau ja bloß an den Verlauf der alten Schotterstraße halten. Die ganze Nummer ist mit einer guten Kolonne in drei Tagen zu schaffen, die Vögele stand auch schon parat, damit sie Donnerstag die Schwarzdecke drüberziehen konnte.

Es war allerdings noch ein kleiner Nebenauftrag zu erledigen. Ich war nicht zu Haus, sondern hab die Vermischung des Asbest-Sondermülls mit dem Mineral drei Tage lang beaufsichtigt. Dafür mussten im Steinbruch mehrere Leute geschmiert werden, und die Lkw-Fahrer wollten natürlich auch ihren Anteil. Gepennt hab ich in dem StruWAG-Container am Steinbruch. Als ich Mittwoch spätnachmittags nach Hause kam, fielen mir fast die Augen ausm Kopp.

Die alte Schotterstraße, die hinter unserem Haus geradeaus weiterführte, war verschwunden. Stattdessen ging eine krumme Zickzackpiste mittenmang in die Sümpfe rein. Ich bin sofort zum Telefon und hab Mischka angerufen. Dem Alten davon zu berichten, hab ich mich nich getraut. Vierzig Minuten später stand Mischka Wulff bei mir aufm Hof, und als ich ihm erzählte, wer an diesem Projekt beteiligt war, hatte er die Situation sofort erfasst. Das Wichtigste war jetzt Ruhe bewahren und das Desaster von der Außenwelt abschirmen. Eine Stunde später waren seine eigenen Ostgoten hier und als Nachtwachen eingeteilt. Mehr konnten wir am Abend nicht machen. Ich hab ihm dann die ganze Geschichte mit HaWe Flachpfeiffer erzählt, und er hat mich tierisch zusammengefaltet. Als ich ihm noch berichtete, dass ein Rückbau der krummen Piste auf keinen Fall in Frage kommt, weil da drunter vier Züge Sondermüll verbuddelt sind, hat er kurz nachgedacht, und dann stand der zugebenerweise etwas riskante Plan.

Am anderen Morgen war ein Profi-Vermessungstrupp da mit zwanzig Leuten, die haben die Zickzack-Straße kartographisch erfasst. Diese Ist-Beschreibung hat Mischka danach in einen Bauplan umetikettiert, den Stempel der Zulassungsbehörde gefälscht plus Unterschrift des Bürgermeisters und das Datum sechs Wochen zurückgesetzt. Damit war die Linienführung der Flachpfeiffer-Straße offiziell abgesegnet. Am Freitag wurde mit nur einem Tag Verzögerung die Vögele angeworfen, die Asphaltzüge waren umdirigiert worden, und Schneidereit samt Kolonne OG mussten das ganze Wochenende «nachsitzen» und die Randstreifen mit Schubkarre und Schaufel fertigstellen.

Sonntagabend war alles komplett, und Montag früh hat der Alte den Gemeinderat zu einer Besichtigung mit leichtem Umtrunk eingeladen. Der Alte war vor den Gästen da, und was man ihm zugute halten musste, der flippte nie aus, was passiert war, war passiert, man musste immer das Beste aus jeder Situation machen. Außer einem bösen Funkeln in seinen Augen war ihm nichts anzumerken. Da war der Bürgermeister von einem ganz anderen Schlag. Der schrie herum, drohte, den Alten zu verklagen, und verlangte eine saftige Entschädigung für die «Zickzack-Scheiße», die seine ganzen Baugrundstücke durchtrennte. Der Alte blieb ruhig und hatte bereits den «Bauplan» auf der Kühlerhaube von seinem G-Klasse-Mercedes ausgebreitet. Ich stand etwas abseits und konnte das, was da passierte, nich genau beobachten, hab dann nur gesehen, wie die anderen Gemeinderatsmitglieder den Bürgermeister angeschrien haben.

Das Ende vom Lied: Ein «Baugebiet An der Poggenkuhle» samt «Bürgermeister-Allee» war gestorben. Die Gemeinde hätte als Auftraggeber die krumme Straße selbst wegmachen müssen, wofür kein Geld da war, und deshalb blieb alles, wie es war. Als Naturschutzgebiet taugte die zerstückelte Fläche auch nicht mehr. Um das Gesicht wenigstens halbwegs zu wahren, hat die Gemeinde den Wohnbebauungsplan stickum verschwinden lassen und das Gelände als gemischtes Baugebiet ausgeschrieben. Als Abfindung dafür, dass er nie wieder kandidiert und auf der Stelle «aus gesundheitlichen Gründen» die Kurve kratzt, durfte der geprickte Bürgermeister der Gemeinde noch einen Teil seines Grund und Bodens zum Richtwert verkaufen. Geld wäre aber erst fällig, wenn die Gemeinde darauf später mal ihren Scheißequirl baut, und deshalb is unsere Adresse seitdem nicht mehr «An der Poggenkuhle», sondern im Vorgriff darauf schon mal «Am Klärwerk».

Woher ich das alles weiß? Jutta arbeitete doch aufm Friedhof, und da hatten sich die Gemeinderatsmitglieder immer heimlich in der Leichenhalle getroffen. Keinen Respekt vor Frauen haben diese Brüder, dass Jutta da die ganze Zeit geputzt hat, das hat die gar nich gestört bei ihren Absprachen. Ich habe lange überlegt, wie ich diese Infos, die ich über Jutta hatte, mal zu Geld machen kann. Oder andere Idee, ich schuldete Mischka Wulff noch einen Gefallen, vielleicht ließe sich da was deichseln, und man könnte dem Gemeinderat und dem alten Bürgermeister zusätzlich drankriegen. Kommt Zeit, kommt Rat, mal schauen, nix überstürzen.

Über die Jahre haben sich auf dem Rest der Grundstücke noch welche angesiedelt, denen es im wahrsten Sinne scheißegal ist, wenn es später mal stinkt: ein Hundesportplatz des *Vereins für American Staffordshire-Terrier*, die Firma *contra produktiv* von Arno Richter, keine Ahnung, was die treiben, da steht bloß seit Jahren ein kaputter Imbiss-Anhänger auf dem Hof. Und dann, als hätte ich's Jahre vorher geahnt, hat tatsächlich *Petri Heil* 1932 ganz hinten einen Forellenpuff ausbaggern lassen, wo die Oppas am Wochenende ihren Wurm ins Wasser halten. Wir sind das einzige Wohnhaus in der Gegend. Ich lebe hier ganz gerne, haste keine Nachbarn, die wegen jeden Kleinscheiß am Rummotzen sind, und meistens deine Ruhe. Jutta findet's ja 'n bisschen schäbig, auch hauptsächlich wegen der Adresse. Mal sehen, was sich da machen lässt, ich hab schon gesehen, dass die StruWAG den Radweg vom Rathaus bis zu der Passivhaus-Siedlung auf dem ehemaligen Kasernengelände erneuert hat. Da wohnt der jetzige Bürgermeister von den Grünen, schätze mal, da läuft irgend 'ne krumme Sache zwischen ihm und der StruWAG. In dem Zuge könnte man Am Klärwerk doch umbenennen, irgendwas mit Frauen, da sind die Grünen doch für, sagen wir mal «Dolly-Buster-Straße». Da müsste ich allerdings Jutta vorher noch mal zu interviewen.

SCHIESSÜBUNG SOMMER 1979

Da fällt mir doch tatsächlich noch 'ne Schote vom Bund ein, es war nach der Grundausbildung, und ich saß schön auf der Schreibstube und war sogar Heimscheißer. Da kam der Befehl für eine mehrtägige Schießübung. Unterzeichnet von StUffz Zuleger. Dies Arschgesicht war unser Ausbilder in der Grundi gewesen und hatte jetzt die Zweite Kompanie unter sich. Es ging auf die Rifle Range von den Tommys, nich weit von der Zonengrenze. Angesagt war an diesem Tag G3-Schießen mit Gewehrgranaten, die steckte man vorne in den Püster rein, und dann sollte das so was sein wie die Vergeltungswaffe des Volkssturms. Vor Ort ist mir dann klar geworden, warum wir die Sache beim Tommy auf der Rifle Range durchzogen: Wir sollten mit unseren Granaten auf unsere eigenen Fahrzeuge schießen, was so an sich keiner mitkriegen durfte. Fragst du dich, warum schießt die Bundeswehr auf eigene Fahrzeuge?

Die Bundeswehr hatte neue Geländewagen gekriegt, den Iltis von Audi. Was aber tun mit den vielen VW 181, die noch zum Teil nagelneu in den Fahrzeughallen standen? Für so was hat die Bundeswehr eine Lösung, und die heißt: «Endgültige Bestandsentnahme für Schießübung» oder EBfS genannt. Mittlerweile hatten die Klötze aber Muffe, dass die Nummer mit dem Vernichtungsschießen rauskam, und diese eben in die britische Rifle Range verlegt.

Dadurch kam es zu diesem verhängnisvollen Zwischenfall, der im Sommer 1979 das erste von den drei mir bekannten Malen beinahe den Dritten Weltkrieg ausgelöst hätte, diesmal mit den gleichen Mitspielern wie bei WK 2: Deutschland gegen Großbritannien.

Wir lagen also fertig mit der Welt im furztrockenen Gras, als plötzlich überm Horizont fünf *McDonnell F4 Phantom* II auftauchten. Die Freund-Feind-Erkennung von Jagdflugzeugen gehörte damals nicht zu den Ausbildungszielen der deutschen Panzergrenadiere, und StUffz Zuleger war sowieso nicht der Hellsten einer. Was sollte sonst schon aus der Richtung auf uns zufliegen außer sowjetische *Mikojan Mig* 29, erkennt man doch sofort. Auf diesen Augenblick hatte Zuleger während seiner Zeit als Himmelglotzer bei der Luftwaffe vergeblich gewartet, jetzt war der Moment endlich da: «Kommannie legt das Gewähhh an, Flugziel ähfassänn und ... FEUAHHHHH!»

Zum Glück bestand unsere Kompanie fast nur aus miserablen Schützen, aber wies der Zufall wollte, eine britisches Phantom II musste doch dran glauben. Man sah noch, wie sich der Pilot mit seinem Martin-Baker-Schleudersitz rauskatapultierte und der Bomber sich danach in die Heide nagelte, nicht weit von unserem Standort entfernt, sodass man die blau-weiß-rote Kokarde auf dem Rumpf erkennen konnte. Schöner Mist. Wir standen da wie vom Blitz gerührt und nicht geschüttelt. Von uns hatte keiner was abgekriegt außer Blödmann Zuleger, dem war ein Aluschrapnell an die Birne geflogen. Davon is ihm eine unschöne Narbe geblieben. Auf die war der Idiot sogar noch stolz, obwohl sie nun wirklich nicht von einer Feindberührung stammte.

In London war im Mai 1979 die Eiserne Lady, Margret Thatcher, an die Macht gekommen und sowieso schon mal auf Krawall gebürstet. Als sie von dem Abschuss einer englischen Phantom II an der innerdeutschen Grenze hörte, soll sie kurz davor gewesen sein, Dresden mal wieder in Schutt und Asche zu legen. Um nicht sofort den Dritten Weltkrieg auszulösen, hat sie es dann doch sein lassen und erstmal Erich angerufen, was da an der Grenze denn nu wirklich passiert wäre, so hat's mir Mischka jedenfalls später erzählt. Und Erich, die alte Petze, hat uns verraten. Da war Thatcher natürlich noch saurer und hätte deswegen noch 1989 beinahe die deutsche Wiedervereinigung verhindert. «I want my money back», hat sie danach dauernd in Richtung Deutschland geschrien, und die wenigsten ahnten, dass damit das Geld für eine *McDonnell F4* gemeint war. Als ihr dann auch noch 1982 die Gauchos komisch kamen, die aus Thatchers Sicht im Wesentlichen auch nur geflohene deutsche Nazis waren, da hat sich Margret nich mehr mit ein paar Milliarden beruhigen lassen. Da gab's vor Falkland in die Fresse.

Wir von der Zweiten wurden 1979 vom MAD dazu verdonnert, keinen Mucks von dem Vorfall zu erzählen, sonst Beule. Wäre mir heute egal, sollense doch.

Jetzt hab ich Volker und Melanie etwas aus den Augen verloren, aber so is das ja aufm Lande, die Blagen laufen so mit.

VOLKERS KONFIRMATION

2005, kurz nach Ostern, wurde der Bengel konfirmiert. Ich habs ja nich so mitter Religion und bin sofort nach Juttas Hochzeit ausser Kirche ausgetreten. Jutta is noch drin und nimmt auch an den Veranstaltungen vom Pastor teil. Ich sag mir so, Kirche is wie Bücherlesen mehr was für Frauen. Gut, soll jeder sein, wie er will. Deshalb hab ich den Blagen auch nicht vorgeschrieben, wie sie mit Jesus und den ganzen Kram zu Rande kommen wollen. Getauft sindse beide hauptsächlich wegen ihrer Omas. Und Religionsunterricht inner Schule hamse auch beide mitgemacht. Ich meine, was sollte das auch, «Werte und Normen» als Religionsersatzunterricht, das klingt wie «Briefmarken und DIN A4». Ich selbst bin auch konfirmiert, alleine schon wegen dem Geld, das man fest eingeplant hatte. Ich hab meins eisern gespart für den 3er-Lappen, andere haben sofort 'ne Stereoanlage gekauft oder Spiegelreflex. Als unser Volker konfirmiert wurde, interessierten sich die Blagen schon für ganz andere Dinge: Walkman, Discman und wie die ganzen Ohrstöpselgeräte alle hießen, waren auch schon nicht mehr angesagt, alle wollten Handys, wo se Buchstaben drauftippen konnten zu ihren Kumpels. Das iPhone gab's zum Glück noch nich, sonst wäre unser Melanie bestimmt schon als Zehnjährige durchgeknallt, jetzt isse über zwanzig und der ganze Stolz von ihrem Vater.

Für Volker klingelte die Konfi-Kasse erst mal nich so vielversprechend, denn beide Opas waren tot, und Tanten und Onkel hatte er auch keine, weil Jutta und ich beide Einzelkinder waren. Oma Ilse aussem Harz war die Anreise zu lang, und Oma Hildegard hatte logischerweise Angst vor unserem Volker. Deshalb hatte Jutta ihre ganze schlesische Mischpoke eingeladen, die uns ja schon bei Juttas Hochzeit finanziell über Wasser gehalten hatte.

Zu meiner Zeit war der Konfirmandenunterricht genau wie der Bund 'ne schöne Abwechslung im Leben, es ging im Grunde um nix: keine Zeugnisse, keine Prüfungen, bloß Abhängen. Konfirmandenunterricht hatte noch den Vorteil gegenüber dem Bund, das es da Frauen gab, und vor allem solche, die man noch nich kannte, weil von anderen Schulen. Das Schöne war auch, in einer hauptsächlich evangelischen Gegend ließen sich damals noch alle konfirmieren, alleine schon wegen dem Geld. Man kriegte also einen ganz guten Überblick über den Bestand an scharfen Weibern. Ich hab unseren Volker denn auch gefragt, wen er sich denn so ausgeguckt hätte als Freundin, wo ein Rankommen für ihn is. Da guckt der mich an, als ob ich plemplem wäre. Ich sag zu Volker: «Wem bist du auf den Rüstzeiten nachts inner Jugendherberge denn mal probeweise anne Wäsche gegangen?» – «Keinem», sagt er. «Keiner, wenn schon, hoffe ich zumindest», sag ich. Nicht dass ich was dabei hätte, wenn unser Volker schwul wäre, da hätte ich bloß eine Bedingung, dass er damit wartet bis nach seinem Auszug aus meinem Haus, ich will die Schweinerei hier nich haben. Aber der Bengel wusste, glaub ich, damals selbst noch gar nich, wie rum er sein wollte.

Es war alles nich mehr wie zu meiner Zeit, wo völlig klar war, wie sone Jugend ablief: mit zwölf anfangen mit Rauchen, mit vierzehn das erste Mal mit als Buddeljunge beim Grünholen und sternhagelvoll, in der Konfirmandenfreizeit eine so weit klar gemacht, dass wenigstens mal die Hand unterm Pullover geschoben werden konnte, nache Konfirmation war die feste Freundin angesagt, und je nachdem, wie widerborstig die war, wurde da im Laufe der Zeit beigegangen, mit achtzehn Lappen, Bund, und abgehakt war die Jugend. Unser Volker machte nichts davon, nich mal Rauchen. Bei seiner Konfirmation hab ich ihn mal so unter Männern gefragt, ob er schon mal einen nass gehabt hätte vom Stippen, da wusste der Bengel doch überhaupt nich, um was es ging.

Meine erste Freundin war Ulla, die wohnte paar Häuser weiter, aber beigegangen bin ich zum ersten Mal bei Mähdrescher-Lilly. Ulla war außerdem katholisch, und eigentlich wollte ich sie auch nich mit meinem ersten Mal belästigen, man hatte ja schon von anderen gehört, dass das 'ne ziemliche Sauerei is und man als Junge nich unbedingt 'ne gute Figur dabei macht. Und weil ich damals Ulla wirklich mochte, dachte ich, die soll mich nich als den in Erinnerung behalten, der wie son notgeiler Puma über sie hergefallen is. Bin ich also zu Mähdrescher-Lilly, die hieß so, weil inner Erntezeit die Mähdrescherfahrer da abends alle so hingingen. Ein Kumpel hatte mir erzählt, dass Lilly 'ne anständige Frau wär, zwar schon bisschen älter, aber die könnte einem auch das ein oder andere zeigen, jedenfalls hätte Lilly schon das halbe Dorf in die Geheimnisse des Rummachens eingeweiht. Bin ich also hin und war doch 'n bisschen aufgeregt, is aber total normal gewesen, als wenn ich zum Kaffee vorbeigekommen wäre, bin ich Lily heute noch dankbar für. War auch nich so, dass Lilly wegen ihre Vielmännerei 'n schlechten Ruf hatte im Dorf, im Gegenteil, die Männer waren ihr dankbar, und die Frauen froh über die Entlastung. Auf ihrer Beerdigung vorn paar Jahren is das ganze Dorf gewesen, und keiner hat 'n schlechtes Wort über sie gesagt, was sonst bei Beerdigungen ja dauernd passiert, sobald der Sarg untere Erde ist und der Tote nich mehr «zuhört». Nachher beim Fellversaufen im Bräustübchen hab ich erwachsene Männer gesehen, die geheult haben. Ja, das war Mähdrescher-Lilly.

Solche Frauen gibt's viel zu selten und zu der Zeit, als unser Volker untenrum flügge wurde, gar keine mehr. Deshalb hab ich ihn bei der Konfirmationsfeier mal anne Seite genommen und angeboten, mit mir zusammen innen Puff zu gehen. Was macht der dusselige Bengel, rennt zu seiner Mutter und krakeelt: «Papa will mit mir in den Puff, Mama.»

Hatten natürlich alle mitgekriegt, auch der Pastor, der dabei war, sich bei uns durchzufressen inner Gaststätte. Kannste dir vorstellen, wie da alle guckten, wir waren ja nich die einzigste Konfirmation aufm Saal, waren noch drei andere Familien auch da. Als Volker das durch die Gemeinde gebölkt hat, haben sich die Frauen vor Schreck die Hand vorn Mund gehalten, zwei andere Konfirmandenbengel riefen sofort: «Ich komm mit», und fingen sich einen von ihren Vätern. Aber das lässt sich son Junge vom Land natürlich nicht bieten, denn mit der Konfirmation ist er offiziell zum Mann geworden. Und wer einen Mann schlägt, muss damit rechnen, eins zurückzukriegen. Und so war's denn auch. Die Bengel, die mit in den Puff wollten, beide schon richtige Brecher für ihr Alter, haben den jeweiligen Vätern voll eine aufs Maul gezimmert. Da war ich noch gut bedient mit Volker, dacht ich zuerst, der nur zu seiner Mutter rennt. Nach diesen beiden Solovorstellungen in Sachen Körperertüchtigung brach 'ne richtig schöne Dorfschlägerei aus – dass ich so was noch erleben durfte in meinem Alter. Halbe Stunde später sah der Saal aus wie Kalkriese 9 nach Christus. Die Frauen waren schon gleich zu Anfang nach vorne in die Gaststube geflohen, während die Männer, egal ob Erwachsene oder Konfirmierte, nachdem alles zerdeppert war, grinsten wie die Honigkuchenpferde. Juttas schlesische Verwandtschaft sagte, nach unserer Hochzeit vor fünfzehn Jahren wäre das die zweitbeste Party in ihrem Leben gewesen, sie freuten sich schon auf die Beerdigung von Ilse.

Als der Sonntagnachmittag allmählich vorüberging, standen se alle anner Theke und nahmen sich einen, jung und alt. Die Väter, die einen verpasst gekriegt hatten, waren auch nich sauer auf ihre Söhne, sondern sogar 'nen bisschen stolz. Das konnte man von mir nich sagen, ich hätte auch gerne eine aufs Maul gekriegt von meinem Sohn. Soll er selber sehen, wie er untenrum inne Gänge kommt, dachte ich damals schon, und irgendwie hat es ja dann doch noch geklappt. Er is mit Sandra sogar so was Ähnliches wie verlobt, sie hat aber die Hosen an. Ich hab keinen großen Kontakt mehr mit ihm, aber er war ja schon immer mehr das Muttersöhnchen. Sandra macht 'ne Lehre bei einen Immobilienmakler, Volker will Hundefrisör werden mit eigenem Salon. Sollte so was nicht von Rechts wegen andersrum sein? Ich komm da nicht mehr mit, was heute so alles passiert.

Melanie muss ich noch grad erzählen, die war ja von Anfang an das genaue Gegenteil von ihrem Bruder. Inner Grundschule schon immer ganz vorne und wollte unbedingt von sich aus aufs Gymnasium, aber weil Volker von da nach der siebten wieder runtergeflogen ist, wollte sich Jutta die Blamage nich noch 'n zweites Mal antun, also kam Melanie aufe Mittelschule und hat ihre Mutter und ihren Bruder seitdem gehasst. Melanie hat dann nach ihrem Realschulabschluss das Abitur nachgeholt, war zwei Jahre in Marokko verschwunden und tauchte wie verwandelt wieder auf. Sie studiert Bauingenieur mit Schwerpunkt Straßenbau und hat schon ein Praktikum bei der StruWAG gemacht. Die wird's noch weit bringen. Wie das anner Straße so läuft, hatte sie schon nach zwei Wochen spitzgekriegt und dann plötzlich sogar Geld, um sich 'nen gebrauchten BMW Mini Cooper zu kaufen. Hut ab vor unserer Melanie.

VIER FREUNDE UND
EIN ZAPFHAHN

AN DER THEKE

D as alte Jahrtausend ging so allmählich zu Ende, und es war
'ne Menge passiert seit 1980. Ich war seit bald zehn Jahren
mit Jutta verheiratet, und wir hatten mittlerweile schon zwei
Blagen. Wir wohnten in unserem eigenen «Offiziersheim» Am
Klärwerk 1a, anner Seite von dem Haus guckten immer noch
rostige Moniereisen raus und warteten auf den geplanten Anbau. Deshalb war das Wohnhaus offiziell auch noch nicht fertiggestellt, und ich musste vorne aufm Grundstück die alte Butze
von Oma Brenninkmeier nicht abreißen. Weil mir das Rum-
gebölke mit den Blagen im Haus aufe Nüsse ging, plante ich
schon lange eine Eberbucht im alten Haus, wo se mich alle mal
anne Füße lecken könnten. Ansonsten lief alles so seinen Gang,
Jutta arbeitete halbtags aufn Friedhof und ich immer noch bei
der StruWAG. Da war auch alles beim Alten, und der und Mischka waren immer noch dieselben Schlitzohren. Eine Sache, die
mir etwas Sorgen machte, war der Gefallen, den ich Mischka
Wulff noch schuldig war, aber jeden Tag dachte ich da auch nun
auch wieder nich dran.

Wenn ich's so recht überlegte, war das Einzige, was sich in
den letzten zwanzig Jahren nicht geändert hatte, das Bräustübchen von Lisbeth. Dort saßen mindestens dreimal die Woche
dieselben Kaputten an der Theke, freitags jedenfalls konnteste
die Uhr nach ihnen stellen. Zuerst kam immer Svenni Kruballa.
Um fünf machte er seine Autobude dicht, ging kurz nach Hause

zum Duschen und einmal die Woche rasieren, und um Punkt sechs ging die Tür bei Lisbeth auf, und eine Wolke *Pitralon classic* stank herein. In dieser Wolke lebte Sven Kruballa. Ich kannte sonst keinen mehr, der sich Pitralon ins Gesicht kippte, nich mal mein Vater, dieser Ureinwohner, nahm damals noch das Zeug. Kruballa schwörte aber auf Pitralon, und aus Angst, dass es das irgendwann nicht mehr gibt, bunkerte er mehrere Kisten davon in seinem Keller. Ich wusste, warum er das Zeug nahm: Das war typisch für Nassrasierer mit 'nem leichten Tatterich, denn Pitralon brannte die Schnittwunden sofort aus und desinfizierte zugleich. Wenn Kruballa sich um Viertel nach fünf am Freitag rasierte, dann hatte er seit dem Frühstück keinen Alkohol mehr gehabt, und sein Körper freute sich schon auf den ersten Charly und fing an zu zittern. So drei bis fünf Schnitte hatte Svenni im Gesicht, wenn er um sechs bei Lisbeth auftauchte, alle sauber abgedeckt mit 'nem Fitzel Lokuspapier, sozusagen «altdeutsche Wundversorgung».

Als Zweiter, nicht ganz so aufm Punkt wie Kruballa, betrat der Lange das Bräustübchen. So lang isser er eigentlich gar nicht, sogar eher mickrig, aber klappermager, deshalb nennen sie ihn den Langen, aber vielleicht vor allem, weil er mit vollständigem Namen Gerd Lange heißt. Er war das, was man früher eine verkrachte Existenz nannte, angeblich hatte er sogar mal studiert, so genau wusste das aber keiner, denn nach der Schule war er für zehn Jahre in West-Berlin abgetaucht und hat da in einer Kommune gelebt. Einige behaupteten sogar, er sei bei der RAF gewesen, aber dazu isser eigentlich zu jung. Als er in West-Berlin gewesen is, war die doch schon weg vom Fenster außer den drei oder vieren, die sich immer noch in Norddeutschland verstecken und ab und zu Geldtransporter überfallen. Der Lange wohnte wieder im alten Kotten seiner Eltern zusammen mit seiner

Mutter, von der ihrer Rente er im Wesentlichen lebte. Manchmal half er bei Svenni in der Autobude mit aus. Denn eins, das isser, der Lange, ein begnadeter Lackierer, keine Ahnung, wo er das gelernt hat. Und weil Svenni keine Absauganlage in seiner Lackierecke hatte, fand sich auch kein anderer für den Job. Der Lange sagte immer, er wäre «Raucher und Lackierer» und deshalb gegen alles immun. So was wie den Langen hast du noch nich husten gehört, das fängt mit einem ganz tiefen Grollen an wien Erdbeben, dann knattert es die Luftröhre hoch und kommt wie sone Fehlzündung oben raus. «Musste mal 'ne CD von machen», sagte Lisbeth dann meist, aber der Lange hat's nie gehört, der kam nach einem seiner Hustenanfälle erst zwei Minuten später wieder zur Besinnung.

In den Neunzigern durfte man inner Kneipe ja noch rauchen, und wir alle waren Raucher, ich nur ab und zu 'ne Geschlauchte aufe Arbeit, weil Jutta das nich wollte im Haus. Svenni drehte selber immer noch Schwarzer Krauser wie schon als Kind, und der Lange stopfte Zigarettenhüllen voll mit Kamelscheiße ausm Discounter, jeden Vormittag den Tagesbedarf, so um die fünfzig Fluppen. Der Einzige von uns, der gar nicht rauchte, war Zuckmeier, der übrigens freitags als Letzter kam, noch nach mir, meist erst gegen sieben. Hauptsächlich, weil er hoffte, dass wir da den Siff aus der Bierleitung schon abgetrunken hatten. Zuckmeier hieß eigentlich mit richtigem Namen Wolfram Skibbe. Als Kind hamse ihn zuerst «Skippy» genannt, nach dem Känguruh ausm Fernsehen, aber weil er dauernd zuckte, hat sich dann schließlich «Zuckmeier» durchgesetzt. Zuckmeier zuckt nich, weil er 'nen Schaden hat, sondern absichtlich, das hat er sich so als Macke zugelegt, warum, weiß ich nicht. Aber er hat das Zucken zu einer eigenen Kunst entwickelt. Mit seinen Händen kann er schneller und lauter klappern als 'ne spanische Flamenco-Braut mit ihren Kastagnetten. Das Zucken ist nicht seine einzige Macke, er spricht auch oft rückwärts oder vertauscht die Buchstaben in einem Wort: «Bisleth, eine Lubette sit Menf zum Schmaufdrieren.» Wir hatten uns dran gewöhnt und hielten das für normal. Bisleth schob dann nur ihre Rerpücke nach vorn und reichte wortlos die Stebellung übern Tresen.

Eigentlich passierte an diesen Abenden im Bräustübchen gar nix, und das war ja das Schöne. Jeder erzählte mal 'ne Schote aus seinem Leben, Svenni aus der Tuning-Szene, ich vonner Straße, der Lange erlebte an sich nichts und hustete hauptsächlich. Zuckmeier ist gelernter Koch und genau wie ich als Konditor nich in seinem Lehrberuf geblieben. Er fuhr einen Lkw bei der «Flackekepperschlotte», wie er sagte, das ist das Kanalreinigungsunternehmen hier im Ort, also die «Kackeschlepperflotte». Da gab's anscheinend nich viel von zu erzählen, denn im Grunde wusste ich gar nich, was er da so treibt, konnte mir aber auch vorstellen, dass da vieles «schlicht um schlicht» lief.

Außer mir war keiner von den Strategen verheiratet, nur Svenni hatte ab und zu mal 'ne Frau am Start, eine war ja Annalena, die er abstaubte, als er mir den Gefallen getan hatte. Ansonsten war Svenni bekannt als «Goldeichel, der Witwentröster von der Hypothekensiedlung». Wenn Männer auf Montage waren oder sonstwie abgängig für 'ne Weile, dann legte Svenni «'nen Balken über die Beeke», wie er immer sagte. Alle wunderten sich, wieso Svenni, der aussieht wie ein räudiger Straßenköter, son Schlag bei den Frauen hatte. Darauf sagte er immer: «Es is wien Aktienkauf, man muss einsteigen, wenn die Werte unten sind, nich beim Höchststand.» Über diesen Spruch hab ich oft nachgedacht und einmal sogar beinahe danach gehandelt, was die überscharfe Kerstin anbetraf. In meinem Fall ist die Nummer allerdings voll in die Hose gegangen, zum Glück kam ihr Jugo dazwischen, wer weiß, was sonst ... aber is nix passiert. Svenni war jedenfalls der von uns, der sexuell noch schwer aktiv war.

Bei mir lief es eher so mittelprächtig, wie das in soner abgehangenen Ehe nu mal is, und bei den anderen beiden blickte ich nicht durch. Was jedenfalls keiner mehr von uns tat, war dies Rumgeprahle von seinen Leistungen auf dem Gebiet, nich mal Kruballa. Früher, weiß ich noch, machte er immer einen auf Deckhengst. Dann wurde Kruballa aber eher der stille Genießer, was außer bei Annalena womöglich an den niedrigen «Einstiegswerten» seiner Aktien gelegen hat. Is auch egal, interessiert im Grunde auch keinen, denn wir redeten im Bräustübchen nie über Sex, Lisbeth wollte das nich, und der Lange wurde total fuchtig, wenn einer den Bereich auch nur streifte. Einige der Gäste aus dem Bräustübchen hat er regelrecht weggeekelt, weil sie über Sex oder allgemein über Frauenbekanntschaften gesprochen haben. Die sind dann «gerdlangisiert» worden, das is sone Art Fluch, wie ihn die Mullahs im Iran auch verteilen. Als Gerdlangisierter durftest du das Bräustübchen nie mehr betreten. Lisbeth konnte da nix gegen machen, und wir anderen drei waren schweinevorsichtig bei Themen aus dem «Insgeheimen und Ohngefähren», wie der Lange das nannte. Ruck, zuck wäre man gerdlangisiert, und ein Stück Heimat ginge verloren. Zuckmeier lebte teilweise auch mit einer Frau zusammen, teilweise haben se sich dann wieder getrennt, ein ewiges Hin und Her. Wenn er mit ihr zusammen war, nannte er sie Sandra, waren sie auseinander, dann hieß sie Alex, als komplette Alexandra wäre sie ihm zu viel.

Is aber nich ganz richtig, dass nie was passierte im Bräustübchen. Einmal – das muss im Sommer 1994 gewesen sein –, da kam Gerhard Schröder plötzlich reingeschneit bei Lisbeth. Ich weiß das deshalb so genau, weil in dem Sommer Lisbeth die Preise für null drei Pils um zwanzig Pfennig raufgesetzt hatte und der Lange der Meinung war, schuld daran wäre die SPD. Und du glaubst es nich, in dem Moment schneite Gerhard Schröder ins Bräustübchen rein. Wir haben uns natürlich nix anmerken lassen und einfach denselben Blödsinn weitergelabert wie sonst auch. Genau genommen war es auch nicht nur Gerhard Schröder, der reinkam, sondern es waren er und sein Fahrer, der sagte, er wäre Andreas.

«Kann ja sein», antwortete der Lange. Andreas fragte dann Lisbeth, ob die Küche noch aufhätte. Da mussten wir vier Strategen laut lachen. Lisbeths «Küche» war ein riesiger Pott mit altem Pommesfett, der wurde um sechs angemacht und öddelte den ganzen Abend so vor sich hin. Wenn einer was essen wollte, ging Lisbeth zur Gefriertruhe, nahm das entsprechende Teil raus und warf es in die alte Frittenmompe. Dadurch, dass das Fett nie ausgetauscht, sondern immer bloß einmal die Woche durch einen neuen Brocken Palmin ergänzt wurde, hatte es sonen allgemeinen Geschmack von allem angenommen, und zusätzlich noch den von den verbrannten Resten im Pott, «Röstaromen» nennt man das ja heute in den Fressillustrierten.

Wir vier kannten natürlich Lisbeths Küchengeheimnis und aßen – wenn überhaupt – nur ab und zu eine «Lubette sit Menf zum Schmaufdrieren», weil sie die fertig formatiert vom Schlachter holte. Wichtig bei der «Stebellung» war allerdings das Wort «kalt», sonst wanderte die Lubette auch in den Zaubertrank und kam als ranziger Klumpen wieder raus. Anders sah es aus mit Tiefkühlhähnchen, die kriegte Lisbeth gefroren und eingeschweißt von Wiesenhof – sogar in einer extra Lisbeth-Ausführung ohne Plastiktüte drin mit Herz und Magen vom Tier. Ich weiß nich, ob du schon mal ein Tiefkühlhähnchen aufgetaut hast, was sieht das ekelig aus, diese leichige Haut, die da drumrum hängt, und stinken tut das Biest auch noch. Und genau diese unappetitliche Zwischenstufe übersprang Lisbeth, indem sie den Gummiadler nur aus dem Plastik rausfummelte und dann gefroren in den Mompepott schmiss. Ich sag es dir, da haben sich zwei gefunden wie auf Bestellung: der glibberige Adler und das Altfett, und sie gemeinsam bildeten den würzigen Geschmack der «Hähnchen à la Lisbeth». Warum bei ihr das Fett nicht ranzig wurde, weiß keiner. Vielleicht lag es an dem niedrigen Sauerstoffgehalt in den Küchenecke, sodass es zu keiner Oxidation kam. Eine beweisbare Tatsache is allerdings, dass Lisbeths Hähnchen in der ganzen Gegend berühmt waren. Wenn wir unsere Sitzungen veranstalteten im Bräustübchen, kamen abends bestimmt zwanzig Leute vorbei und holten vorbestellte Hähnchen ab. Bei Lisbeth gab es die Viecher nur als Ganzes, weil sie sich davor geekelt hätte, beim Kaputtschneiden in das Innere von dem Vogel reinzugucken.

Diese besondere Spezialität muss wohl auch bis an das Ohr des niedersächsischen Ministerpräsidenten gedrungen sein. 1994 stand Schröder voll im Saft, er hatte zum zweiten Mal die Wahl in Hannover gewonnen – mit absoluter Mehrheit. Er war noch mit Hillu verheiratet, erst 97 hat er Doris Köpf auf 'ner Bohrinsel aufgerissen, das muss man auch erst mal bringen. Was ihm noch bevorstand, war der Kampf mit dem Gegner ausm Saarland. 1994 musste sich Gerhard Schröder für unbesiegbar gehalten haben, und ein Rudelführer will Fleisch fressen und nicht das Gestrüpp, das ihm seine Alte zu Hause servierte.

So ein Schröder stand an diesem Abend im Bräustübchen und ließ sich über seinen Fahrer Andreas eins von Lisbeths berühmten Hähnchen bringen. Hier musste er sich nicht 'ne Currywurst durchs Seitenfenster vom A 8 schieben lassen. Während die MP sich den Adler reinschob, haben wir mit Andreas 'n paar Durchgezapfte am Tresen verputzt. Die ganze Zeit hat Schröder nur einen Satz gesagt: «Frollein, darf ich hier rauchen?» Dieser Satz hat die zweite Lachsalve am Abend provoziert, und der Lange hat einen seiner berüchtigten Hustenorkane losgelassen. Andreas fragte danach, ob man den Mann nicht wiederbeleben sollte. – «Nich nötig, der springt nach zwei Minuten wieder an», sagte Kruballa, und Zuckmeier steuerte dazu ein kleines Kastagnettensolo bei. Es sollte übrigens nicht die letzte Begegnung mit Gerhard Schröder werden. Die nächste war ergiebiger, sie brachte Licht ins Dunkel und warf einen Schatten rein ins Saarland.

Zu Lisbeths Fünfundsechzigstem ein Jahr darauf haben wir vier Kumpanen ihr ein gerahmtes Bild von Schröder geschenkt mit seiner Unterschrift, die hatte ich über den Alten besorgt, der sich mit Schröder duzte. Unten am Rahmen stand auf einer Messingplakette: «Zur Erinnerung an den Besuch Dr. Gerhard Schröders im Bräustübchen 1994». Und in kursiv gedruckt auf dem Bild stand: «Frollein, darf ich hier rauchen». Wenn Fremde ins Bräustübchen kamen und auf das Bild guckten, konnte man an den Reaktionen sehen, was das für welche waren. Die Normalen sagten dann: «Ja, der Schröder, das is mal 'n Kerl mit Arsch inner Hose bei der SPD», die miesepetrigen sagten: «Der is überhaupt kein Doktor.» Und genau deshalb hatten wir das auch auf die Plakette geschrieben, um die Miesepetrigen gleich von vornherein auszusortieren.

Wenn sich dann auch noch einer über das Gequarze vom Langen beschwerte, dann war er im Grunde schon reif fürs Gerdlangisieren. Einen Mucks noch, zum Beispiel: «Na, ihr vier Helden, haben eure Frauen euch rausgeschmissen, hahaha», und der Lange griff an, dazu schrie er meistens auf Japanisch, das er aus dem Film «Die sieben Samurai» von Akira Kurosawa auswendig gelernt hatte. Der Lange war ein großer Fan von Toshiro Mifune, hatte den Film zigmal im Original gesehen und konnte die Passagen von Mifune als Samurai Kikuchiyo alle auswendig. Wenn ein klappermagerer Kettenraucher plötzlich aufspringt und wie ein japanischer Samurai aus dem sechzehnten Jahrhundert loslegt, dann macht das immer Eindruck, und der Gerdlangisierte verdrückte sich umgehend. Meist hatte der auch sein Bier nich mehr ganz austrinken können, und der ewig unterfinanzierte Lange machte sich darüber her.

Einmal saßen vier Typen an einem der Tische im Bräustübchen und hatten sich gleich verdächtig gemacht. Kruballa hat sofort gesagt, dass es sich dabei um Schwule handeln müsse, denn normale Männer ständen an der Theke oder säßen maximal auf einem Barhocker.

Interessant wurde es erst, als sie anfingen, über ihre Lieblingsfilme zu schwadronieren und einer dummerweise «Die glorreichen Sieben» von John Sturges anführte. Da hättste aber mal sehen können, wie einer vom Barhocker sprang, sich 'nen Schirm ausm Ständer grabschte und damit wie mit einem Katana-Schwert in der Luft rumfuchtelte, von den Originalzitaten von Toshiro Mifune mal ganz zu schweigen. Einer von ihnen hatte sofort das Original erkannt, ging in die Knie und verbeugte sich vor dem Langen. Eine Gerdlangisierung fand nicht statt, im Gegenteil, die vier haben sich zu uns an die Theke gestellt, und es wurde mal wieder einer dieser herrlichen Abende, die total unvorhergesehen in eine andere Richtung laufen als zu Anfang. Darüber hab ich noch viel nachgedacht später, ob die vielen Stunden, die man bei Lisbeth abgehangen hat und wo gar nix passiert is, ob es die wert gewesen sind. Und ich muss schon sagen: Auf jeden Fall, wenn ich nach so vielen Jahren noch daran zurückdenke und im Geiste sehe, wie der Lange sich den Schirm packt, dann muss ich immer noch lachen.

LISBETH

Lisbeth war nicht immer die «Bisleth mit Rerpücke», wie man sie aus dem Bräustübchen kennt, geboren wurde sie als Elisabeth von Strachwitz in Schneidemühl, Kreis Deutsch Krone/Westpreußen. Für das «von» konnte sich ihre Familie schon vor dem Krieg nichts kaufen, hat Lisbeth mal erzählt. Ihr Vater war der Wirt vom beliebten «Schneidemühler Bräustübchen», wo die Familien gern am Sonntag zu Kaffee und Kuchen hinfuhren. Am 14. Februar 1945 marschierte blöderweise die Rote Armee in die Stadt ein, und aus war's mit Kaffee und Kuchen im Bräustübchen. Familie von Strachwitz floh mit Sack und Pack in den Westen und hat die ersten Monate im Lager Friedland zugebracht.

Später wurden die ganzen Flichtlinge und Flechtlinge, also Schlesier und Preußen, über das Land verteilt. Strachwitzens hatten eine Niete gezogen und wurden bei einem Bauern im Landkreis Bersenbrück einquartiert, zusammen mit noch drei anderen Familien. Elisabeth war gerade mal siebzehn, als der einzige noch übriggebliebene Bauernsohn Heini ein Auge auf sie warf. Im Vergleich zu dem, was sonst so ausgebrütet wurde an Töchtern im Dorf, war Lisbeth ein flotter Feger, meinte sie jedenfalls selber und glaub ich ihr sofort, ich war schon mal mit der Firma inne Gegend. Jedenfalls wurde im Sommer drauf geheiratet. In den Fünfzigern hatten die anderen Flüchtlinge den Klottenhof fluchtartig verlassen, und Lisbeth Kottmann, wie sie jetzt hieß, bewirtschaftete mit Heini Kottmann das Dreckloch im Bruch. Wo die Liebe hinfällt, da bleibt sie meist auch liegen, meine Meinung zu dem Thema.

Damals waren die kleinen Bauern auch noch nich so verratzt wie heute, mit zwanzig Hektar eigenes Land konnte man den Arsch so eben am Kacken halten, die Kottmanns hatten sogar als einer der Ersten im Dorf 'n Trecker, einen kleinen Kramer mit Deutz-Motor. Viel Maloche, sechs Kühe, zehn fette Schweine, zwei Ferkelsauen und Gänse, die im Modder wühlten, konntesste leben von, aber kein Sparschwein fettfüttern. Die Alten von Strachwitz wohnten auch noch mit auf dem Hof, kriegten 'ne mickrige Flüchtlingsrente und waren die Knüppelei inner Landwirtschaft nicht gewohnt. Heinis Alten waren beide schon mausetot, die drei Brüder im Krieg geblieben. Anderthalb Jahre nach der Hochzeit war nach langem Gestocher auch klar, dass Lisbeth keine Kinder kriegen konnte. Die Situation war also mehr oder weniger total beschissen.

Etwas Hoffnung kam erst mit dem Bau der Hansalinie, was heute die Bundesautobahn 1 is. Auf der Trassenführung kurz vor der Rampe über den Teutoburger Wald lag der Kottmann'sche Klottenhof im Weg. Die neue Autobahn brauchte zwar nicht das ganze Land, hätte den Hof aber vom Bruch abgeschnitten, hieß: zwanzig Kilometer Umweg zum Kleeholen für die Kühe, vergiss es.

Wer wie ich bei der Straße arbeitet, weiß, wie das läuft, wenn ein öffentliches Bauvorhaben durchsickert, aber noch nich so offiziell ist, dass der Bund oder die Gemeinde vom Vorkaufsrecht Gebrauch machen können. Das is die Stunde der Schweinepriester, und dreimal darfste raten, wer eines Abends bei den Kottmanns klingelte, der Senior vom jetzigen Alten, Emil Bregendorf, Chef der StruWAG, der war mit noch mehr allen Wassern gewaschen als der Junior. Der legte einfach die Marie auf den Tisch des Hauses, zwanzigtausend in bar, denn nix hat so eine erotische Ausstrahlung wie Bargeld. Dieser Batzen war für die Abtretungserklärung auf den tatsächlichen Verkaufswert beim Bau der Autobahn. Sollte sie gebaut werden, gab's noch mal dieselbe Summe obendrauf. Für das Grundstück müsste der Bund circa hunderttausend hinlegen, hatte Bregendorf ermittelt. Diese Summe würde er einstreichen minus die vierzigtausend an Kottmanns, macht sechzigtausend Gewinn bei einem Wetteinsatz von zwanzigtausend. Bei Verlust waren die zwar weg, aber wenn er im gleichen Verhältnis auf alternative Trassen setzte, war es bei drei zu eins immer ein Gewinn. Für Kottmanns lohnte sich die Sache, weil sie in jedem Fall zwanzigtausend behalten durften, Autobahnbau hin oder her. Damals wurde noch ehrlich beschissen und den Opfern nicht komplett das Hemd ausgezogen.

Was hieß das jetzt für die Kottmanns? So viel Geld auf einen Haufen hatten die noch nie gesehen: zwanzigtausend in Hunderterscheinen. Lisbeth erzählte, wie sie damals rund um den Küchentisch saßen, die jungen Kottmanns und die alten von Strachwitz, und alle glotzten auf den Stapel Hundertmarkscheine wie die Katze auf das Mäuseloch.

Der schlichte Heini wollte mit den Mücken gleich am nächsten Tag nachn Landmaschenhändler hin und sich 'n neuen Trecker bestellen, was so Bauern eigentlich immer machen, sobald sie Bargeld inne Finger kriegen. Die Hanomag in Linden hatte den C224 rausgebracht, eine kreischende und stinkende Zweitaktmöhre, die beinahe damals schon den Untergang des Hannoverschen Herstellers hingekriegt hätte. 1962 war das Experiment Zweitaktmotor bei der Hanomag aber schon wieder zu Ende, in Heini Kottmann hatte es den letzten Doofen gefunden. Lisbeth erzählte später von dieser Szene, wie Heini bei Tisch mit roten Kopp vom C224 und «dem wahnsinnigen Riss» des Zweitakt-Diesels geschwärmt hätte, und wie sie und ihre Eltern sich nur bedröppelt angeguckt hätten.

Allen drei war sofort klar gewesen in dem Moment, was sie tun mussten, um den Bekloppten noch zu stoppen. Heini hatte sich zur Feier des Tages ein paar Wippermann'sche Wacholderschnäpse eingepfiffen und war früh aufe Kammer verschwunden. Sofort danach haben Lisbeth und ihre Eltern alle Brocken in den DKW Meisterklasse gepackt, den Lisbeth bei der Hochzeit als Aussteuer von ihren Eltern mitgekriegt hatte. Halb drei Uhr morgens war alles fertig für die zweite Flucht in ihrem Leben, diesmal aber endgültig. Nur noch die zwanzigtausend Märker gebunkert, und los ging's. Um vier Uhr hatten sie Rödinghausen, Kreis Herford, erreicht und waren auf einem Parkplatz weggemuckert, noch gerade rechtzeitig, bevor der alte Westpreuße den DKW an die Linde gesemmelt hätte, na, Gott sei Dank sind sie ja dann an einer anderen Linde gelandet. Um sieben ging's weiter, und es muss so gegen neun gewesen sein, dass sie bei uns inner Gegend angekommen sind, im Gasthof «Zur Linde» nämlich. Dort haben sie sich zwei Zimmer gemietet und im Voraus bezahlen müssen. Das wusste Lisbeth noch, die Leute waren generell misstrauisch, was Fremde anging. Die Wirtsleute waren schon alt und wackelig aufe Stelzen.

Nach ein paar Tagen hatte sich Lisbeth als Servierkraft nützlich gemacht. Der alte von Strachwitz half dem Lindenwirt hinter der Theke, und Mutter von Strachwitz legte den Grundstein für die später berühmte Hähnchenküche, indem sie das Eintopfprinzip für alles einführte. Dauerte nich lang, und da kamen auch wieder mehr Gäste in die Linde, wegen der neuen feschen Bedienung und dem leckeren Essen. So war das inne frühen Sechziger, die Leute hatten wieder mehr Moos und gingen aus am Wochenende. In der Linde wurde sonnabends getanzt, und Sonntagnachmittag kamen die Ausflügler zu Kaffee und Kuchen, es war fast wieder so wie damals in Schneidemühl. Als fleißiger Gastwirt kam man gut über die Runden.

Wie Heini Kottmann damals die Flucht der Strachwitzens aufgenommen hatte, konnte mir Lisbeth natürlich nicht erzählen, sie war ja nicht dabei gewesen. Erst 1964 kam über das Rote Kreuz die Nachricht, dass sie Witwe geworden ist und «beim Nachlassgericht in Bersenbrück um die Ausstellung eines Erbscheins ersuchen sollte». Im November ist sie dann dahingedüst, erst zum Gericht, dann zu ihrem Erbe. Der Kottmann'sche Hof lag noch immer einsam im Bruch, von einer Autobahn weit und breit nichts zu sehen, nur bei Westwind konnte man ab und zu das Sirren hören. Der Hof war in einem total abgerittenen Zustand, hier war jahrelang nicht mehr aufgeräumt oder investiert worden. Von den Nachbarn hörte Lisbeth, dass Heini nach ihrem Abtauchen einerseits froh war, dass er die alten Strachwitzens losgeworden is, aber fest daran glaubte, dass Lisbeth schon wieder angekrochen käme, wenn sie die zwanzigtausend «verjubelt» hätte. Und dann hätten sie ja immer noch das Geld von der Autobahn und könnten woanders neu anfangen.

Aber als Heini dann mitkriegte, dasse für die Hansalinie den Anstieg über den Teutoburger Wald fünf Kilometer weiter westlich bauen würden, war auch noch der Traum vom C224 ausgeträumt. Die Nachbarn erzählten, ab da hätte er an der Flasche gehangen, ein Jahr später hättense ihm von Amts wegen die Tierhaltung verboten, und seitdem, ohne seine Kühe, wär er nich mehr derselbe gewesen. Da sei er wohl an Schwermut über sein verkorkstes Leben kaputtgegangen. Als Lisbeth das hörte, musste sie doch über ihren Heini weinen, als Ehemann eine Niete, aber als Mensch hätte er doch was Besseres verdient gehabt.

Der Einzige, der gut aus der Geschichte rauskam, war der alte Bregendorf, die zwanzigtausend waren zwar zum Herrn, aber er hatte auch noch auf die andere Trassenführung gewettet und das Geld zigfach wieder rausgeholt. Lisbeth hat den Kottmann-Hof einem Makler anne Hand gegeben, die Ländereien waren schnell weg, und die alte Hütte hat schließlich ein Lehrerehepaar aus Osnabrück gekauft. Wie Lisbeth später rauskriegte, hatten die sich über das Fass ohne Boden nach einem Jahr scheiden lassen. Selber schuld, zwei Lehrer gleich vier linke Hände, meine Meinung.

Der alte Lindenwirt, der nie ein Wort sprach mit seinen Gästen, nur immer bekannte Schlagermelodien vor sich hin pfiff, genau der pfiff aus dem letzten Loch, seine Frau war schon drei Jahre vorher inne Kiste gekrabbelt, Kinder hatten sie beide nicht, aber Lisbeth war ihnen sone Art Ersatztochter geworden. Jetzt, wo sie genug Geld hatte durch die Erbschaft, hat sie das dem Lindenwirt für seine Wirtschaft auf den Tisch des Hauses gelegt und ihm zusätzlich ein lebenslanges Wohnrecht in demselben. Das hat der zwar bloß noch dreieinhalb Jahre abwohnen können, war aber in seinen letzten Tagen froh, dass seine «Linde» in gute Hände überging. Das stimmte zwar, was den Betrieb anging, aber der Alte war noch nich untere Erde, da hieß die Linde nicht mehr «Gastwirtschaft Zur Linde», sondern «Bräustübchen vormals Schneidemühl, Kreis Deutsch Krone». Die Umbenennung – vor allem so schnell – haben die Einwohner den Strachwitzens krummgenommen: «setzen sich ins gemachte Nest, diese Flüchtlinge, undankbares Volk» usw.

Aber das war nun mal der Traum vom alten Strachwitz gewesen, noch einmal in seinem Bräustübchen hinterm Tresen zu stehen. Überall in der Gaststube hingen vergilbte Fotos aus Deutsch Krone und Schneidemühl, Ansichtskarten mit «Flusspartie an der Küddow» und son Zeug, was hier keine Sau interessierte. Und deshalb kamen auch immer weniger Gäste, die hatten einfach keinen Bock, bei ihrem Sonntagsausflug in einem Flüchtlingsmuseum abzuhängen. Und «Wruken mit Stippe» statt Currywurst mit Pommes war spätestens Anfang der Siebziger nicht mehr angesagt. Erst als Lisbeth den Fettkübel ihrer Mutter mit den Tiefkühlhähnchen vermählte, kamen die Leute wieder. Lisbeth sagt, die Hähnchen hätten sie in den Siebzigern über Wasser gehalten, denn sonst kamen bloß noch die ortsbekannten Schluckspechte. «Nana, Bisleth», warf Zuckmeier ein. Als endlich auch die alten Strachwitzens die Kimme zugekniffen hatten, war der sentimentale Flüchtlingsspuk zu Ende.

Geheiratet hat Lisbeth nicht mehr, obwohl sie ja erst Anfang vierzig war und noch gute Chancen hatte bei den Männern. «Lisbeth, de Bock van Wief», nannten die alten Junggesellen sie immer noch. Aber sie sagte denen, dass sie von Berufs wegen schon so viel mit Männern zu tun hätte, das Elend bräuchte sie dann privat nich auch noch. «Oder legt der Fliesenleger etwa zu Hause privat auch noch Fliesen? – Eben nicht!»

Da hatte ich ganz andere Erfahrungen gemacht, und das erinnert mich daran, dass ich noch erzählen wollte, wie damals in meiner Jugend der «Fliesenschautag» bei uns ablief.

Er fing relativ harmlos an am Freitagabend, das routinemäßige «Vorscheißen» war in vollem Gange. Als Erster verschwand immer das Familienoberhaupt, angeblich, damit er sich nich in den Gestank von anderen setzen musste. Der alte Schrage konnte auf Kommando, das hatte er im Krieg gelernt, sagte er immer. Werner war Jahrgang 32, der is nich für zwei Pfennig im Krieg gewesen, versuchte das aber immer zu vertuschen. Is auch egal, wo er diese Fähigkeit erlernt hatte, er konnte immer und überall auf Kommando. Als Zweites war Mutter dran, die konnte aber nich auf Bestellung, und der Hecht vom Alten stand ja auch noch im Raum. Sobald der Alte aus dem müffelnden Kabuff wiederauftauchte, fing er an zu krakeelen: «Die Zeit läuft, noch genau dreiundzwanzig Minuten bis Toresschluss – last orders, Gentlemen.» Das hatte er in dem Film «Die Gentlemen bitten zur Kasse» mit Horst Tappert und Günther Neutze gesehen. Er hatte sich sogar so 'ne englische Thekenglocke besorgt und vor dem Lokus angeschraubt. Sobald er mit Hose auf halb acht aus dem Badezimmer kam, fing das Gebimmel an, und der Alte bölkte rum: «Laßtordas Dschentlmänn», mein Vater hatte kein Erbarmen mit uns.

Und warum veranstaltete Vatern diesen ganzen Zinnober? Als selbständiger Handwerker verdiente er zwar gutes Geld, aber es war ihm ein Dorn im Auge, dass die Leute sich die Fliesen beim Händler aussuchten, da kauften, und er musste die dann anne Wand kleben. Sein Lebensmotto, jedenfalls eins davon, war: «Du kannst besser 'nen Finger lang handeln als 'nen Arm lang arbeiten», deshalb hat er das Fliesengeschäft an sich gerissen und nur noch bei den Leuten gearbeitet, die auch das Material bei ihm kauften. Er besorgte sich die Fliesen aber bei denselben Händlern, die ihm dafür dreißig Prozent einräumen mussten, ohne dass er einen Handschlag dafür tat. Das ging auch 'ne ganze Zeit lang gut, dann haben sich die Händler in der Umgebung zusammengetan und ihm nichts mehr verkauft. Aus war's mit dem schönen Geschäft, und die Fliesenmafia rieb sich die Flossen. Da hatten sie allerdings die Rechnung ohne einen Werner Schrage gemacht: «Im Krieg hätten wir solche Defätisten an die Wand gestellt», bellte er, als die Händler ihm das mitteilten. Das Einzige, was Werner Schrage im Krieg «an die Wand gestellt» hatte, war 'ne Stange Wasser!

Jedenfalls gab er nich auf und knüpfte über die alten Strachwitzens Kontakte in die SBZ. Dort lebte deren Bruder. Erwin von Strachwitz war auf der Flucht in Boizenburg hängengeblieben. Schöner Mist, einmal über die Elbe gespuckt, wär er in der Britischen Zone gelandet, so kann's gehen im Leben. Diesem frühen Kontakt zu Lisbeths Eltern und dem Drum und Dran hab ichs zu verdanken, dass ich später immer noch zum «Vorscheißen» ins Bräustübchen gegangen bin und letztlich deshalb dort die Jungs kennengelernt habe. So hat alles seine Richtigkeit im Leben, wenn man nur lange genug dabeibleibt und nich wie Heini Kottmann die Flinte zu früh ins Korn schmeißt.

Wie gesagt, der Bruder von Vater Strachwitz wohnte in Boizenburg, und mein Alter als gelernter Fliesologe wusste natürlich, dass dort vorm Krieg das größte Fliesenwerk Europas gestanden hatte, sogar teilweise immer noch. Seit 1952 war es ein volkseigener Betrieb und bediente den Fliesenbedarf des gesamten Warschauer Paktes bis runter inne Walachei. «VEB Sanitär-Keramik Otto Grotewohl» nannte mein Alter die Firma nach dem 1964 verstorbenen Ministerpräsidenten der DDR. Und genau in dem Laden malochte nun Erwin Strachwitz. Nach dem Fliesenkomplott der Händler hatte Old Schrage den Plan, die Zonenkeramik zu importieren, was natürlich nicht in den kleinen Mengen funktionierte, die der Alte so jährlich verfugte. Da kam ihm 1972 das Verkehrsabkommen der DDR mit der Bundesrepublik zu Hilfe. Im kleinen Grenzverkehr durften Westdeutsche, die im Zonenrandgebiet wohnten, Ostdeutsche auf der anderen Seite besuchen, keine Ahnung, ob das bei denen auch Zonenrandgebiet hieß oder «Vorfluter zum antifaschistischen Schutzwall». Boizenburg jedenfalls lag in dieser Zone und durfte an jährlich maximal dreißig Tagen von einem Wessi aus dem Zonenrandgebiet besucht werden, Verwandtschaft zu den Zonis war keine Bedingung. Umgekehrt war natürlich nix möglich, sonst wäre der Vorfluter ja in zwei Wochen entvölkert gewesen. In dem Moment kam Tante Erna aus Bullendorf/Elbe ins Spiel. Sie war eine Schwester von Werner Schrage und gehörte zu den Berechtigten des kleinen Grenzverkehrs.

Nich lange gefackelt, und mein Vater hatte seinen flammneuen Ford Granada Turnier gesattelt. Eins musste man Schrage senior lassen, in Sachen Auto kam er nach mir, was Geschmack angeht. Is klar, als Handwerker brauchst du 'n großen Kombi, besonders, wenn du die Fliesen selbst mitbringst, und da war der Granada Turnier das Beste, was es zu der Zeit gab und just 1972 frisch vom Band gerollt. Mein Vater hatte sich sogar die 3-Liter-Maschine unter der Haube gegönnt, ich sag's ja, er schlägt ganz nach mir, die alte Socke.

Mit dem Geschoss samt aufgesattelten Weib und Kind wurde nach Bullendorf zu Tante Erna gebrettert. Weißt du, wie man da fährt? Von wegen über die A352, das ist die Eckverbindung zwischen der A2 und der A7, von wegen, die gab's da noch gar nicht. Die haben die StruWAG und ich erst 1976 fertiggestellt, also ich noch nicht wirklich, ich war ja erst vierzehn damals, aber im Geiste schon ein Mann von der Straße, später hab ich sogar mit Jutta mal einen Ausflug zur A352 gemacht. Die is nämlich damals komplett in Beton ausgeführt worden, ohne Schwarzdecke, weil der Alte Sandgruben in Negenborn hatte, und Beton hat sich einfach mehr für ihn gerechnet. Die sind wir damals also nicht gefahren, sondern über Kreuz Ost, dann die A 7 hoch bis Abfahrt Soltau und die 239 ewig lang in die Pampa. An der Straße standen damals schon jede Menge Love-Mobile, der alte Werner hatte Stielaugen, die hätteste mitter Dachlatte vorwegkloppen können. Gegen Mittag waren wir in Bullendorf, nix los is noch geschmeichelt, ich war stinksauer über den beschissenen Ausflug. Nich mal Pommes gab es meilenweit, und Tante Erna war im fortgeschrittenen Stadium, die hatte schon Spinnennetze zwischen den Knien.

Auf jeden Fall hat sie sich gewundert, warum ihr Bruder nach zwanzig Jahren mit seiner Brut bei ihr aufschlägt. Zwei Stunden hat der alte Werner sie belabert, dann waren sie handelseinig. Alle vierzehn Tage sollte Erna in Lauenburg rüber in die SBZ und beim Strachwitz-Erwin in Boitzenburg Apfelsinen gegen Ostfliesen tauschen. Einmal im Monat würde ihr Bruder Werner sie dann in dem Bullenkaff abholen. Das war die Mutter aller bescheuerten Pläne, was meinste, wie viel Fliesen sone Erna in ihrer Einkaufstasche mit rüberschleppen kann? Fünf? Zehn? Zwanzig? Dann ist aber definitiv Schluss. Vierzig Fliesen pro Monat jetzt mal maximal angenommen als 20er, das sind 1,6 Quadratmeter, da kannste einmal das Scheißhaus hochfliesen, und das war's, andere Seite is nich mehr. Die Boizenburger Fliese war außerdem noch so stark gemustert wie vorm Krieg in der Jugendsteinzeit, oder wie der Stil hieß, jedenfalls hatte man das im Westen überhaupt nicht mehr. Hier war Kackbraun oder Kotzegrün angesagt, höchstens Manhattan, aber nich die Kringelmuster außer Zone. Ich hab auch keine Ahnung, ob es überhaupt erlaubt war, Fliesen aus der Tätärä mit in den Westen rüberzunehmen. Die VoPos am Übergang konnten das ja wohl schwer übersehen, wenn alle vierzehn Tage Tante Erna bepackt wie ein Maulesel über die Grenze gewackelt kam. Die haben sich wahrscheinlich an den Kopp gepackt, wie man so blöd sein kann, und Scheißhauskacheln ausm Osten rauszuschmuggeln. Für die Boitzenburger Fliesenfirma war der Erna-Schmuggel auch eine Sackgasse. Die dachten doch glatt, ihre Produkte wären der Hit im Westen, aber die Wiedervereinigung war da die Stunde der Wahrheit. Und was hatte Tante Erna davon? Erst nix, aber sie hat irgendwann was angefangen mit Erwin von Strachwitz. Erna hat 'n ersten Spätfrühling erlebt, und Erwin kriegte Apfelsinen.

Weil er sowieso zu wenig Ostfliesen hatte, überlegte sich Old Werner Folgendes: Er hat den Bestand an Kringelmusterkacheln gestreckt mit Fliesenbruch vonner Schrottkuhle. Denn da lagen ja von Abbruchhäusern jede Menge Fliesenreste in allen Farben und Zuständen rum. Aus diesem Schrott entwickelte Werner Schrage sein Konzept. Dabei ging es ihm nur um das eingesparte Geld, als er aus Scherben und Zonenkeramik den Badezimmerstil erfunden hat, der als «Schrage-Artwork» in der Kunstszene sogar ein bisschen berühmt wurde. Seine normalen Kunden von damals interessierten sich einen Dreck für Fliesenkunst, sie wollten eine abwaschbare Wand und sonst nix. Diesen Leuten musste Werner Schrage seinen Stil vermitteln, und deshalb gab es bei uns jahrelang die Fliesenschautage.

FLIESENSCHAUTAG

Sechs Uhr Wecken, danach Stubendurchgang, alles musste picobello aussehen, bevor die ersten Kunden anrückten. Sechs Uhr dreißig wurde ich zur Bäckerei und Konditorei Derbfuß geschickt, «Modermauke» im Volksmund genannt, damals wusste ich noch nicht, dass ich bei MM mal eine Lehre machen würde und den M-Namen nie mehr auch nur denken durfte. Fitti Derbfuß war ein Kegelbruder vom alten Herrn und legte für ihn die nicht verkauften Brötchen aus der Woche zurück. Normal geht so was an die Fleischer, die schreddern das Altmaterial und rühren es in die Bulettenmasse. Wir kriegten von Fitti immer so an die fünfzig Stück Ware, das Kilo zwanzig Pfennig. Zu Hause wurden die steinharten Klumpen, mit denen du eine Katze totschmeißen könntest, in die Brötchen-Aufbereitungsanlage gelegt. Das war ein Förderband mit Handkurbel, vom alten Werner selbst gebaut. Die harten Klumpen liefen darauf zuerst unter einer Sprinkleranlage durch und dann unter einer Heizspirale. Raus kamen knackig frische und richtig gut riechende Reko-Brötchen, wie sie die DDR nicht besser hinkriegen könnte. Hinter dem Aufbereiter wartete schon Mutter mit dem Brotmesser, halbierte die Teile, verteilte Rumba-Margarine aus dem Billigsupermarkt darauf, und Vater legte persönlich die Scheibe «Schlimme-Augen-Wurst» von der Freibank auf die Hälften. Als Krönung der Delikatesse durfte ich einen Fetzen Petersilie draufpappen. Fertig war die Fliesenschautag-Atzung.

«Brodjes, Brodjes», fusselte Vater dann, und jeder durfte sich zwei halbe Brötchen nehmen, dazu gab es 'ne Tasse Muckefuck, und als Letztes stellte Mutter das Schild vor die Tür: «Meister Schrage lädt ein. Heute Fliesenschautag in familiärer Atmosphäre. Belegte Brötchen 50 Pfennig». Wir waren bereit für den Ansturm.

Na ja, Ansturm, als Erstes kamen die üblichen Penner, die die Fliesen einen Scheiß interessierten und nur für 'ne Mark zwei Freibank-Brodjes samt Tasse Kaffee reinpfiffen und wieder abrückten. Gegen zehn trudelten die ersten echten Kunden ein.

Entweder hatten sie das Schild vor der Tür gesehen oder wussten sowieso, dass bei uns Fliesenschautag war. Das waren Leute,
die ihr Bad renovieren wollten und keine eigenen Ideen hatten,
wies aussehen sollte. Da waren sie bei Werner Schrage natürlich
genau an den Richtigen geraten. Zuerst brachte Mutter ihnen
die Schüssel mit den Brodjes, dann trat Meister Schrage höchst-
selbst mit einem Tablett dampfender Tassen auf die Lichtung:
«So, die Herrschaften, einen Rüdesheimer Kaffee gefällig?» Das
Gesöff war zu der Zeit bei der Generation meiner Eltern ziemlich
beliebt und war an sich Asbach mit Würfelzucker und Kaffee.
Bei Schrages bestand es aus Nescafé mit Doppelkorn und viel
Zucker, und damit man nicht sofort schon vom Geruch in Ohnmacht fiel, wurde die Mischung durch eine Haube aus Sprühsahne abgedichtet. «Mit dem Rüdesheimer», sagte Vater immer,
«werden die Kunden unterschriftsreif angeflutet.»

Nicht nur der Name erinnerte an Hundepisse. Aber leicht
einen in der Birne half auf jeden Fall, bevor man unser Badezimmer betrat. Hier hatte sich Meister Schrage voll ausgetobt. Drei
der Wände waren im Stil des «Späten Schragismus» gefliest:
eine Linie oder ein Quadrat aus den Produkten des «VEB Sanitär-Keramik Otto Grotewohl» war umrahmt von Scherben in allen Farben, manche sogar verkehrt rum mit der geriffelten Seite
nach außen an die Wand geklatscht. Jede Wand hatte einen Titel,
eine, weiß ich noch, hieß: «General Gerd von Rundstedt und der
Fall Gelb». Ich hab mich als Kind immer gewundert, was das sollte, da war keine einzige gelbe Fliese dabei, nur sichelförmig an-
geordnete Scherben um blau-weiß-rote Zonenkacheln herum.
Wenn die Kunden nicht schon durch die Wände an sich fertig
mitte Nerven waren, dann gaben ihnen die Titel den Rest, da
half auch kein Rüdesheimer mehr. Ob diese Fliesenhorrorshow
Absicht war oder ob Meister Schrage instinktiv ein Marketing-

konzept entdeckt hatte, weiß ich nicht, aber es funktionierte. Denn nach dem Besuch in Schrages Horrorkabinett wurden die Kunden in den sogenannten «Reinraum» geführt, das war unser Zweitbad, das aber unter Androhung der Todesstrafe keiner benutzen durfte. Wärest du beim Kacken im Reinraum erwischt worden vom Chef, er hätte dich ohne zu zögern an die Wand gestellt, und zwar an eine von ihm gefliste, und mit der besonderen Grausamkeit von «Gesicht zur Wand».

Der Reinraum war mit den schneeweißen Industriefliesen gekachelt, wie man sie früher auf allen Bahnhofstoiletten hatte oder in den stinkigen Pissetunneln unter den Gleisen. Von diesem Zeug hatte der Alte mal zwei Güterwaggons voll aus 'ner Zwangsversteigerung gekauft, alle etwas versifft, aber von Villeroy und Boch. Der ganze Reinraum, Fußboden und Wände bis zur Decke, war mit den weißen Fliesen zugekachelt. Nur an markanten Stellen über dem Waschbecken und dem Gestühl hatte er die untere Hälfte von braunen Bierpullen einzementiert. Hinter jeder davon funzelte eine 25-Watt-Birne in ihrem E14-Schraubsockel. Länger als fünf Minuten durfte die Birne nicht an sein, sonst wurde es dadrin zu heiß, und die halbe Bierpulle flog wie ein Sputnik durch den Reinraum. Mehr Zeit brauchte Meister Schrage für seine Show auch nicht. Der Rüdesheimer und die modrigen Wurstschrippen hatten die Kunden schon weichgekocht, dann noch die Fliesen-Gruselbude, aber was jetzt auf sie zukam, war die Erlösung.

«Und nun, werte Herrschaften, präsentiere ich Ihnen unser Bernsteinzimmer.» Mit den Worten öffnete Vater den Reinraum und knipste die Pullen an. Die «Herrschaften» waren in der Regel hin und weg und wie verzaubert. Ein leichter Geruch «nach Lavendel, Oleander, Jasmin – dem Duft, der Frauen provoziert» oder kurz gesagt Weichspüler hat sie dann unterschriftsreif geschossen. Jetzt kam der Alte mit seinem Standardformular um die Ecke: «Den Raum gestalte ich Ihnen zum Komplettpreis von achttausendfünfhundertsiebenundsechzig D-Mark, die Herrschaften, wenn Sie hier unten rechts bitte Ihren Kaiser Wilhelm setzen würden.» Das war fünfmal so viel, wie Stundenlohn plus Material sonst kosten würde, aber für ein eigenes «Bernsteinzimmer» geradezu geschenkt. Jedes dritte Paar unterschrieb auch tatsächlich den Wisch und machte sogar einen glücklichen Eindruck. «Zur Feier des Tages noch einen Rüdesheimer, die Herrschaften gefällig?» – «Nnnnnnhaussegennnn.» – «Gut, dann wünsche ich einen guten Heimweg, ich melde mich wegen des Termins, wenn Sie so nett wären, die Hälfte des Betrages im Vorfeld auf das unten angegebene Konto anzuweisen.»

Nicht wenige Male verzichtete der Meister sogar auf die andere Hälfte und ließ sich lieber verklagen, einige andere Male verzichteten die Kunden auf ihre bereits gezahlte erste Hälfte, wenn sie zu Hause auf ihrem Vertragsdurchschlag lasen, wofür sie wirklich unterschrieben hatten: ein Komplettbad nach den Motiven aus der Serie «Die Heeresgruppe A an der Westfront, gestaltet von Meister Schrage». Ihre Erinnerung an «General Gerd von Rundstedt und der Fall Gelb» war noch frisch genug, als dass sie wegen lumpiger vier Riesen ihr Badezimmer in eine Hölle verwandeln lassen wollten.

Ein Jahr nachdem die Zone den Zaun aufgerissen hat, haben Erwin von Strachwitz und Erna Schrage geheiratet, obwohl Erwin jetzt ja auch so an Apfelsinen rangekommen wäre. Und schon in der Nacht, in der höchstwahrscheinlich im Westen der kleine Volker Schrage gezeugt wurde, ist Tante Erna zur ehrbaren Frau gemacht worden, wie man ganz früher sagte.

DIE HINKES

Bei uns ging die Fliesenshow weiter bis zu dem Tag, als der Alte ins Gras gebissen hat, 1990. Ich war schon zwei Jahre vorher ausgezogen und wohnte verheiratet allein im Brenninkmeier'schen Kotten, und im Haus von meinen Eltern wohnte Mutter seit Vaters Tod mit ihrem Bratkartoffelverhältnis Hinke-Paul. Keine Ahnung, ob die noch aneinander rumgeschraubt haben oder nicht. Paul Sontowski war jedenfalls, kurz nachdem sie sich kennengelernt hatten, ins gemachte Nest geschlüpft, und wahrscheinlich kackte er sogar im Reinraum. Der alte Schrage würde im Grab rotieren, wenn er das wüsste. Und wer guckte in die Röhre? Der Halberbe Wolfgang Schrage. Wir hätten die Butze schön verhökern können, Mutter Hildegard wär mit ihrem Teil in die Residenz abgeschwirrt – wo sie später sowieso gelandet ist, das nur nebenbei –, und ich hätte genug Patte gehabt, um mit dem Hausbau anzufangen. Stattdessen hatte ich mir die Katzenvilla an den Hals geladen, aber hatte ich ja schon erzählt. Nur weil Mutter auf ihre alten Tage noch mal spitz wurde oder was weiß ich, weshalb sie Hinke-Paul zu sich ins Bett geholt hat, wurde da nix draus. Keine drei Wochen nach Hinke-Paul zog Hinke-Kerstin ein. Als ob das noch nich reichen täte, hatte die sich, kaum war sie ihren versoffenen Frank losgeworden, 'nen neuen angelacht: Dragomir Bogdanovicz, Exilmaurer aus dem ehemaligen Jugoslawien. Damit war die Hinke-Bande komplett.

Sonntagmorgens zogen sie im Gänsemarsch alle zusammen in Richtung Bräustübchen, um sich passend einen umzuhängen. Meist saßen wir vier da auch schon bei Lisbeth rum. Was willste am Sonntagvormittag sonst auch machen? Jutta ging inne Kirche, um sich von den Sünden reinzuwaschen, die ihr Mann begangen hatte.

So ging das im Grunde bis zu der denkwürdigen Disco Mitte der neunziger Jahre, dass ich sonntagmorgens zu Lisbeth dackelte, um mir einen aufe Glocke zu gießen, während Jutta mit dem kleinen Volker nachn Jesus hin is. Jeder, wies ihm gefällt, da bin ich die Toleranz in Person. So kriegte Jutta jedenfalls auch nicht mit, wie ich die überscharfe Kerstin anstarrte, sobald mir der Wacho in die Blutbahn geschossen is. Einmal hätte ich mich beinahe vergessen, als ich ihr aufm Weg zum Lokus begegnet bin, aber da kam Hinke-Jugo gerade noch rechtzeitig und hat mir in die Eier getreten, bin ich ihm heute noch dankbar für.

Sobald die Hinkes vom Fenster des Bräustübchens zu sehen waren, bölkte Zuckmeier: «Att-Zung, der chinesische Wibbel.» Weiß ich bis heute nich, was er damit sagen wollte, aber es is wie beim Langen, wenn der anfängt, japanisch zu sprechen. Wenn Männer zu lange alleine leben, dann werden se komisch. Der Lange sowieso, das einzig Weibliche in seinem Leben war die Zigarette, gut, Zuckmeier hatte immerhin Alex und Sandra, seine Freundin. Aber seiner Alten zwei Namen zu verpassen, normal ist das auch nicht. Zuckmeier war natürlich auch scharf auf Hinke-Kerstin, wie eigentlich jeder, und er sah es auch irgendwie nicht ein, dass der Jugo den Pokal abgeräumt hat. Dabei is Drago an sich ein feiner Kerl, wenn man ihn näher kennenlernt, sogar hochanständig.

«Toschtärä, in Gleiwitz und Kattowitz umsteigen», Zuckmeier schnappte plötzlich nach Luft, das machte er immer, wenn er die überscharfe Kerstin das erste Mal sah am Tag, und auch noch so dicht. Du glaubst es nich, wie sich die paar Leute so über eine Gaststube verteilen können, dass sie alles unter sich begraben. Hinke-Paul humpelte gleich an die Theke und bestellte zwei Nullvier und davor ein schnelles Durchgezapftes. Bei seiner Hildegard durfte er nich saufen, war ja auch schließlich ihr Haus, dementsprechend ausgetrocknet war er am Sonntag. Hildegard selber unterhielt sich mit Lisbeth über Frauenscheiß. Der Jugo versuchte den Hinke-Fido davon abzuhalten, dass er an jeden Barhocker pisste. Kerstin aber hatte ihren Spaß daran, die Altstecher an der Theke bisschen anzufüttern und dann am langen Arm verhungern zu lassen. Besonders abgesehen hatte sie es auf Zuckmeier. Der Lange war für weibliche Reize komplett abgestumpft. Sven Kruballa interessierte sich nicht für Kerstin: zu viel Aufwand, rechnet sich nicht. Einmal, weiß ich noch, haben wir vier Kaputten mal 'nen Ausflug gemacht zum Brokser Heiratsmarkt, nur um einfach mal zu gucken, ob wir noch was reißen könnten. Dienstag is da einerseits Junggesellenversteigerung, aber so genau wollten wir unsern Marktwert nu auch nicht wissen.

Da war im Zelt auch sone Mädelsgruppe, auch drei, die es noch mal wissen wollten. Kam also von der Zahl her hin, weil der Lange in dem Geschäftsbereich sowieso nich aktiv war. Jedenfalls guckten wir uns die Figuren mal so an, zwei stramme Anfangvierzigerinnen und eine schon etwas durche Mutti Ende fünfzig.

So waren die Sonntage damals mit immer denselben Leuten, und es passierte immer dasselbe, nämlich nix, das war ja das Schöne, und deshalb kamen auch alle dahin. In der Woche war schon genug los, allein was bei mir anner Straße passierte, das füllte Bände. Da brauchte man sonntags ganz bestimmt keine Aufregung mehr. Deshalb versteh ich auch die Leute nich, die am Wochenende unbedingt einen draufmachen müssen oder ins Stadion gehen. Ich bin immer lieber nach Lisbeth hin und hab mir die ewig gleichen Sprüche von den Kaputten da angehört. Ich hab auch zu Jutta gesagt, was für dich die Kirche is, das is für mich das Bräustübchen, das Unwichtige und Abgedrehte daran, das beruhigt mich. Und ob der Pastor einen erzählt vom heiligen Soundso oder Zuckmeier vom «chinesischen Wibbel», wo ist da der Unterschied? So war das, und wir alle fanden das gut, und es sollte sich am besten bis in alle Ewigkeit nichts daran ändern. Tat es aber nich.

FRISCHE WEIBER

Das muss zu der Zeit gewesen sein, als ich meinen Corrado verkauft hab, Mitte der Neunziger fing das an. Normal kamen nie Fremde bei Lisbeth rein, außer einmal Gerhard Schröder mit Andreas. Die Einzigen, die nich zur Stammbelegschaft gehörten, waren die Hähnchenabholer, manche von denen blieben für 'n schnelles Durchgezaptes, die meisten zogen mit dem Vogel in der Tüte sofort wieder ab. Alles war wie immer, bis Zuckmeier auf den bescheuerten Gedanken kam, wir müssten doch mal «was los» machen und nicht immer nur stumpf an der Theke abhängen, also mal 'ne richtige Fete mit Weibern und allem Drum und Dran starten.

Kruballa und ich haben ihn angeguckt, als ob er nich alle Latten am Zaun hätte. «Mit Weibern?» Wozu, deshalb waren wir doch hier, weil es hier keine Weiber gab, außer Lisbeth, die war neutral und eine von uns. Und sonntags kam Kerstin zum Anschmachten, mehr «Weiber» braucht doch kein Mensch, ich hatte zu Hause meine Jutta, Kruballa vögelte sich durch die Hypothekensiedlung, und der Lange hatte seine Zigarette. Was war plötzlich mit Zuckmeier los, der hatte doch Alex und Sandra am Start, warum jetzt dieser Drang nach «Weibern»? Aber es half alles nichts, der Zug war losgefahren. Zuckmeier fing jedes Mal wieder davon an, wir müssten endlich «frische Weiber» kennenlernen, sonst würden wir hier vertrocknen. Kruballa und ich haben ihm angeboten, mal wieder zum Brokser Heiratsmarkt zu fahren.

Und dann haben wir ihm noch vorgeschlagen, dass mal wir alle zusammen außer dem Langen in den Chérie-Club fahren, der hatte seit kurzem auch ein «EsTriFi-Angebot» für 'nen Hunni. Murat vonner StruWAG hatte mir davon erzählt, dass er und seine Kumpels da sonntags immer hingingen, günstiger könnte man das Wochenende nicht ausklingen lassen, Essen, Trinken, Ficken alles zusammen für den Doppelfuffi. Heute würde man Flatrate sagen. Das haben wir quasi mit Engelszungen Zuckmeier versucht schmackhaft zu machen, zuletzt sogar noch zusammengelegt, dasses bei ihm für umme war. Is klar, dass wir dies ganze Thema nur immer kurz ansprechen konnten, wenn der Lange zum Pissen weg war oder nach dem Abhusten kurz ohnmächtig. Sonst wären wir alle blitzartig gerdlangisiert worden. Es hat aber alles nichts geholfen, Zuckmeier wollte nicht zum Brokser Heiratsmarkt und da auf freilaufende Ricken ansitzen, und sich's von Profitanten im Chérie-Club besorgen lassen wollte er auch nicht. Der Schrei nach «frischen Weibern» wurde immer lauter. Und so nahm das Elend seinen Lauf.

Zuckmeier schlug vor, freitags könnte man doch aufm Saal vom Bräustübchen 'ne Disco veranstalten. Dazu muss man wissen, dass der Saal vom Bräustübchen seit dem Tod vom pfeifenden Wirt nicht mehr genutzt wurde, denn für Familienfeiern gingen alle sowieso in den schnieken Jägerhof, der hatte seinen Saal frisch renoviert mit PVC in Eichenoptik und allem Pipapo. In Lisbeths Bruchbude wollte Zuckmeier also freitags immer Disco machen, um ... jajaja, wir wissen's allmählich. Besonders Kruballa, der Pragmatiker und Profi unter uns, hat versucht,

Zuckmeier den Blödsinn auszureden: «Hör mal, Wolfram», so redete er sonst nie mit Zuckmeier, ich hatte sogar schon gar nicht mehr aufn Zettel, dass er so hieß, «hör mal, Wolfram, wir sind jetzt Mitte dreißig, welche Weiber, meinst du, gehen freitags in eine Disco, und wie alt sind die? Und noch 'ne Frage: Wie finden die wohl Mittdreißiger-Saufköppe, die mit faltigem Arsch anner Theke abhängen und sie unterfickt anglotzen? Überleg dir das noch mal mit dem Chérie-Club, da ist die Stichwahrscheinlichkeit hundert Prozent, in der Disco aufm Saal null Prozent.» Kruballa drückte auch sonst alles immer in Prozent aus, er war eben ein Profi. Wenn er eine Frau sah, sagte er sofort: «Das ist 'ne Achtzigprozentige, lohnt 'ne Investition.» Oder: «Das is 'ne Vierzigprozentige, lohnt bloß, wenn keine über Fünfzigprozentigen in Sichtweite sind.» So war Sven Kruballa aufgestellt, aber eben nicht der hoffnungslose Romantiker Zuckmeier, der immer noch glaubte, er bliebe ewig fünfzehn. Hab ich übrigens noch gar nicht erzählt, dass er noch 'n Zweigang-Hercules-Mofa gefahren is. Das war für 'nen Fünfzehnjährigen 'ne angesagte Geschichte, für 'nen Mittdreißiger nur noch peinlich. Ich fuhr in dem Alter schon mein fünftes Auto, Zuckmeier immer noch Mofa. Und was noch peinlicher war, er hatte noch nich mal seinen Lappen blank geschmissen wie andere Erwachsene, die mit Mofas unterwegs waren. Musste dir mal reinziehen, fährt mit 'nem gültigen 3-Lappen Mofa. Dass so einer völlig weltfremd is, kann man sich denken, deshalb hatte er auch die Idee mit der Disco. Letztlich is das ganze Projekt dadurch ins Rollen gekommen, dass er Lisbeth versprochen hat, den Saal wieder «picobello in Schuss» zu bringen, und dass wir vier für sie umsonst die Theke machen würden bei der Disco. So nahm das Unheil seinen Lauf.

«Bisleth, gib dir keine Mühe und lei Zwubetten, hall, hall, hall.» Zuckmeier war wieder ganz der Alte, als wir ihm versprochen hatten, wir wären mit dabei. Dazu tauchte er noch tiefer in seine Zweitsprache ab, und selbst «Bisleth», die ihn seit zig Jahren kannte, musste 'ne ganze Weile überlegen, bis sie geschnallt hatte, was er von ihr wollte. «Lei Zwubetten», also zwei Lubetten, war klar, aber warum sollte sie sich «keine Mühe geben»? Gemeint war die legendäre «Mumienbrühe» oder eben «Brumienmühe», das erste aus der stehenden Bierleitung. Ich weiß bis heute nicht, wie Zuckmeier es geschafft hat, uns in seine bekloppte Disco-Idee reinzulabern und damit nicht nur unseren Freitag kaputtzumachen sondern alles, was wir hatten.

Im ersten Schritt musste der Saal auf Vordermann gebracht werden. Wir waren zu alt und zu faul für diese Arbeit nach Feierabend. Also hab ich Murat gefragt, ob er mit drei seiner Ostgoten den Job übernehmen würde. Er hat zugesagt, und es stellte sich heraus, die neue Währungseinheit waren anscheinend Freikarten für EsTriFi. Da hatten wir schon mal fünfhundert Märker auf der Uhr, dreihundert für die drei OG und zweihundert für Murat, er ging neuerdings auch sonnabends, ihm gefiel die Atmosphäre so gut im Chérie-Club. Jedenfalls durften Kruballa und ich die fünfhundert vorstrecken, der Lange war wie immer klamm und fraß schon heimlich die Senfpötte auf den Tischen leer. Lisbeth wusste das und tauschte meist den Senf gegen Kartoffelpüree aus. Der Lange wusste also, dass Lisbeth das wusste, beide taten aber so, als ob nix wäre. Das war das Schöne am Bräustübchen, hier konnte jeder seine Würde behalten. Hier warste Mensch, und jeder war gleich viel wert, außer Kruballa und ich, die jeder zweihundertfünfzig Kracher rausrücken mussten.

Gewundert hat mich dann abschließend nach der Renovierung des Saals: Es war alles noch da, die OG hatten nix mitgehen lassen, nich die Zapfanlage, nich die fast neuen Gefriertruhen hinterm Tresen, nich mal den Verstärker und die Boxen. Kannste dir vorstellen, was das fürn Schrott gewesen is, dasses sogar die Ostgoten stehenlassen.

Die Zapfanlage im Saal war das Erste, was wir wieder gängig machten, und haben dann gleich zur Probe mal ein Fünfziger angestochen. Es war Freitagabend, der letzte ohne Disco, wir waren alle etwas aufgekratzt und nach der Woche total unterhopft. Somit war das Schicksal des halben Hektoliters geklärt. Das Fass war zusammen mit den anderen zehn auf Kommission von der Brauerei geliefert worden. «Auf Kommission», das klang für uns an dem Abend wie «für umme», und jeder sah zu, dass er seinen Teil an der Beute abbekam. Zuckmeier hatte vorgeschlagen, dass die Disco unser gemeinsames Profitcenter sein sollte, jeder investierte, und jeder profitierte von dem erhofften sagenhaften Gewinn zu gleichen Teilen. Also sollten Kruballa und ich zu den zweihundertfünfzig Mark bis jetzt noch mal zweihundertfünfzig drauflegen, damit bunte Glühbirnen und insgesamt 'ne «amtliche Puffbeleuchtung» besorgt werden könnte. Der Lange wäre zuständig für Marketing und sollte ein Dutzend Plakate malen, für ihn als Lackierer kein Problem, und sie an den Hotspots der Stadt, wo sich die «frischen Weiber» aufhalten, selber aufhängen.

«Und was is dein Beitrag, Zuckmeier?», wollte Kruballa wissen.

«Ich liefere das Knowhow und halte alle Fäden in der Hand.»

Das Projekt wurde also immer bescheuerter, und allmählich fing es an, mir Spaß zu machen, selbst die fünfhundert von meinem Wampum gingen mir nicht leid ab. Musste dir mal reinziehen, «alle Fäden hielt einer in der Hand», der wirklich von nichts eine Ahnung hatte: Zucki Zuckowski, der noch mit weit über dreißig ein Mofa bewegte und mehr oder weniger auch sonst auf dem Stand eines Fünfzehnjährigen war. Nachdem die Hälfte von dem Fünfziger-Fass ausgelöffelt war, stellte Zuckmeier seinen Business-Plan vor, beziehungsweise was wer tun sollte am nächsten Freitag, nich woher die Mücken kommen. Kruballa und ich sollten «die Tür machen», ich den Eintritt kassieren und Svenni wegen seiner Verbrechervisage die Gäste nach Geschlechtern sortieren. Der Lange sollte den Lokussheriff mimen, da, musste ich zugeben, hatte der Chef eine richtige Personalentscheidung getroffen. Neben einer Untertasse mit Einpfennigstücken drin sitzen, Kette quarzen und röcheln wie ein furzendes Flusspferd, das konnte der Lange. Für sich selbst hatte Zuckmeier geplant, dass er den DJ macht, weil nach seiner Erfahrung alle Mädels total auf den abfahren, und darum ging es schließlich bei dem gesamten Unternehmen. Außerdem hätte er eine riesige Sammlung total heißer Scheiben, zum Beispiel alle Singles von Boney M. und den Oliver Onions, alles angesagte Dancefloor-Kracher. Die letzte Band kannte ich überhaupt nicht, was mir aber mehr Sorgen machte, war, dass Zuckmeier seine Sprache verloren hatte und fast nur noch halbenglische Begriffe um sich schmiss.

In einer Hinsicht war er aber immer noch derselbe: hoffnungslos von gestern. «Wenn ich mal 'ne Pause brauche am Pult, weil eine von den heißen Ladys mit mir nach hinten verschwinden will, dann schmeiß ich einfach eins von meinen abgefahrenen Mix-Tapes in den Casco.»

Er hatte tatsächlich «Casco» gesagt statt «Kasettenrecorder», das sagten vor Jahrhunderten die Zwölfjährigen, die sich für cool hielten. Mitte der Neunziger gab's schon Minidisc-Player, die meisten hatten aber wenigstens einen Discman, auf dem sie unterwegs CDs hörten. «Wusstet ihr, dass ich komplette Sendungen von Mal Sondocks Diskothek im WDR noch auf Kassette habe, die könnte man auch mal reinschmeißen, da sind so einige Schenkelspreizer dabei, wozu man mal 'nen Klammerblues hinlegen könnte.» Zuckmeier oder «DJ Wolfi», wie er sich nennen wollte, war offenbar im Zeittunnel abgesoffen. Kein Mensch nahm mehr Musik ausm Radio auf. Die Disco würde eine totale Katastrophe werden, und falls tatsächlich Jugendliche sich dahin verirren täten, dann fühlten die sich wie im Dinopark. Ich freute mich schon jetzt auf den Freitag, da würden zig Geschichten passieren, die man sich noch jahrelang bei Lisbeth erzählen könnte.

Wir waren fast durch mit dem Fässchen, Kruballa schüttelte es schon, um zu schätzen, wie viel noch drin war, da passierte doch noch was an dem Abend: Jemand kam rein.

Es war Ljubomir Bronkovic oder, wie er sich selbst nannte, «Lucky Bonato», weil das mehr nach Gangsterboss klang und nicht nach einem Zeckenzüchter bei «Aktenzeichen XY ungelöst». Lucky war der Chef der örtlichen Jugo-Mafia, die, bevor die Kurden und Afghanen den Markt übernahmen, so was wie die «Unterwelt» in unserm Kaff darstellte, die aber auch nur deshalb überlebte, weil die Russen kein Interesse hatten. Lucky erpresste die italienische Eisdiele, indem er niemals für seinen Espresso und den Amarena-Becher bezahlte.

Die Show, die da einmal die Woche ablief, war immer dieselbe: Lucky fuhr vor, parkte sein Ferrari-rotes Opel Kadett GSi Cabrio – immerhin gebaut bei Bertone in Turin – standesgemäß im absoluten Halteverbot der Feuerwehrzufahrt und setzte sich an einen der spillerigen Außentische. Ohne dass er was sagte, brachte ihm die Bedienung einen Espresso und den Amarena-Becher. Während Lucky gemütlich das Eis löffelte, guckte er immer mal wieder einen der Schüler an, die in der Eisdiele ihre Stunden schwänzten. Wenn sich die Blicke trafen, sagte der Schüler: «Hallo, Lucky, alles klaro.» Lucky nickte nur kurz, aber so einem Zwölfjährigen ging natürlich einer ab, wenn er vom Gangsterboss gegrüßt wurde. Der Höhepunkt der Vorstellung war erreicht, wenn die Bedienung anrückte, die Rechnung auf den Tisch legte und mit Portemonnaie in der Hand auf das Geld wartete. Dann hatte Lucky den einzigen Sprechteil der Aufführung: «Luuki Bornatto zallen heut nix.» Darauf hatten die Schulschwänzer gewartet und sprachen im Chor: «... denn Lucky hat 'ne Monatskarte.» Obwohl sie damit einen uralten Zorro-Witz nachspielten, hat das den Respekt der Schüler vor dem «Boss» nich erschüttert. Alle fanden das total geil.

Der Chef der Eisdiele spendierte Lucky gern einmal die Woche den Espresso samt Eis – Wareneinsatz eins fuffzig –, und dadurch war seine Eisdiele immer voll mit Schülern, die auf Lucky warteten, denn er kam nie am selben Tag wie die Woche davor. Das lag aber weniger daran, dass er ein unberechenbarer Gangsterboss war, sondern weil er Wechselschicht fuhr bei Sticken-Carl, der örtlichen Streichholzfabrik. Gangsterboss war Lucky nur im Nebenberuf, seine Brötchen verdiente er als Staplerfahrer.

Diese Flitzpiepe kam also zu uns auf den Saal und rief: «Wor is mei Schpitzä?» Wir hatten keine Ahnung, was die Witzfigur von uns wollte.

«Mei Schpitzä von ganzer Umsatz.» Sollte also so was wie eine Schutzgelderpressung werden. Zuckmeier war sofort begeistert: «Ich hab's euch ja gesagt, die Disco wird super angenommen, sogar die organisierte Kriminalität glaubt an uns.» Das war mal wieder typisch Fünfzehnjähriger: Bloß weil einen jemand beklauen will, ist man noch nicht reich.

«Wassis, wor is mei Schpitzä?» Noch mal wollte sich Kruballa den Mist nich anhören: «Halt's Maul, Bronko, so was kannst du denen erzählen, die sich mit 'nem nassen Handtuch die Haare vom Sack schlagen, aber keinen erwachsenen Männern, die gerade ein Fünfzigliterfass besiegt haben.» Aber so leicht lässt sich ein knallharter Gangsterboss nich abwimmeln. Nach zähen Verhandlungen hatte er einen Job für den nächsten Freitag in der Tasche: Für 'nen Heiermann die Stunde sollte er gefährlich vor dem Eingang rumstehen und rauchen. Mit etwas Glück kriegten die Devils davon Wind und kämen angerauscht, um ihr Revier gegen die Jugo-Mafia zu markieren. Damit wäre die Disco mit DJ Wolfi aufn Schlag ein verruchter Schuppen und kein Oppa-Laden mehr.

DISCOABEND MIT DJ WOLFI

... stand auf dem Stück Tapetenrückseite, das der Lange als Plakat fabriziert hatte. Für das Bildmotiv hatte er – gar nicht mal schlecht – Toshiro Mifune gemalt, der mit seinem Katana-Schwert in der eigenen Wampe rumprokelt und in vollem Strahl Blut abkotzt. Während der Titel des Plakats mehr in Richtung «Tanzstunde der Kirchengemeinde» ging, war das Bild voll der Horror. Ich konnte mir nich vorstellen, dass sich die «frischen Weiber» an ihren Hotspots sagten: «Hey wau, da gehen wir aber so was von hin und lassen uns von steinalten Daddys anbaggern.» Um es in der Sprache von Kruballa zu sagen: «Null Prozent Beigehwahrscheinlichkeit.»

Endlich war der angesagte Freitag gekommen. Kruballa stand mit schwarzer Lederjacke und Verbrechervisage am Eingang. Lucky Bonato lümmelte an seinem Kadett-Cabrio herum und stocherte mit einem Messer, so lang wie sein Unterarm, in den Zähnen rum – keine Ahnung, in welchem kommunistischen Balkan-Western er sich den Scheiß abgeguckt hatte. Ich saß drinnen an einem Tisch mit 'ner Zigarrenkiste voll Pfennig-Münzen, denn der Eintritt kostete wie früher neunundneunzig Pfennig. Zwei Gäste waren schon gekommen, beides bekannte Saufköppe aus einer anderen Kneipe der Stadt, genau wie wir nichts, wofür die Zielgruppe ausm Schlüpfer steigen würde. Die beiden wollten wahrscheinlich auch nur mal wieder knackige Teenager angaffen und dabei ein paar Charlys stürzen. Wo der Lange war, konnte ich nicht sehen, aber sein hustenmäßiges Flusspferd-Gefurze übertönte sogar die Musik von den Oliver Onions: «Fleiing ssru sie Ärr, jampampam ...» Jetzt fiel es mir wieder ein, das war die Filmmusik von Bud Spencer und Terence Hill in *Zwei Himmelhunde auf dem Weg zur Hölle.*

Andere hatten anscheinend den Musiktitel auch schon erraten: die zwei versoffenen Kaputtniks, die sich mit ihrem Arsch an der Theke breitmachten, denn der dickere schrie rüber zu DJ Wolfi: «Ey Zuckmeier, haste auch die Mucke von *Die Glorreichen Sieben?*»

Das war die Hymne aller Marlboro-Raucher, wenn sie die beim Quarzen hörten, kamen sie sich vor wie einsame Cowboys in der Prärie.

Ein ganz anderer Raucher, der mit einer Untertasse vor dem Lokus saß, sah das nicht so. Wie und was dann genau passierte, daran erinnere ich mich nicht mehr im Einzelnen, nur an das, was am anderen Tag in der Zeitung stand: «Mann während einer Disco-Veranstaltung von Japaner mit Untertasse angegriffen!» Das fing also gut an und blieb aber auch schon der Höhepunkt des ganzen Abends. Lisbeth hat dem fetten Raucher-Cowboy die Platzwunde an der Birne verbunden, und Zuckmeier hat eine weitere seiner heißen Scheiben aufgelegt. Eins war sonnenklar,

Zuckmeier oder DJ Wolfi hatte ein Händchen für beschissene Musik. Sogar die fünf anderen Gäste – übrigens alles Typen und alle über vierzig – machten aufn Hacken kehrt, als Zuckmeier den nächsten «Dancefloor-Kracher» auflegte: «Zabadak» von der «Saragossa Band». Dabei hüpfte er hinter seinem Pult auf und ab und schrie in den leeren Saal: «Ich will eure Hände sehen!» Und noch schlimmer, er sang selbst mit: «... karakakora, Kakarakak, Schlabbersack, Shai, Shai, Schlabbersack.»

Meine Fresse! Es muss auch zu der Zeit, als Zuckmeier tatsächliche fünfzehn war, bessere Popmusik gegeben haben. Jedenfalls war allerspätestens jetzt so was von klar, dass dieser Discoabend kein Erfolg werden würde. Zuckmeier hat noch 'ne gute Stunde weiter rumgehampelt, dann hat er eine Cassette mit einem seiner Mix-Tapes eingelegt und sagte nur: «Ich geh mal kurz weg, den Wurm auswringen.» Nach 'ner Stunde bin ich mal nach vorne in die Gaststube gegangen, da saß er allein am Tisch. Hatte sich sechs Charlys reingepfiffen und war sternhagelvoll. Ich bin dann zurück und hab den anderen gesagt, dass Schicht is. Der letzte Titel auf seinem Mix-Tape, der an diesem Abend lief, den weiß ich noch, und immer, wenn ich den heute im Radio höre, dann denke ich an den Discoabend zurück, der Abend, an dem unsere Jugend auch im Kopf endgültig beerdigt wurde, es war «Una Paloma Blanca» von der «George Baker Selection». Zum Glück wird das Stück nur ganz selten gespielt.

DER ANFANG VOM ENDE

Keiner von uns hat es laut gesagt, aber jeder hat es gewusst. Mit diesem wirklich total vergeigten Discoabend is was in uns kaputtgegangen. Bis dahin glaubten wir noch, was für Mordsmollis und Weiberhelden wir wären, quasi auch unsterblich, und dass wir noch in dreißig Jahren stundenlang bei Lisbeth abhängen könnten, komplett egal, wie die Welt um uns herum sich veränderte.

Das Ende dieser Wahnvorstellung fing ganz harmlos an. Kruballa war nicht da an einem Freitag, und in der Woche danach behauptete er, er hätte es vergessen. «Vergessen», mit uns im Bräustübchen abzuhängen? Später hat er zugegeben, er wäre an dem Freitag mit einer seiner Frauen beim Griechen gewesen.

«Um sie danach amtlich flachzulegen, oder warum?», hab ich ihn gefragt.

«Nä, nur essen.» Da hat sogar Lisbeth komisch geguckt. Keiner von uns ging überhaupt «essen», was sollte der Scheiß, man ging «saufen», und wenn man dabei Schmacht hatte, dann warf man zwischendurch eine Lubette ein. Essen war etwas, das man zu Hause machte, bevor man saufen ging. Essen war doch kein Selbstzweck, sondern bloß 'ne Grundlage. Die Fressalien wurden danach beurteilt, ob sie als Fundament für ein Gelage taugten. Gut war zum Beispiel eine Dose Fisch in Öl, weil man danach mehr vertrug. Schlecht war Salat, weil der nix brachte als Grundlage.

So, das dazu! Da war doch dieser Kruballa einfach so essen gewesen und hatte uns mit einer seiner Schlampen betrogen, man fasste es nich. Damals dachte ich zumindest noch, das wär 'n einmaliger Ausrutscher, aber keine drei Wochen später fehlte Kruballa schon wieder. Jutta hat mir erzählt, wo er gewesen is, denn sie war auch da: bei einer Lesung im Gemeindehaus. Dort hatte ein Typ namens «Tiki Küstenmacher» seine neuesten Ergüsse präsentiert.

In dem Moment hab ich den Glauben an die Menschheit verloren. Ich war dermaßen enttäuscht, ich konnte Kruballa nicht mal darauf ansprechen, so fertig war ich. Unser Sven war einfach nicht mehr derselbe, und wenn er mal da war, soff er auch nich mehr richtig. Er stank nich mehr nach Pitralon classic sondern nach «Cool Water von Davidoff», und das roch nich nach kalter Zigarre, wie man vielleicht gehofft hätte, sondern nach einem Massagesalon für untenrum. Ich hab ihn mal bei Gelegenheit gefragt, wie denn die Nummer mit den Hypothekenweibern so laufe. Gar nicht, sagte er, zur Zeit wäre er «monogam» und mit Ursel «liiert». Zwei Wörter, von denen ich nicht geglaubt hätte, dass Kruballa sie überhaupt kennen würde. In seiner Autobude war plötzlich alles aufgeräumt, und er selbst «trainierte» jetzt immer am Wochenende mit seinem «Fitness-Bike», deshalb blieb er meist nüchtern, wenn er überhaupt mal da war am Freitag. Nix mehr mit Deckel rundsaufen oder 'n Kümmerling-Kreis legen.

Einen Satz hab ich noch in Erinnerung von Kruballa, da wusste ich, wir haben ihn verloren: «Lisbeth, machste mir mal 'nen Wasser?» Fertig abgefülltes Wasser in Flaschen gab es im Bräustübchen überhaupt nich, also hat Lisbeth ein Bierglas untern Wasserhahn gehalten. Daraufhin Kruballa: «Was bin ich dir dafür schuldig?»

Für scheiß Wasser? Bezahlen? Geht's noch! Es war der letzte Freitag, an dem wir Kruballa im Bräustübchen gesehen haben.

Nur wir restlichen drei, das war nicht mehr dasselbe. Uns war gar nicht klar, wie sehr uns der Pitralon-Gestank fehlte und wie wir, also Zuckmeier und ich, es genossen hatten, zusammen mit Kruballa vor dem Langen den «Bereich des Insgeheimen und Ohngefähren» zu vermeiden und trotzdem versaute Sachen stickum anzudeuten. Nun war er weg, unser Sven, und ab jetzt hatte jeder von uns restlichen drei Angst, dass er hier demnächst alleine sitzen würde. Wir taten so, als ob uns das Wegbleiben von Kruballa nix ausmachen täte, und haben die erste Zeit sogar noch mehr gesoffen als vorher. Aber es war kein fröhliches «Sichzulöten» mehr wie früher, sondern bloß noch stumpfes «In-sich-Reinkippen».

Die Erste, die es ansprach, war Lisbeth: «Jungs, ihr müsst erwachsen werden. Wolfgang, du hast Familie, Wolfram, warum heiratest du nicht deine Alexandra, die wartet nicht ewig und nimmt sich demnächst einen andern, du siehst so was nicht, aber ich seh es ihr an. Und Gerd, wenn du weiter so viel rauchst, musst du dir um deine Zukunft keine Sorgen machen, denn du hast keine mehr.»

Das saß und war der letzte Sargnagel für unsere Runde. Wir wollten es zuerst nicht wahrhaben: «Wieso, Lisbeth, du wirst in ein paar Jahren siebzig und hängst auch immer noch hier rum.»

«Schlimm genug», antwortete sie, «ich hab mir mein Leben auch anders vorgestellt, das könnt ihr mir glauben, aber ihr seid noch jung genug, um nicht hier zu enden.»

Endlich hatte es jemand ausgesprochen: Unsere Jugend war vorbei, junge Frauen guckten durch einen durch, und ewig machte auch der Körper diese Sauferei nicht mehr mit. Wir haben uns trotzdem noch weiter getroffen, dann wurden auch die Lücken zwischen den Freitagen immer größer. Sogar der Lange hatte mal «was anderes vor», was, sagte er nicht. Uns war aber schon längst aufgefallen, dass er sich zu einem zwanghaften Stelzbock entwickelt hatte, der heimlich Frauen beobachtete. Wenn er also freitags nich da war, dann fuhr er mit dem Fahrrad durch die Stadt. Wenn er «zufällig» an drei aufeinanderfolgenden Tagen eine Angebetete in der Fußgängerzone sah, dann wertete er das als Zeichen, dass diese unbewusst oder vom Schicksal geleitet nach ihm Ausschau hielt.

Für Zuckmeier war der Zerfall unseres Viererbündnisses am härtesten. Er wollte es einfach nicht einsehen, dass im Leben auch mal was vorbeigeht. Seine verklausulierte Sprache wurde auch immer abgedrehter. Wenn er nach vier, fünf Charlys mal 'ne Pause brauchte, bestellte er bei Lisbeth einen starken Kaffee. Hatte die vergessen, ihm drei Stücke Kandiszucker dabeizulegen – muss man sich übrigens auch mal vorstellen, Kaffee mit Kandiszucker –, dann schrie Zuckmeier: «Mahatma, MAHATMA!»

Warum? Weil er «Ghandis Zucker» haben wollte. Da schlägste lang hin, bei so viel Schwachsinn. Bloß hatte es jetzt etwas Zwanghaftes und war nich mehr der lustige Blödsinn von früher. Am meisten litt Zuckmeier aber unter dem Glauben, es wäre seine Schuld gewesen, dass unser Treffen den Bach runterging. Seine blöde Idee mit der Disco hätte alles kaputt gemacht. Wenn wir damals stattdessen zusammen in den Puff gegangen wären, hätte uns das womöglich noch mehr zusammengeschweißt.

«Nimm's nich so schwer, Wolfram», hab ich ihm gesagt, «du warst nicht schuld, die Zeit war einfach da, und das war der Anlass, nix weiter, es wäre früher oder später so oder so dazu gekommen.»

Als es Herbst wurde, kam keiner von uns mehr ins Bräustübchen. Drei Jahre später haben wir uns alle vier zufällig am Bierwagen aufm Schützenfest getroffen. Es war schön, die Strategen wiederzusehen, alle sahen besser aus als früher, sogar der Lange, der rauchte nicht mehr – es geschehen noch Zeichen und Wunder. Nach ein paar Runden Bier mit Braunen dabei waren wir uns einig: Unser letztes gemeinsames Lied konnte nicht «Una Paloma Blanca» gewesen sein. Wir sollten noch einmal eine große Party veranstalten. Nur Zuckmeier wusste nicht, was es mit «Una Paloma Blanca» auf sich hatte, aber für 'ne Party war er natürlich auch zu haben. Und so beschlossen wir, die Jahrtausendwende standesgemäß aufm Saal hinterm Bräustübchen zu feiern.

JAHRTAUSENDWENDE

Es fing natürlich damit an, dass wir den Saal wieder mal aufräumen mussten. Lisbeth hatte ihn in der Zwischenzeit an einen Vietnamesen als Lager vermietet, der von hier aus Asia-Imbisse versorgte. Nach der Zonenpleite waren einige von denen, die in der DDR als Gastarbeiter malocht hatten, rübergekommen in den Westen. Die Ossis nannten die Vietnamesen «Fidschis», ziemlich bescheuert, aber die «Ostgoten» bei uns sind ja auch, wenn überhaupt, eher Slawen statt Goten, und «Kanaker» wohnen auf der Insel Neukaledonien im Pazifik und nich in Duisburg zum Beispiel. hab ich mal irgendwo gelesen. Is aber auch egal, uns nennen se ja auch «Kartoffel», «Krauts» oder «Nazis», dabei essen die Deutschen heutzutage mehr Nudeln. Kannste eh nix dran ändern.

Dieser Vietnamese hatte in Lisbeths Saal alles Mögliche an asiatischem Fraß gelagert und war nach einem Jahr spurlos verschwunden, Miete hatte er die letzten Monate nicht mehr gezahlt und auch die Stromrechnung nich. Zuletzt hatte ihm die NIKE den Saft abgedreht. War Lisbeth nich weiter aufgefallen, und als wir zum Aufräumen in den Saal kamen, haben wir eben 'ne Kabeltrommel vonner Gaststube bis dahin gelegt, und ich hab 'nen Bauscheinwerfer vonner StruWAG mitgebracht, kein Problem. Dasses doch nich so problemlos war mit dem nicht vorhandenen Strom, haben wir erst begriffen, als Zuckmeier eine von den drei Gefriertruhen aufmachte. Das hast du noch nicht erlebt, ein Gestank wie tausend furzende Untote. «Zuckmeier, mach die Truhe wieder zu. ZUCKMEIER, DAS TEIL WIEDER ZU, SOFORT!!!», schrien wir anderen drei im Chor. Wir wollten auch gar nicht wissen, was der Asiate da drin gelagert hatte, und noch weniger interessierte uns der Inhalt von den anderen beiden Truhen. Danach war Lüften angesagt, und zwar verschärft, trotz Dezember. Bis man im Saal wieder atmen konnte, haben wir uns in die Gaststube verdünnisiert.

Zum Aufräumen sind wir an dem Tag nich mehr gekommen, aber es wurde ein sehr schöner Abend, fast wie früher unsere Freitage, nur mit deutlich weniger Gesaufe, und keiner quarzte mehr, es war ein richtig ungewohntes Atmen. Jeder erzählte, was er in der Zeit, in der wir auseinander waren, so erlebt hatte. Sven Kruballa hatte sich am meisten verändert, er war jetzt extrem «monogam», sogar verheiratet mit Ursel und nicht bloß «liiert». Er «trainierte» noch mehr als früher und hatte seine Autobude an zwei Albaner verkauft, die dort – wie er sagte – höchst wahrscheinlich geklaute BMWs «umficken» für Russland. Konnte sein, musste aber auch nicht, unter denen soll's ja auch ehrliche geben, unter Gebrauchtwagenhändler meinte ich. Sven war weggezogen und betrieb jetzt in Bielefeld eine Ökobäckerei. Daher kannte ich Svenni überhaupt, wir waren zusammen zur Berufsschule gegangen, er war gelernter Bäcker und Konditor genau wie ich, hatte sich aber schon immer mehr für Autos interessiert. Warum ausgerechnet in Bielefeld, hab ich ihn gefragt. «Weil da genug Idioten wohnen, die für zusammengeklebtes Hühnerfutter das Dreifache zahlen wie für normales Brot.» Wenigstens war er im Kopf noch normal geblieben. Seine Ursel arbeitete aufm Ordnungsamt und war sogar Beamtin. Da hatte Svenni das große Los gezogen und war 1A versorgt. Es stimmte eben gar nich, was meine Mutter sagte: «Heiraten muss man, wenn man noch Flausen im Kopf hat, sonst kommt man nich dazu.» Alles Quatsch, je später, desto überlegter geht man doch an die Sache ran. Nimm Kruballa, der hatte sich bis Mitte dreißig die Flöte eckig gevögelt und dann einen Schlussstrich gezogen, denn es kommt der Tag – hat er mir mal anvertraut –, da kannst du einfach keine nackten Titten mehr sehen.

Gut, mit dieser Weisheit musste man natürlich einem wie den Langen nicht kommen, der höchstwahrscheinlich seit seinem zweiten Lebensjahr keine nackte Titte mehr in natura gesehen hatte, oder noch nie, falls seine Mutter ihn mit der Flasche aufgezogen hatte, was ich mir bei seinem jämmerlichen Wuchs gut vorstellen konnte. Der Lange hatte sich auch etwas gefangen, er rauchte ja nicht mehr, und Saufen war auch weniger geworden. Ob er noch als Stelzbock mit dem Fahrrad unterwegs war, wusste ich nich. Er erzählte, dass seine Mutter vor 'nem Jahr gestorben is und er das Haus verkloppt hätte an die Videothek nebenan, die sich erweitern wollte. Die hätten jetzt nicht bloß VHS-Kassetten im Angebot, sondern auch die neuen DVDs, quasi 'ne Goldgrube, erzählte der Lange. Er selbst hätte sogar einen DVD-Player und schon ein paarmal «Die sieben Samurai» ausgeliehen. Bei DVD könne man nämlich umschalten auf Originalsprache, und jetzt könnte er nicht bloß die Rolle von Toshiro Mifune, sondern auch die von Takashi Shimura komplett auswendig.

Jedenfalls die Macke hatte der Lange noch. Er wusste auch noch, dass die Videokabinen in der Videothek super laufen und man schon Tage vorher reservieren müsste, seit es keine Peep-Shows mehr gab. Sieh an, dahin hatte sich also die Erotik des Langen weiterentwickelt. Jedenfalls is er die Schimmelbude von seiner Mutter gut losgeworden und lebte jetzt als «Privatier» zur Miete, solange die Kohle reichen täte, und dann würde er wohl als «Penner» enden. So viel realistische Selbsterkenntnis, was sein eigenes Schicksal betraf, hatte ich dem Langen gar nich zugetraut. Was die Goldgrube DVD anging, sollte er allerdings nicht recht behalten.

Zuckmeier hatte sich auch verändert oder vielmehr eben nicht, und deshalb waren ihm kurz nach unserem Discoabend «Alex und Sandra» abgehauen. Lisbeth hatte also recht behalten, dass sich eine Frau, in der die biologische Uhr drin tickt, nicht ewig hinhalten lassen würde. Zuckmeier erzählte aber kein Wort darüber, ich hab's später von Lisbeth gehört, bei der hatte Alexandra sich mal ausgeweint. So hatte sich bei jedem was frauenmäßig getan: Kruballa war ruhig geworden, der Lange ging in Videokabinen, und Zuckmeier war solo. Nur ich war nach wie vor mit Jutta zusammen. Zuckmeier hatte sich auch beruflich verändert, die Kackeschlepperflotte war verkauft worden an das *Duale System Deutschland* und hieß jetzt *ÖkoFit Logistik-Solutions*. Ihn hattense entlassen, und jetzt malochte er für Reifen-Willi als «Umficker». Das war jetzt schon das zweite Mal an diesem Abend, dass ich das Wort hörte, irgendwo musste da was in dem Land passiert sein, das ich nicht mitgekriegt hatte, höchstwahrscheinlich weil mein Leben nicht «umgefickt» wurde, im Gegenteil: immer noch mit derselben Frau verheiratet, immer noch bei der StruWAG und selbe Adresse Am Klärwerk 1a. Als Umficker bei Reifen-Willi musste Zuckmeier die DOT-Nummern bei runderneuerten Gebrauchtreifen fälschen. Wie genau das funktionierte, hab ich vergessen, es hatte was damit zu tun, dass ab dem Jahr 2000 die DOT-Nummern für das Herstellungsjahr von drei- auf vierstellig umgestellt würden. Und Willi von Reifen-Willi hatte eine Methode entwickelt, wie man mit einer zusätzlich aufvulkanisierten Ziffer auf alten Schluffen die Teile für neu verbimmeln konnte.

DIE DREI GEFRIERTRUHEN

Wir hatten allerdings ein ganz anderes Problem, und darauf mussten wir an dem Abend viel dringender zu sprechen kommen: Wohin mit den drei Gefriertruhen voller toter vietnamesischer Frösche, oder was immer darin vor sich hin gammelte?

Zuckmeier meinte, einfach mit 'nem Schweißgerät zupunkten und umzu 'ne Silikonnaht ziehen, dass der Gestank nich rauskommt. Und so könnten die Truhen bis zum Sankt Nimmerleinstag vor sich hin rotten.

Kruballa aber: «Spinnst du, Zuckmeier, 'ner alten Frau zu ihrem Siebzigsten drei Truhen mit toten Monsterkaulquappen überlassen?» Lisbeths Geburtstag wollten wir nämlich hauptsächlich feiern Silvester 1999. Bei Kruballa wurden die Tiere in den Truhen immer größer.

Schließlich hatte der Lange die rettende Idee. «Wir stellen die Kisten bei eBay rein.» Wer is «Ibäi»? Hatte von uns andern noch keiner was von gehört, außer dem Langen, der den ganzen Tag vorer Kiste hing. Heute kennt das jeder, aber damals war das noch kein halbes Jahr alt. Erst im Sommer 99 hatten die Amis die deutsche Flohmarktbude Alando aufgekauft und eBay draus gemacht.

«Und, wie läuft das, Langer?», fragte Zuckmeier.

«Wir knipsen die Kisten und schreiben 'nen Text dazu, dann geh ich zu meinem Kumpel bei Video-Gigant, der is nämlich schon bei eBay, und die Dinger werden elektrisch versteigert, ganz einfach.» Kruballa knipste also die Truhen mit den «toten Saurierärschen», und an mir isses hängengeblieben, den Text zu schreiben.

Drei Gefriertruhen mit Inhalt, nur zusammen. Lassen Sie sich von unbekannten Köstlichkeiten überraschen. Und wenn Ihnen davon nichts mundet, haben Sie immer noch drei neuwertige Froster zum günstigen Preis. Die Schlüssel für die Truhen werden sofort nach gewonnener Ersteigerung zugeschickt. Barzahlung bei Abholung der Geräte. Keine Garantie, keine Rücknahme, Privatverkauf. Die Bietung beginnt bei 1 Mark. 3 ... 2 ... 1 ... deins! Drei Truhen mit Überraschung.

Weil ich «Bietung» geschrieben hatte, haben mich die Ami-Schergen von eBay wohl für einen Idioten gehalten und mir einfach den Spruch «3 ... 2 ... 1» geklaut. Das können die zu Hause mit ihren Truthahnfressern machen, aber nicht mit einem Schrage aus Schermany. Nachdem ich sie verklagt hatte, mussten sie den Werbespruch umändern in «3 ... 2 ... 1 ... meins» und mir noch ein paar Scheine extra obendrauf legen. Auch dieses Wampum ist in meine schwarze Schatulle gewandert, von der Jutta nichts weiß. Die Versteigerung lief sehr schleppend, damals war ja auch noch fast keiner bei eBay, nur so supercoole Pissetrinker ausser Stadt, die jeden scheiß Trend aus Amerika sofort mitmachen. Sone, die nie «Amerika» sagen, sondern immer «Amiland» oder «Uusah», und die sitzen nie im Flugzeug, sondern nur im «Flieger», tragen auch keine Levi's, sondern «Lieweis».

Als Erstes mussten drei Überfallen für Vorhängeschlösser an die Truhen geschraubt werden, damit der Abholer nicht hier vor Ort schon mal reinguckt. Die Versteigerung lief sieben Tage, und als nach sechs immer noch keiner geboten hatte, wurden wir etwas nervös. Aber der Lange beruhigte uns: «Irgendein Idiot bietet immer eine Mark, und das reicht uns ja. Er hat damit die Truhen rechtskräftig erworben, zusammen mit den räudigen

Godzilla-Klöten.» Jetzt fing der Lange auch noch an mit den Übertreibungen. Immerhin hatte er recht, kurz vor Ablauf hat ein Idiot 'ne Mark riskiert. eBay hat seinen Namen und Adresse an Micha vom Video-Gigant geschickt und der uns sofort angebimmelt.

Wir dachten natürlich gar nicht daran, die Schlüssel sofort wegzuschicken, damit der Saftarsch die womöglich schon bei der Abholung dabeihat. Wenn der Idiot auftauchte, würden wir einfach erzählen, die Schlüssel hätten wir ja vorab mit der Post weggeschickt, damit er als Käufer 'ne Sicherheit hätte für seine Ersteigerung. Nu kommts aber. Rate mal, wer der Käufer gewesen is – kommste im Leben nicht drauf, schmeißte dich weg.

Ich kannte den auch nicht, erst als Lisbeth zufällig Michas Zettel von eBay gesehen hat, kam es raus: «Das ist doch Herr Nguyen, mein Mieter.»

Der Lange, der sich in Asien auskannte schon wegen Toshiro Mifune und so, wusste allerdings: «Lisbeth, in Vietnam heißt jeder zweite Nguyen, das is wie bei uns Müller oder Schmidt.»

Kruballa allerdings, der Pragmatiker mit dem messerscharfen Verstand, hielt dagegen: «Langer, wie viel Vietnamesen in Deutschland gibt es wohl, die Ronny Nguyen heißen? Schätze mal, da hat der Kollege 'ne DDR-Braut geschwängert, und die hat ihm den zonigen Vornamen verpasst. Ich würde mal grob schätzen: 98,5-prozentige Wahrscheinlichkeit, dass es sich um Lisbeths Fidschi handelt.»

Jedenfalls wars mit 98,5-prozentiger Wahrscheinlichkeit wohl so, dass der ausgebüxte Mieter seine Gefriertruhen zurückhaben wollte.

«Warum holt er sie dann nicht einfach ab?», fragte Zuckmeier. Da merkte man, dass Zuckmeier eben nicht den Verstand von Svenni hatte. Die Sache jetzt mal vom rein Logischen her betrachtet war folgende:

Erstens: Der Asiate will seine Truhen zurück.

Zweitens: Er weiß, was da drin is, denn es sind ja seine.

Drittens: Er muss auch wissen, dass die nicht mehr am Strom hängen, denn er war es ja, der die NIKE nicht bezahlt hat. Und deshalb weiß er auch, wie vergammelt der Inhalt mittlerweile sein muss

Viertens stellt sich also die erste Frage: Warum will er die Truhen trotzdem haben, die man doch nur noch teuer entsorgen kann?

Und jetzt erst kommt Zuckmeiers Frage: Warum hat er sie dann nicht bis jetzt einfach abgeholt, sind ja seine? Das konnte der «messerscharfe» Kruballa nun sofort beantworten: «Dann hätte er bei Lisbeth ja auch zumindest die Mietrückstände von damals und die bis jetzt noch obendrauf blechen müssen.»

Alles klar, aber was is mit Frage 1? Da haben wir alle zusammen 'ne Zeitlang gebraucht, um die zu beantworten: In den Truhen musste noch mehr drin sein. Unser Verdacht, dass es da noch um was anderes ging als nur um vergammelte Lebensmittel, der erhärtete sich, als wir uns die Truhen näher ansahen. Die waren gar nicht angeschlossen, die Kabel mit den Steckern hingen lose hinten dran. Also war gar nicht die Stromabschaltung der Grund für die Verwesung, sondern der Vietnamese hatte den Gammel absichtlich erzeugt. Warum macht man so was? Glasklar: Weil da drunter was versteckt is, nach dem im Modder keiner sich zu buddeln traut. Was kann das sein? Rauschgift, Geld oder Waffen, was sonst! Letzte Frage. Warum meldete sich der Idiot mit seinem richtigen Namen, das musste ihm doch klar sein, dass ihn Lisbeth erkennen würde und die nicht geblechte Miete einsacken will? Na, eben nicht: Der offizielle eBay-Verkäufer war ja Micha vom Video-Gigant, der erregte keinen Verdacht. Bloß, wenn wir ihm jetzt die Abholadresse zusenden, dann riecht er Lunte und schickt 'nen Strohmann.

«Aber erst müssen wir noch in die Truhen reingucken. Ich schlage vor, wir machen Flaschendrehen, und auf wen sie zeigt, der macht den Lokustieftaucher.» Zuckmeier, der ewige Fünfzehnjährige! Flaschendrehen? Gut, dass wir den Messerscharfen in unserer Runde haben: «Da guckt erst mal gar keiner rein. Wir schließen die Truhen ans Netz und warten, bis der Gammel durchgefroren ist und nicht mehr stinkt. DANN erst gucken wir nach, was sich dadrunter versteckt hält.» So weit alles klar, in zwölf Stunden sollte das Zeug steinhart gefroren sein. Wir konnten also erst mal nix tun als abwarten und setzten uns also für unseren zweiten Wiedersehensabend vorne zu Lisbeth in die Gaststube.

An dem Abend waren alle etwas aufgekratzt, jeder hatte 'ne andere Theorie, was wohl in den Gefriertruhen versteckt sein könnte. Waffen fielen als Erstes weg, was konnteste da schon groß unterbringen? Zehn AKs pro Truhe, das wär den Aufwand nicht wert. Am ehesten wohl geklaute Sore, die man nicht sofort an den Mann bringen konnte, zum Beispiel Schmuck oder Sachen aus Museen. Die Idee mit dem Versteck unter verdorbenem Gefriergut war genial, aber Nguyen hatte einen Fehler begangen und die Truhen gar nicht erst angeschlossen. Wozu, dachte er sich wahrscheinlich, soll doch sowieso vergammeln, das Zeug.

Erst mal geilten wir uns daran auf, was wir am anderen Tag finden würden, vom Bernsteinzimmer bis zu Blutdiamanten kam alles vor. Dafür, dass wir nicht wussten, ob überhaupt was unter den «Godzilla-Klöten» versteckt war, blühte die Phantasie ganz schön auf. Kruballa wollte mit seinem Anteil eine Kette von Hühnerfutterbrot-Läden eröffnen, denn «auch in anderen Städten gibt's Idioten». Da hatte er bestimmt recht, aber für 'ne amtliche Marktforschung war das etwas dünn. Die sinnvollste Idee hatte noch Zuckmeier: «Ich kaufe Alex und Sandra ihrem neuen Stecher ab.» Klingt bescheuert, aber es zeigte uns, dass Zuckmeier nicht mehr der hoffnungslose Romantiker von früher war.

Dagegen war der Plan vom Langen auch bescheuert, aber nich so deprimierend. Er wollte als Denkmal für die «Sieben Samurai» ein riesiges Katana-Schwert aufstellen mit einer Leitung innendrin für Schweineblut, das von oben ständig an dem Schwert runterläuft. Tolle Sache, außer dass auch Schweineblut gerinnt, da konnte dann der Lange jeden Tag die Kruste abknibbeln. Und ich, hatte ich auch was vor mit dem vielen Geld, das auf uns wartete? Nä, keine Idee, ich hatte ja so weit alles außer Gefallen-Schulden bei Mischka Wulff und noch 'ne Rechnung offen mit der Gemeinde, die mir das Klärwerk neben mein Grundstück setzen wollte. Da fehlte es aber nicht an Geld, sondern erst mal an einer oder besser zwei Ideen.

Die Träume vom großen Geld zerplatzten, als ausgerechnet Zuckmeier mal was Schlaues sagte: «Und wenn gar nichts Wertvolles UNTER dem Gammelfleisch versteckt is, sondern innen drin, zum Beispiel kleine Beutel mit Heroin oder so?»

Au Scheiße, und wir Idioten hatten uns für so superschlau gehalten mit unserer Gefrieridee. Wenn Zuckmeier recht hätte, dann müssten wir den Gammel erstens schleunigst wieder auftauen und in den «toten Leguan-Ärschen» rumbuddeln. Und wenn dann tatsächlich Heroin drin sein sollte, was dann? Wir hatten doch überhaupt keine Ahnung vom Rauschgift-Verbimmeln. Den einzigen Vertreter des organisierten Verbrechens, den wir kannten, war Ljubomir Bronkovic alias «Lucky Bonato, der Rächer des Amarena-Bechers». Schöner Mist, was nun, den Gefrierprozess abbrechen und mal stichprobenweise in «verwesten Kröten» rumpuhlen? Da hatte jetzt erst mal keiner Lust drauf, also haben wir das gemacht, was wir immer machten, wenn wir nicht weiterwussten: «Lisbeth, mach uns noch mal vier Gedecke.»

DIE ZWÖLF KASSETTEN

Der andere Morgen brachte dann erste Erkenntnisse auf den Tisch des Hauses, allerdings auch 'ne ziemliche Ernüchterung. An dem Sonnabend um zehn Uhr morgens hatten sich alle um eine der Gefriertruhen versammelt, und Kruballa, der mit den meisten Muckis von uns, weil er regelmäßig trainierte, nahm das Vorhängeschloss ab und riss den gefrorenen Deckel auf. Jetzt, ohne den bestialischen Gestank, trauten wir uns mal reinzugucken: nix mit «asiatische Monster-Kaulquappen», sondern ganz normale deutsche Tiefkühlhähnchen.

«Jetzt fällt's mir wieder ein. Was meint ihr, ob man die wohl noch ...», weiter kam Lisbeth nich, als sie unsere Blicke sah. Eins nach dem anderen wurden die toten Vögel anne Seite geräumt, immer schneller buddelten wir uns nach unten durch, und da war tatsächlich was: eine Metallkassette und noch eine, insgesamt zwölf Stück. Vier in jeder Truhe, fanden wir dann bei der Obduktion der übrigen Truhen raus. Die Kassetten waren natürlich auch total zugefroren und ließen sich nicht aufmachen. Wir also die Gummiadler zurück in die Truhen, Deckel zu, Schloss davor und Stecker raus. Weil es im Dezember aufm Saal arschkalt war, haben wir die Kassetten zum Abtauen mit in die Gaststube genommen.

Was macht man bei soner Warterei? Erst mal für jeden eine «Lubette sit Menf zum Schmaufdrieren» als Grundlage, denn es war erst kurz vor Mittag, und das mickrige Marmeladenbrötchen von morgens konnte nich annähernd auffangen, was jetzt unausweichlich kommen würde: ein richtig schönes, ungeplantes Besäufnis bei Tageslicht. Macht man viel zu selten, obwohl es medizinisch erwiesen is, dass der Körper tagsüber den Alkohol viel besser verträgt. Wir haben wie ganz früher sogar ein paar Runden Meier-Knobeln gespielt, wer verlor, musste 'nen Kümmerling verputzen, und ruck, zuck war der erste Kreis gelegt. Nach zwei Stunden hatten wir vergessen, worauf wir hier überhaupt warteten. Erst als ein leichter Gestank nach toten Vögeln durch die Gaststube wehte, kamen wir wieder halbwegs in der Gegenwart an: «Bisleth, seit wann taust du die Adler auf, bevor sie in die Fettmompe fliegen?»

Aber der Gestank kam natürlich von dem Hähnchen-Zopp, der an den aufgetauten Kassetten klebte. Schlagartig wurden wir halbwegs wieder nüchtern, bestellten aber sicherheitshalber noch vier Kaffee bei Bisleth ...

«Mahatma, MAHATMA!»

... Lisbeth hatte wieder mal die drei Stück Kandiszucker für Zuckmeier vergessen, lieferte sie aber sofort nach. «Kawandiszawucker, hall, hall, hall», grunzte der zufrieden. Wie hatten Alex und Sandra das nur so lange mit dem Spinner ausgehalten? Aber vielleicht waren die ja wirklich schizo. Egal, der Rückkauf von «den beiden» würde jedenfalls ordentlich ins Geld gehen, hoffentlich war genug für uns alle drin in den Kassetten. Wir hatten beschlossen, durch fünf zu teilen, wir vier plus Lisbeth. Die brachte auch gleich 'nen Lappen und 'ne Pulle Sagrotan und fing an, den Zopp von den Blechkassetten zu putzen.

Da hättste mal lange Gesichter sehen können, als wir eine

Kassette nach der anderen aufgemacht haben. Komischerweise war keine zugeschlossen, aber an sich auch nicht komischerweise, denn es waren weder Blutdiamanten drin noch Bargeld.

Auf den Schreck sind wir erst mal zurück zur Theke, und Lisbeth hat die Luft rausgelassen aus den Gläsern. Nix wie Papiere waren da drin in den Teilen: Aktenmappen, Seiten in Klarsichthüllen, mit und ohne Stempel, in richtiger Schrift und in Russki-Buchstaben, son Scheiß. Der Lange sagte, wir sollten die Kassetten wieder zumachen, zurück in die Vogelkisten schmeißen und ab dafür. An sich wäre doch der ursprüngliche Plan, nur den pestigen Sondermüll loszuwerden, und der liefe doch noch. Montag käme der Fidschi oder sein Strohmann und würde die Truhen abholen, wir wären sie los und könnten endlich mit den Vorbereitungen für die Mega-Jahrtausendfeier weitermachen. Er hatte recht, aber wir hatten alle einen Traum vom vielen Geld gehabt, der war jetzt im Arsch. Nix mit Hühnerfutter-Ökoback, kein Katana-Schwert mit Schweineblut. Am schlimmsten erwischte es Zuckmeier, denn der «Rückkauf von Alex und Sandra» war in weite Ferne gerückt. Weil es schon in großen Schritten auf Weihnachten zuging, haben wir uns erst mal alle vier einen Lumumba mit Schuss genehmigt, bei Lisbeth bestand der aus halb Kaba mit halb Doppelkorn plus Sprühsahne. Mich erinnerte das Gesöff an den legendären «Rüdesheimer». Wie die Zeit vergeht. Die Kassetten mit den Papieren haben wir dann doch nicht zurück in die Truhen getan, denn die Adler waren womöglich schon wieder angetaut, und keiner hatte Bock, noch mal Godzilla zu exhumieren. Lieber noch 'ne Runde Lumumba und die ganze Nummer vergessen.

«M A H A T M A.» Jetzt auch schon in den Lumumba, der war doch schon schweinesüß durch Kaba, den Garagentrank. Weil Lisbeth die Kassetten extra sauber gemacht hatte, haben wir sie hinten in ihrem Getränkelager gestapelt, waren an sich ja ganz schöne Dinger, könnte man ja irgendwann mal zu was gebrauchen. Komisch, dass damals keiner von uns vier Strategen auf die Idee gekommen ist, mal genauer zu gucken, was das für Papiere waren, was da eigentlich drinstand. Denn schließlich hatte sie jemand für so wertvoll gehalten, dass er sie unter stinkenden Hähnchen einsargte. Für diesen naheliegenden Gedanken hatte es nach der Enttäuschung und mehreren Lumumbas wohl nicht mehr gereicht.

Montag Punkt zehn stand er auf der Matte, der Strohmann vom Fidschi, und sieh mal einer an, wen haben wir denn da: Murat Gül. Nicht bloß die toten Vögel in der Truhe stanken zum Himmel, die ganze Sache tat das. Was hatte Murat mit Ronny Nguyen zu schaffen, und wieso konnte er überhaupt auf einem Montagvormittag hier auftauchen? Ich hatte mir zwei Wochen Urlaub genommen, um die Jahrtausendfeier vorzubereiten, aber von Murat wusste ich, dass er seinen ganzen Urlaub aufsparte für den Sommer, um nach Hause zu fahren. Da war ich mal gespannt, welche Geschichte er hier auftischen würde.

«Spätschicht», sagte er bloß, und dass Ronny ein alter Kumpel von ihm sei noch aus Bulgarien. Die Zonis durften ja im Urlaub nirgendwo hin, wo die Sonne scheint, außer Bulgarien, und da, an der Goldküste, habe er die Familie Nguyen kennengelernt. Und jetzt hätte ihn sein alter Kumpel gefragt, ob er die ersteigerten Gefriertruhen für ihn abholen würde, wo er doch von der StruWAG einen Lkw besorgen könnte, *meinen* MKW, wie sich rausstellte.

«Und was is mit den Mietrückständen?», wollte ich wissen. Davon hatte Murat angeblich keine Ahnung, aber Ronny wäre ein grundehrlicher Mann, der würde sich bestimmt melden.

Egal, wir waren froh, dass die Mülltruhen endlich wegkam. Also aufgeladen den Scheiß und ab dafür. Als die Truhen aufm MKW standen, hab ich Murat auch gleich die Schlüssel für die Vorhängeschlösser in die Hand gedrückt. Ich wollte mit der ganzen Sache nix mehr zu tun haben, und Murat würde jetzt ja wohl kaum noch die Gurte wieder losmachen und reingucken.

Nach der ersten Erleichterung darüber, dass der Gammel endlich vom Hof war, hab ich noch mal in Ruhe über die ganze Sache nachgedacht, das stank doch alles zum Himmel. Abends hab ich mich mit Kruballa im Bräustübchen verabredet, um die Sache durchzugehen.

Da saßen wir beide also an der Theke und brüteten so vor uns hin. Das war einfach ein zu großer Zufall, dass sich Murat und Ronny kannten und beide irgendwie auch mich über Ecken. Und was Ronny Nguyen überhaupt für Motive hatte und warum der Tiefkühlhähnchen bunkerte, war keinem von uns klar. Etwas Licht in die Sache kam, als Lisbeth den Namen Ronny Nguyen und das Wort Tiefkühlhähnchen im Zusammenhang hörte: «Das wollte ich schon damals sagen, als ihr die Truhen aufgemacht habt, die Hähnchen hat Herr Nguyen von mir übernommen, ich hatte viel zu viele, das Geschäft lief nicht mehr so richtig, und da war ich froh, dass er sie mir abgekauft hat. Die Truhen sind meine, die hat er mitgemietet.»

Lisbeth wurde allmählich vergesslich, aber was zum Gummiadler wollte der Vietnamese mit den Vögeln? Sofort zeigte sich der messerscharfe Verstand von Kruballa: «Da basteln die Asiaten Surimi draus, billiges Hähnchenfleisch wird zusammen mit Fischmehl in teures Krebsfleisch umgefickt.»

Da war es wieder, das Zauberwort des kommenden Jahrtausends, jeder Mist konnte in was Höheres und Teureres «umgefickt» werden. Angefangen hatte es schon 1990 mit der Ostmark, die zwei zu eins in richtiges Geld getauscht werden konnte, damals nannte man das noch zivilisierter «umrubeln», später dann, 2001, würde die Mark schon in Euro «umgefickt» werden. Jetzt aber wurden erst Hähnchen in Surimi umgerubelt. Dann waren sie also gar nicht als geplante Gammelfleisch-Tarnung über die Kassetten gestapelt worden. Also mussten die Kassetten später unter die Hühner geschoben worden sein – und damit brach unsere Theorie vom «hinterlistigen Ronny Nguyen» in sich zusammen: nix mit Stecker vergessen, nix mit absichtlich ein Lager für das Versteck gemietet. Die Geschichte war viel einfacher und genauso schlicht, wie sie aussah: Ronny N. hat versucht, ein «Hähnchen-Umficker-Bisinis» zu starten, aber das hat nicht funktioniert, er konnte die Miete nicht bezahlen, Strom wurde zu teuer, und da hat er zuerst die Truhen mit den nutzlosen Vögeln ausser Wand gezogen, damit er wenigstens noch das Licht bezahlen konnte. Als gar nichts mehr ging, is er untergetaucht – so simpel war die Geschichte.

Blieben zwei Fragen: Wer hat dann die Kassetten unter die Hühner geschoben, und wie hing Murat Gül da mit drin? Die Frage, was es mit dem Kasetteninhalt auf sich hatte, wurde erneut vertagt. Wir mussten nicht lange überlegen, bis wir uns erinnerten, dass Murat drei Jahre früher schon mal hier war, als er mit seinen Ostgoten für unseren Discoabend den Saal aufgeräumt hatte. Damals wunderten wir uns, denn die OG hatten nix mitgehen lassen, nicht mal die ziemlich neuen Gefriertruhen von Lisbeth. Es konnte also nur so gewesen sein, dass Murat 1996 in Panik ganz schnell die zwölf Kassetten loswerden musste. Hier bei Lisbeth hatte er mitgekriegt, dass der Hähnchenverkauf nicht mehr so doll lief, und war auf die Truhen gekommen. Das Versteck sollte vielleicht bloß für 'ne kurze Zeit sein, und wenn hier jeden Freitag Disco wäre, gäb es sicher Gelegenheit, in dem Trubel mal die Kassetten wieder rauszuholen. Pech, dasses die Disco nur an einem einzigen Freitag gegeben hatte, und von Trubel konnte auch keine Rede sein. Danach aber hat der Vietnamese den Saal gemietet, und Murat is so schnell nix eingefallen, um an die Truhen ranzukommen. Nach ein paar Monaten war das Kapitel Ronny N. auch schon wieder erledigt, und dann ist drei Jahre lang in dem Saal nix passiert, da waren die Sachen sicher. Die Kassetten mussten also etwas enthalten, an das man nicht unbedingt ranmusste, sondern das hauptsächlich sicher versteckt sein sollte. So weit die gemeinsamen Überlegungen von Svenni und mir. Wir – oder eigentlich nur ich – waren völlig unterhopft und mussten erst mal ein paar Pils zischen. Wieso war Murat aber plötzlich aufgetaucht nach drei Jahren? Beim vierten Pils fiel mir ein, dass ich ihn schon vor Wochen zu unserer Jahrtausendfeier aufm Saal bei Lisbeth eingeladen hatte. Das muss ihn aufgeschreckt haben.

«Schrage, hast du noch den eBay-Zettel mit dem Namen und der Adresse von Ronny Nguyen?», fragte plötzlich Kruballa mitten in meine Gedanken rein. Hatte ich noch, und irgendwie kam sie mir plötzlich bekannt vor: «Da liegt das Wohnheim von der StruWAG für die alleinstehenden Arbeiter und die Rumänen und so weiter.» Genauso war's. Und wer wohnte da? Murat Gül. Als ich ihn damals aufer Arbeit gefragt hatte, ob er nicht wüsste, wo man drei Gefriertruhen mit Gammelfleisch entsorgen könnte, hatte er mir zwei Tage danach angeboten, er würde die abholen und diskret in einer Autobahnböschung verschwinden lassen. Doch da war es zu spät, wir hatten die eBay-Nummer bereits angeschoben.

«Warum hat er dann nicht als Murat die Truhen ersteigert?», fragte ich Kruballa. Der guckte mich an, als wäre ich Zuckmeier, so blöd fand er anscheinend die Frage.

«Jemand, der drei Gefriertruhen mit Gammelfleisch verschwinden lassen kann mit Aufwand, ersteigert die doch nicht freiwillig.» Da hatte Svenni auch wieder recht. «Also hat er sich als Ronny Nguyen bei eBay angemeldet, da würden wir keinen Verdacht schöpfen, wenn der für 'ne schmale Mark drei Truhen ersteigerte.»

Na ja, nich ganz wasserdicht, die Argumentation, aber eine bessere hatten wir nicht. Wir wussten auch nicht, wie und wieso Murat in der ganzen Sache drinsteckte und worum es dabei eigentlich ging. Als dann Lisbeth in ihrem löchrigen Teil unter der Rerpücke noch weiter rumkramte, fiel ihr ein, dass im März 1999 schon mal einer da gewesen wäre, der sich erkundigt habe, ob er den Saal mieten könne, nur kurzfristig, als Kommandostand für ein Nato-Manöver. Aber der Mann sei ihr unheimlich gewesen mit seiner großen Narbe überm Auge. Und Bundeswehruniformen könne man schließlich in jedem Kostümverleih kriegen, da hätte sie lieber nein gesagt.

Brave Lisbeth! Ich kannte tatsächlich einen Bundeswehrsoldaten mit einer Narbe überm Auge, aber ich sagte nichts, denn es gab in dieser Sache schon zu viele Zufälle. Der Soldat bei Lisbeth war also tatsächlich Zuleger gewesen, 1999 also schon Oberstleutnant: «Mit zwei Knöppen und 'n Kringel in Silber auf den Schultern», daran erinnerte sich Lisbeth nämlich noch. Als wir 2006 die ganzen Zusammenhänge rauskriegten, fiel uns das Kinn erst richtig auf die Sandalen. Aber das ist noch lange hin, und damit ich mich in meinen Erinnerungen nich noch mehr vertüddel, wird jetzt erst mal das alte Jahrtausend eingemottet.

Die Aufregung der letzten Wochen steckte uns allen noch in den Knochen, und die zerplatzten Träume vom Geld in den Gefriertruhen waren auch nicht gerade ein Stimmungsaufheller. Nach unseren letzten Erfahrungen mit einer gemeinsamen Veranstaltung aufm Saal waren unsere Erwartungen an die Silvesterparty 1999 nicht besonders hoch. Wir kamen mit unseren eigenen Ehefrauen zur Party, also Sven mit Ursel und ich mit Jutta, Zuckmeier und der Lange mit nix. Von den beiden traute sich keiner mehr, den üblichen Spruch von früher zu machen, wenn man mit seiner Stammtussi irgendwo auftauchte: «Nimmst du auch 'n Bier mit zum Schützenfest?» Im Gegenteil, die beiden guckten eher neidisch zu uns rüber.

Wir hatten Zuckmeier bei Androhung von Prügeln verboten, «seine» Musik mitzubringen, noch mal Oliver Onions überlebte ich nicht. Es war zwar keine öffentliche Veranstaltung, trotzdem kannte ich die meisten nicht. Jeder konnte so viele von seinen Freunden einladen, wie er wollte. Am Eingang mussten alle 'nen Fuffi abdrücken, dafür gab's dann Getränke frei außer Kurze, und aufm Buffet standen Lubetten und Schüsseln mit K-Salat aussem Putzeimer. Wie gesagt, kompliziertes Essen war nicht so unsere Sache. Die Frauen guckten zwar etwas bedröppelt, als sie das Buffet sahen, denn sie waren es nich gewohnt, zu Hause 'ne Grundlage einzupfeifen. Aber Lisbeth hatte 'nen Riesenpott mit Bowle spendiert, weil das ja hauptsächlich ihre Geburtstagsparty war, und da waren die Frauen sofort bei zugange. Lisbeths Silvesterbowle war genauso berüchtigt wie ihre Hähnchen. Aus allen Schnapspullen, in denen noch was drin war, kippte sie die Reste zusammen, rührte vier Dosen Pfirsiche drunter und fast fertig, nur noch verlängern mit Kellergeister oder Kleine Reblaus, und ab damit in den Eimer. Zwei Gläser auf nüchternem Magen, und du bist voll wie eine Haubitze. Somit konnte man den weiblichen Teil der Belegschaft relativ schnell abhaken. Das wiederum war den Männern recht, denn anzugraben gab es eh nix, und solange die Frauen noch bei Besinnung waren, lag diese unausgesprochene Drohung in der Luft: «Warum tanzt von euch eigentlich keiner?»

Warum wohl! Weil es scheiße aussieht, wenn Männer ab einem gewissen Alter alleine auf der Tanzfläche rumkurbeln. Dafür gab es ja früher extra die Standardtänze, die waren wie DIN A4 oder Schuko-Stecker, normiert, und da wusste man, was zu tun is. Sagen wir mal Disco-Fox, das waren noch Tänze, bei denen auch ein Mann seine Würde bewahren konnte. Aber seitdem die Anpacktänze außer Mode gekommen sind, tanzen von den Männern nur noch die Sitzpinkler. Deshalb waren wir froh, dass von der Seite keine Gefahr mehr drohte, aber was sollte man sonst machen, blieb ja eigentlich nur saufen und Blödsinn labern. Es war wie jede Silvesterparty sonst auch, die Zeit bis Mitternacht zieht sich ohne Ende hin, Punkt zwölf latschen alle nach draußen, saufen Sekt, fummeln aneinander rum, und danach is die Luft raus. Und «jemanden kennenlernen» oder sogar «beigehen», da spielte sich doch schon seit Ewigkeiten nix mehr ab. In der Jugend eigentlich überwiegend auch nicht, aber da hatte man noch Wahnvorstellungen. Im Grunde is die Nummer im Bluebird mit Jutta auch meine einzige spontane gewesen, wenn ich ehrlich bin.

Silvester is son Tag, wo man mal 'nen Schlussstrich zieht unter das, was gewesen is, und da war die Jahrtausendwende schon mal der ganz große Schlussstrich. Ich war zu dem Zeitpunkt achtunddreißig Jahre alt, «im besten Mannesalter», wie man so sagt. Aber was heißt das schon? Seit zehn Jahren verheiratet mit

Jutta, zwei Blagen mit acht und vier und wohnte im Eigenheim, das allerdings noch nicht abbezahlt war, denn Mischka würde sicher irgendwann seinen «Gefallen» einfordern. Beruflich hatte ich nich groß mehr was zu erwarten, einmal MKW-Fahrer, immer MKW-Fahrer, wenn man nich seinen Lappen verlor. War aber auch egal, denn die Straße war mein Leben, da passierte ja ständig irgendwas Unvorhergesehenes, fast so durchgeknallt wie beim Bund. Ich weiß nich, wie ich da jetzt wieder draufkomme, vielleicht wegen Narbenfresse Zuleger, der im März bei Lisbeth plötzlich aufgetaucht ist. Wollte ich ja sowieso noch von erzählen.

EL PASO

Das war mein erster Auslandsaufenthalt überhaupt, wenn man mal die nicht mitrechnet, wo wir kurz nach Holland rein sind und uns was besorgt haben als Jugendliche. Nä, was ich noch erzählen wollte und wo auf der Silvesterparty sowieso nix los war, denk ich jetzt daran.

Die Nummer in der Heide damals mit dem Abschuss der britischen Phantom II hatte nicht nur zur Folge, dass Zuleger seitdem 'ne Narbe an der Rübe trägt und alle Beteiligten zu Geheimnisträgern verdonnert wurden. Es kommt noch viel besser. Die Luftwaffe hatte nämlich Wind von der Sache bekommen und war auf unsere Truppe aufmerksam geworden. Wie konnte es sein, dass eine Handvoll Panzergrenadiere mit 'ner 2er-ATN das modernste Kampfflugzeug der Nato vom Himmel holte, und das auch noch mit einem G3. Als man sich die Namen der Beteiligten vom MAD besorgt hatte, kam außerdem raus, dass Zuleger früher als LRB-Soldat bei den Schlipsträgern gewesen war.

Also wurde ein Antrag gestellt beim obersten Klotz im BmVg auf Rückführung des StUffz Zuleger in den Dienst der Luftwaffe aus taktischen Gründen. Mit ihm sollten die fünf Soldaten seiner «Kampftruppe» für unbestimmte Zeit vom Heer ausgeliehen werden.

Und so kam es, dass wir Heckenpenner plus Arschloch Zuleger eines Morgens auf dem Fliegerhorst Wunstorf in eine Transall krabbelten, Ziel: El Paso, Texas. Die C-160 heißt übrigens nicht deshalb «Transall», weil sie quer durchs Universum düst, sondern das ist die Abkürzung für TRANSporter ALLianz, so hieß das deutsch-französische Konsortium, das die C-160 zusammengeschraubt hatte. Mit der Zweimotorigen übern Atlantik is an sich schon eine Aufgabe. Ich ahnte gar nich, wo man überall zwischenlanden konnte, Grönland weiß ich noch, weil es arschkalt war in der unisolierten Kiste, und der Pilot sagte, man sollte sich das Pissen verkneifen, wenn man seinen Wurm behalten wollte. Überhaupt, pissen in der Transall, das ist 'ne andere Geschichte. Dann haben wir noch in Brandon/Shilo Range, Kanada, einen Zwischenstopp eingelegt und irgendwas ausgeladen, und nach 'ner anderthalben Ewigkeit waren wir schließlich in El Paso. Uns hatte natürlich keiner gesagt, was da war und was wir da sollten. Jetzt sahen wir's, es stand ja vorne dran: «Raketenschule der Luftwaffe USA, RakSLw USA» und zusätzlich auf Englisch: «German Air Force Air Defense School».

Hä? Was sollten wir als einfache Panzergrennis denn hier? Nur Zuleger pisste sich fast ein vor Stolz und war anscheinend auch gar nicht mehr so enttäuscht von den «halbschwulen Schlipssoldaten» der Luftwaffe, denn Raketen, das hatte doch Gesicht, besonders wenn man sie auf «Russkis» abfeuerte. Also freute sich AL (Arschloch) Zuleger auf den «Dienst an den Riesenpimmeln» – hat er genau so gesagt. Was sagte man doch früher über solche Typen wie Zuleger: «Fresse wien Romika-Schuh, reintreten und wohlfühlen.»

Wie sich rausstellte, waren wir auch nicht als Schüler hier, sondern als son Zwischending zwischen Lehrer und Laborratte. Hauptsächlich wollten die FlaRak-Fritzen von uns lernen, wie man mit gewöhnlichen Gewehrraketen Jagdbomber vom Himmel holen konnte. Nun denkst du bestimmt als militärischer Laie: Die Armee, die über so ein Wissen verfügt, is ganz weit vorne, denn die könnte mit einem Zug Infanterie die kompletten Luftstreitkräfte des Gegners abknallen. Also muss man an die Infos rankommen, und dann könnte man sich den ganzen teuren Raketenmist schenken. Mal abgesehen davon, dasses dieses Wissen – zumindest bei uns – nicht gab: Der Militär denkt anders. Der will schon auch das Wissen haben. Aber nicht zum Umsetzen, sondern um es zu vernichten, denn sonst werden ihm ja seine teuren Spielzeuge weggenommen, diese ganzen Riesenpimmel auf Lafette. Also, falls sich rausstellen würde, wir wüssten so was, dann hätte man uns abgeknallt und in der Wüste von Texas verbuddelt. In dem Falle waren wir allerdings auf der ganz sicheren Seite, denn in Was-nicht-Wissen waren wir Spitze.

Musste man sich bloß mal angucken, was für «Spezialkräfte» da in El Paso aufgelaufen waren: StUffz «Kommaniiiie Schtieschtand» Zuleger, der so blöd war, dass er sich unter seinem linken Stiefel ein L gepinselt hatte, damit er den nicht aus Versehen am falschen Fuß anzog. Ich hab ihn mal gefragt, ob er sich auch ein L auf seine linke Mauke gekrickelt hätte, denn von vorn gesehen wäre es ja die rechte, da könnte man sich leicht vertun. Statt mich zusammenzuscheißen, hat sich der Volltrottel auch noch bedankt. Der Rest des Trupps waren Mannschaften, drei W15er, neben mir noch die Gefreiten Prochaska und Engel und die beiden Nato-Zebras, Lurch und Blechfresse. Wobei ein Trupp an sich von einem Haupt- oder Stabsgefreiten geführt wird, dafür waren die Handtuch-Fotzen aber zu dämlich. Ein StUffz führt normalerweise eine Gruppe von vier Trupps, dafür war wiederum Zuleger zu braun in der Birne, also führte er uns paar Männeken. Das waren die sechs, die bald in der Bundeswehr unter vorgehaltener Hand nur noch «die El-Paso-Jungs» hießen und deren eine Hälfte 1989 beinahe den Dritten Weltkrieg ausgelöst hätte.

Die FlaRak-Typen hatten sehr schnell mitgekriegt, dass wir sechs alle nicht das vierte Rad am Bollerwagen erfunden hatten und deshalb der Abschuss der Phantom kein Ergebnis unseres überlegenen militärischen Wissens war. Blieb noch unsere Rolle als Laborratte. Vielleicht waren wir alle oder mindestens einer von uns genetisch so weit vorne, dass er schneller schießen konnte als sein Schatten, wie Lucky Luke. Denn die Spezialisten von der Luftabwehr hatten ausgerechnet: Wenn man eine Phantom mit einer Gewehrgranate abschießen wollte, dann musste man abdrücken, noch bevor man sie sah und noch viel bevorer man sie hörte. Geht also gar nicht mit menschlichen Fähigkeiten, und mit der Austrittsgeschwindigkeit einer G3-Granate schon mal sowieso nich. Also wurden wir alle an Messgeräte geschnallt, und dann hat man uns in unregelmäßigen Abständen für Sekundenbruchteile Bananen hingehalten. Man konnte sie nur erwischen, wenn man zubiss, bevor man sie sah. Außer Zuleger, der einmal eine erwischte, als er sie noch nicht sah, hat es keiner geschafft. Das war es also auch nich, und als einzig mögliche Erklärung für den Abschuss blieb, dass einer von uns «Spezialkräften» mit seinen Wurstfingern aus Blödheit an den Abzug gekommen war, kurz danach zufällig die fünf englischen Jagdbomber auftauchten und noch einiges später der Blindfisch Zuleger «Kommanie Feuaah» gebrüllt hat, als vier von denen schon wieder weg waren und eine längst in der Heide steckte. Das war die einzige logische Erklärung, man konnte allerdings nicht in den Abschlussbericht schreiben: «Nach ausgiebigem Test mit sechs Vollidioten konnte nachgewiesen werden, dass es sich tatsächlich um Vollidioten handelt. Kostenpunkt inkl. Verpflegung 125 000 Dollar.»

Was also macht die Bundeswehr in solchen Fällen? TuT, Tarnen und Täuschen. Tatsächlich stand in dem Bericht, dass wir an einem geheimen «Speziallehrgang für abgesetzte Eliteeinheiten im Hinterland des Feindes» teilgenommen hätten. Zur Tarnung mussten wir noch sechs Wochen bleiben, und für uns W15er war das natürlich noch mal 'ne schöne restliche Dienstzeit, danach nur noch vierzehn Tage zurück in die Einheit, und dann heißt es: «Ey Rotarsch NEUN und geböscht, los, küss mein Maßband.»

Sechs Wochen El Paso hießen für Lurch sechs Wochen Pepsi-Cola über Pommes kippen statt Afri-Cola über Kartoffeln wie zu Haus, Blechfresse hat es tatsächlich geschafft, dass ihm seine Mutter per Feldpost saarländische Spezialitäten hinterherschickte, Dibbelappes zum Beispiel, keine Ahnung, was das war, «appe Dibbel»? Nach zwei Monaten El Paso ging's mit dem LTG 62 wieder Richtung Heimat. Als wir nach gefühlten drei Wochen Flug auf dem Fliegerhorst Wunstorf landeten, war unser Ruf schon längst angekommen. So sah sie also aus, die neue Eliteeinheit, Kampfname «die El-Paso-Jungs»: drei Milchgesichter, eine blödig glotzende Narbenfresse und zwei schwammige Hauptgefreite U. A. – eine Super-Tarnung für ein Killerkommando hinter den Linien. Drei von den El-Paso-Jungs, Engel, Prochaska und ich, wurden ebenfalls «zur Tarnung» mit dem Codewort «Gelbes Pony» im Gepäck aus der Bundeswehr entlassen. Zuleger wurde die nächsten Jahre durch alle möglichen Einheiten hoch- und weggelobt, bis er es zehn Jahre später zum

Hauptmann brachte, Lurch und Blechfresse wurden in ihre «Abteilung für rektale Kampfmittel» zurückgeschickt. Keiner hätte für möglich gehalten, dass es für die aktiven Reste der legendären El-Paso-Jungs noch mal einen Einsatz geben würde. Tat es aber, 1989 kurz nach Grenzöffnung. Ich weiß, jeder will jetzt allmählich wissen, was Lurch mir später auf der Rückfahrt aus Frankreich erzählt hat. Geduld, Brauner, kommt alles noch.

Noch ist unsere Silvesterparty 1999 nicht vorbei.

DAS NEUE JAHR

Aber lange hat's nicht mehr gedauert. Ich hab null Uhr total verpennt, Jutta schlief schon seit elf, und außerdem mussten wir allmählich nach Hause, Oma Hildegard war mit den Kindern allein und hatte Angst vor unsern Volker, der Ommas in die Beine biss. So berauschend war die Party ja nich, aber das letzte Lied war wenigstens nicht «Una Paloma Blanca», oder ich hatte es nur nicht mitgekriegt.

Das Kapitel «Bräustübchen» in meinem Leben war damit im Wesentlichen zu Ende, aber wir beide sind in Frieden auseinandergegangen. Nach der Jahrtausendwende und erst recht mit dem Euro – warum, weiß ich nicht –, da hat sich das Publikum total geändert. Es war jetzt keine reine Trinkerkneipe mehr mit Lubetten als höchste kulinarische Errungenschaft, sondern es wurde eine Fressgaststätte. Lisbeth schmiss jetzt nicht bloß gefrorene Hühner in ihren Fettkübel, sondern auch son modisches Zeug, das man gefroren als Halbfertignahrung kaufen konnte: Wedges, Chickenwings und Chicken-Nuggets. Und die Leute kamen und fraßen das, gesoffen wurde kaum noch, also nicht richtig gefechtsmäßig. Lisbeth hatte jetzt sogar «stilles Wasser» auf der Karte, ja, richtig gelesen, gab jetzt sogar eine Speisenkarte, schmeißte dich weg. Das war nicht mehr unser Zuhause, das war nicht mehr unsere Bisleth. Sie wollte auch nicht mehr so genannt werden, sondern Elisabeth, und hatte ihren Mädchennamen wieder angenommen. «Das Strachwitz» stand jetzt über der Tür und verdeckte das «Bräustübchen». Trotzdem gingen wir ab und zu noch hin. Silvestervormittag traf ich regelmäßig die anderen drei, der alten Zeiten wegen. Ab und zu rief auch Kruballa an und fragte, ob ich Lust auf ein Bier im Strachwitz hätte. Aber am meisten – auch nicht oft – war ich mit Jutta zum Essen da. Nach Lisbeths Unfall 2006 kehrte für kurze Zeit das alte Bräustübchen noch mal zurück mit der alten Belegschaft.

URLAUB IST AUCH NUR MIT
SICH SELBST WOANDERS

AM LIEBSTEN ZU HAUSE

Urlaub in dem Sinne kennt unsereins ja gar nicht. Wenn du 'n eigenes Haus hast mit relativ großem Grundstück dabei, dann hast du an deinen freien Tagen genug zu tun. Wochenende Rasen mähen und so weiter, irgendwas is immer zu muckeln, dann sitzt hier ein Fallrohr zu, dann is da was überm Winter kaputtgefroren. Und bei mehrere Wochen Urlaub am Stück, da kommen die größeren Sachen auf dich zu: Terrasse machen mit Bankirei oder Einfahrt neu pflastern. Ich als Mann vom Tiefbau werde auch dauernd von Kumpels gefragt, ob man nich hier und da was betonieren kann und dies und das. Von daher is so mehrere Wochen am Stück weg die ersten Jahre nie passiert. Flitterwoche auf den Campingplatz Erlengrund, sicher, das war mal für länger weg von zu Haus. Nachher mitte Blagen wohin war mir persönlich auch zu teuer, und sah ich da keinen Erholungswert drin. Wenn die Kinder sowieso dabei sind, kann man genauso gut zu Hause bleiben, sag ich immer. Jutta is da nich ganz meiner Meinung, aber was will se machen, ich sitz nun mal aufm Wampum, und da geh ich auch nich von runter. Wenn ich nix zu tun hab, bin ich am liebsten im Garten und gucke so um mich zu, was man noch mal pflastern könnte oder wo nochn Schuppen hinkann, solche Sachen eben, das is für mich Erholung pur. Ich mach gern mal 'ne Tagesfahrt, das wohl, aber so, dass man abends auf jeden Fall wieder im eigenen Bett liegt.

Da bin ich einmal weggewesen, das muss in den Passat-Jahren

gewesen sein, an die Zeit erinnere ich mich nich mehr an alles, nur so viel, dass der Wagen pissgelb gewesen is. Jedenfalls Volker ging wohl schon zur Schule, und unsere Melanie machte nich mehr inne Buchse. Wir haben damals an 'nem Sonntag einen Ausflug nach Keilriemen-Otto inner Wedemark gemacht, zu den Resten der ursprünglichen Autobahn, die damals der Vater von Dr. Flachpfeiffer gebaut oder besser gesagt versaut hat: bestimmt dreißig Kilometer ausse Richtung gezogen, zu weit nach Westen. Von der ehemaligen Reichsautobahn 24 kann man aber noch Reste sehen, angefangene Brücken, teilweise is sogar noch die Trasse erhalten.

Das wollte ich Jutta und den Bengel mal zeigen. Da muss man nich groß nache Pyramiden hin oder was die Römer so alles fabriziert haben, da kann man sich auch mal angucken, was unsere Vorfahren so hinterlassen haben, meine Meinung jedenfalls. Und einer, der auf diese alte Trasse reingefallen is, war Otto Lehmann, der schon mal sicherheitshalber neunzehnhundertvierzig eine Autobahnraststätte in die Heide genagelt hatte, wo ja demnächst der Verkehr durchbrummen sollte. Kam aber nix davon, und da stand er nun inne Pampa mit seiner Raststätte, nich mal Strom wollten se ihn hinlegen. Da hat er sich den Trecker vors Fenster gestellt und 'nen Keilriemen an 'n Generator gelegt, daher der Name Keilriemen-Otto. Als wir da gewesen sind, war das sone Art Ausflugsgaststätte, die in den letzten Zügen lag. Vorne stand ein ausgestopftes Pferd, und Lehmanns Frau war wohl zwischendurch etwas neben die Spur geraten, jedenfalls lief die allerhöchstens noch auf 6 Volt. Mehr als Currywurst mit Pommes gab es da auch nich zu wollen, aber war trotzdem 'n schöner Ausflug, weil man an den Resten der angefangenen Autobahn schön sehen konnte, dass Beton eben auch nicht ewig hält. Wenn diese Umweltfritzen dauernd am Krakeelen sind,

weil wir vom Straßenbau würden die ganze Landschaft zubeto-
nieren, dann sollten die mal in die Wedemark fahren, da kön-
nense sehen: In hundert Jahren is das alles zugewachsen. Auf
Dauer, sag ich immer, besiegt der Mittelstreifen die Fahrspuren,
dagegen kannst du machen nix.

DIE INGEBURG

Man muss übrigens auch nicht selber weg in Urlaub. Urlaub is
auch – oder sogar noch viel mehr –, wenn die anderen weg sind.
Mindestens einmal im Jahr fuhr Jutta mit Volker und Melanie
zwei Wochen zu ihrer Mutter und der Tante nach Bad Sachsa.
Tante Waltraut hatte seinerzeit in eine Pension eingeheiratet,
aber ihren Karl-Otto schon längst nach Pastor seinem Kamp
hingebracht. Kinder hatten sie nicht, und da war sie froh, dass
nach dem Heimgange von Walter, dem alten Quervögler, ihre
Schwester Ilse zu ihr in die Pension «Ingeborg» gezogen is, so
genannt nach ihrer Schwiegermutter, dem alten Satan. Die Pension war wie viele damals im Harz nich so ganz auf dem neuesten Stand, ich sag mal: Lokus auf halbe Treppe, Dusche für alle
überm Hof, dafür Waschbecken aufm Zimmer und Matratzen so
ausgeleiert, als ob zwei Tapire drin gerammelt hätten. Deshalb
war sogar inner Hauptsaison immer was frei inner «Ingeburg»,
wie ich den alten Kasten nannte. Jutta machte sich in der Küche
und bei den Zimmern nützlich und durfte dafür da umsonst
wohnen. Die ersten Jahre hatten wir noch Fala, die musste dann
natürlich auch mit. Ich hab die ganze Bagage mit dem Passat in
den Harz gebracht. Ich sag immer, Vorfreude ist die schönste
Freude, deshalb hab ich die Fahrt nach Hause meist noch zwei,
drei Tage rausgezögert. Und drei Tage umsonst mich betüddeln

lassen von den beiden alten Schachteln war so schlecht auch nicht.

Aber was machste tagsüber in diesem Harz? Wandern is nich so meine Sache, und als vierter Mann mit den drei Weibern Doppelkopp spielen, das fehlte gerade noch. Deshalb hab ich das nur die ersten drei, vier Jahre gemacht, danach hab ich zugesehen, dass ich mich gleich wieder verpisse.

DER STÖBERHAI

Beim ersten dieser Urlaubsbesuche, das muss 1992 gewesen sein, Volker gab's schon, der Hund lebte auch noch, aber unsere Melanie war noch nich da, jedenfalls hab ich da noch gedacht: Scheiß der Hund drauf, wenn's umsonst ist, kannste auch mal 'ne Woche einen auf Familie machen und bleibste mit inner Ingeburg.

War auch sogar ganz interessant. 1992 hatte die Bundeswehr nämlich mangels Kasernenplätze einige Soldaten vom Fernmeldesektor C in Privatquartieren untergebracht. Der Sektor C gehörte zum Fernmelderegiment 71 in Osnabrück und war an sich in Osterode stationiert. Der Einsatz erfolgte aber auf dem Fernmeldeturm «Stöberhai» keine acht Kilometer von der Ingeburg entfernt. Das Luftwaffenfernmelderegiment 71 hatte drei Stellungen und mit Sektor II/Dora noch eine weitere Erfassungseinheit, um in die Zone reinzuhorchen. Zusätzlich gab es auch noch den Sektor Q in Hambühren für spezielle Formen elektronischer Übertragung. Auf dem Stöberhai wurden A 1-Tastfunk und Fernschreiber der Nationalen Volksarmee und der GSTD abgehört. Im Grunde konnte man von hier aus sogar bis nach Thüringen rübergucken, was die roten Brüder da so trieben. Nach der Wiedervereinigung war das ganze Unternehmen logischerweise für die Katz. Aber die Bundeswehr wäre nich sie selbst, wenn sie nich noch mal schnell vierzehn Millionen in den Ausbau des Fernmelde-Aufklärungstandorts auf dem Stöberhai investiert hätte. Und wieso? Weil der Alte vonner StruWAG den Auftrag hatte und auf Schadenersatz von achtundzwanzig Mios geklagt hätte, wenn nicht gebaut worden wäre. Was willste machen als Staat, gegen den Alten kommste nich an, also wurde gebaut. Und damit der Bund der Steuerzahler nich sofort im Achteck gesprungen is, hat man den Turm anstandshalber dreizehn Jahre verkommen lassen, bis er dann am 23. Sept. 2005 um 14:40 Uhr gesprengt wurde – für 3,5 Mios, die auch beim Alten in der Tasche verschwanden. So ging's ab in der Bi-Ba-Bundesrepublik, als Geld überall kein Thema war.

1992 – immerhin schon zwei Jahre nach der Wiedervereinigung – hatte auch die Bundeswehr geschnallt, dass es die NVA im engeren Sinne gar nich mehr gab und man deshalb auch nicht mehr horchen musste, was die so im Äther rumlabern. Der Erfassungsstandort Stöberhai der Luftwaffe wurde aufgegeben, der ganze Sektor C dichtgemacht, und die Bude musste besenrein verlassen werden. Und zu genau dem Zweck waren zusätzliche Soldaten abkommandiert worden. Zwei von denen wohnten in der Ingeburg, waren ja auch bloß acht Kilometer bis oben auf den Stöberhai, und ein strammer Fußmarsch am Morgen hat noch keinem geschadet. Der Komfort in der Ingeburg war auch in etwa das, was die Jungs gewohnt waren, und damit erst gar keine Gemütlichkeit aufkam, brüllte Tante Waltraut morgens um sechs: «Kompanie aufstehen!»

Besser hätte Zuleger das in der Grundi auch nicht hingekriegt. Ich kam sofort mit den beiden Einquartierten ins Gespräch über das Übliche eben, Scheiße fressen beim Barras und so weiter, da stimmte sofort die Chemie zwischen uns. Die beiden waren keine einfachen Kistenschlepper, sondern Leute von der EloKa, die das ganze Material da oben sichten mussten nach:

1. Was wird noch gebraucht?
2. Was kann ungeschreddert in den Altpapiercontainer? Und:
3. Was muss vernichtet werden?

Den zweien stand die Arbeit bis hier, denn sie waren die, auf die alles ankam. Erst wenn sie fertig waren mit Sortieren, durften die anderen rein und den Rest abbauen. Voll im Stress, die Kameraden. Ich hab ihnen gesagt, kein Problem, ich langweile mich hier sowieso mit den drei Weibern, ich helfe euch. Da mussten sie laut auflachen, so ginge das natürlich nicht, das sind alles «VS Streng geheim»-Klamotten da oben. Ich sag, mag wohl sein, ich hab aber Zugang zur höchsten Geheimhaltungsstufe, oder anders gesagt, ich bin ein Gegenstand der höchsten Geheimhaltungsstufe.

«Sag deinen Zugangscode», meldete sich der eine sofort.

«Gelbes Pony.»

Kreidebleich is gar kein Ausdruck. Stammelt der: «Du bist einer von den El-Paso-Jungs.»

«Worauf du einen lassen kannst.»

Was ich mich in dem Moment gar nich gefragt habe, war, woher die beiden das Codewort «Gelbes Pony» kannten, das wusste an sich doch nur die Eliteeinheit aus El Paso. Vielleicht dachte ich: Gut, die waren beim Sektor Q, was wissen die nich?

«Selbstverständlich können Sie an der Operation teilnehmen, Herr Oberleutnant», schleimte der Oberstaber. Der OL ging mir runter wie ein nackter Fisch, aber so groß war der Unterschied zwischen einem OG und OL nun auch wieder nicht. Nachdem ich meine Geheimhaltungsstufe genannt hatte, wurden sie locker und erzählten. Nicht nur die üblichen Heldengeschichten über Handgranaten auffangen und zurückschmeißen, nä, die wirklich interessanten Dinge. Der Hässlichere von beiden, Stabsfeldwebel Schreen, war nach seinen acht Jahren als Zetti weiter als Zivilunke beim Sektor Q in Hambühren geblieben und hatte dort das Überwachungssystem «Spotlight» mit den Amis von Martin Marietta installiert. Nach sechs Jahren in Zivilklamotten war er 1979 wieder zum Barras zurückgekehrt und gleich zum Sektor Cäsar auf den Stöberhai versetzt worden, dem zweitbeschissensten Standort beim 71er nach Großenbrode an der Ostsee. Der andere, Oberstabsfeldwebel Witkowski, kam vom 72er aus Wunsiedel an der tschechischen Grenze, den konnte nix mehr erschüttern.

Interessant war aber, was Schreen erzählte aus seiner Zeit von 1979 auf dem Turm. Er war als Schichtleiter tagsüber in der Tastfunk-Erfassung tätig gewesen. Es lief alles wie immer normal vor sich hin, ein W15er war zum Würstchengrillen abkommandiert worden, ein anderer machte Kartoffelsalat. Nur die beiden Z2-OG kurbelten sich durch die Kurzwellenbänder, um den abgetauchten «Bullen» von der DDR-Luftüberwachung wieder einzufangen. Plötzlich rief, es war wohl OG Hartmann, so genau wusste Schreen das nicht mehr, jedenfalls rief einer: *Alle auf die Zehn siebenundvierzig, der Bulle von der* LRÜ *sendet Wetter, und Hauptfeld bitte sofort Dreieckspeilung anmelden.*

«Tatsächlich das war der Penner» sagte Schreen, «unschwer zu erkennen an der funkenziehende Schlackertaste. OG Hartmann schrieb die Fünfergruppen brav mit, und der Erfassungsbogen ging wie alle an die Auswertungsstelle vom 71er. Es war auf jeden Fall ein ganz schöner Riemen, der da durchgetastet wurde, und auf jeden Fall nich bloß 'ne Wettermeldung. Am nächsten Tag waren alle in heller Aufregung», berichtete Schreen weiter, «Osnabrück hatte die Alarmstufen raufgesetzt,

Doppelschichten wurden gefahren. Daraufhin hab ich die Originale der Erfassungsbögen mal mit auf Stube genommen, um sie genauer anzugucken.»

Er berichtete weiter, dass durch die Jahre als Zivilangestellter beim Sektor Q ein einfacher DDR-Matrixcode für ihn kein Hindernis gewesen sei, und nach drei Stunden lag der Bericht vom LRÜ-Bullen der DDR in Klartext vor. Darin stand, so hatte die Zonen-Luftraumüberwachung gemeldet, dass ein Trupp BRD-Partisanen kurz hinter der Westgrenze der DDR einen britischen Nato-Bomber abgeschossen hätte. Es sähe so aus, als ob das kapitalistische System demnächst von der eigenen Bevölkerung gestürzt würde, und man empfahl, sofort Kontakt zu den revolutionären Kräften in der BRD aufzunehmen.

So weit zu dem, was Stabsfeldwebel Schreen zu den Ereignissen 1979 erzählte, ich hab nur zugehört. Schreen konnte die Sache damals überhaupt nicht einordnen und wollte schon alles unter DDR-Folklore abhaken, als drei Tage später der Militärische Abschirmdienst anrückte und in eine der an das Heer vermieteten Etagen vom Turm einzog. Da klingelten bei ihm alle Glocken am Tannenbaum, erzählte Schreen.

Ich fragte ihn, wie er von den El-Paso-Jungs erfahren habe.

«Die Bundeswehr ist ein Dorf, wenn da eine Handvoll Obertrottel die Maschine eines befreundeten Nato-Partners abschießt, weiß das am anderen Tag die ganze Truppe.»

«Außer der NVA, die blickte nich durch», meinte ich.

«Wären die etwas heller in der Birne, wären sie womöglich 1989 auch nicht abgekackt», meldete sich Witkowski zu Wort, das erste Mal. Daraus klang für mich der Hass eines ehemaligen NVA-Soldaten, der sauer ist, dass sein Verein verloren hat – kennt man ja von Fußballfans.

Warum er jetzt hier wäre, erzählte dann Schreen weiter. Jetzt,

1992, dreizehn Jahre später, müsse er alle Dokumente angucken, auch vor allem den Saustall, den die Internen vom MAD hinterlassen hätten, damit ja nichts von den Unterlagen in fremde oder noch schlimmer in eigene Hände eines BRD-Politikers fiel.

Mich wunderte in diesem Moment bloß, dass Schreen «Be Ärr Dee» sagte, normalerweise benutzten nur Leute aus der Tätärä dieses Wort, hier sagten alle «Bundesrepublik». Aber egal, is ihm vielleicht nur so rausgerutscht, musste nix heißen. Damit war's auch genug für den Abend, jeder verabschiedete sich auf seine Stube.

Schreen rief noch: «Morgen früh um halb sieben brechen wir auf, ist ein strammer Fußmarsch nach da oben.»

Ich konnte ihn beruhigen: «Ich hab einen Wagen, Kameraden, den nehmen wir.» Da hättste mal in zwei glückliche Gesichter gucken können.

AM TURM

Warm ist was anderes, als wir oben auf dem Berg waren. Mindestens acht Stockwerke hoch, wenn nicht mehr, richtete sich der verlassene Turm vor uns auf. Daneben gab es noch Flachbauten für Büros und Kantine. Das ganze Areal, sagte Schreen, erstreckte sich auf dreiundzwanzig Hektar.

«Und das sollt ihr alles umkrempeln? Ist doch aussichtslos», sagte ich den beiden nach einem kurzen Blick über das Gelände. Außerdem waren wir anscheinend nicht die Ersten nach dem Abzug der Bundeswehr. Da war ein Loch im Zaun und Vandalismus-Schäden an den Gebäuden. Allmählich schwante mir, dass die Geschichte, die mir die beiden in der Ingeburg aufgetischt hatten, nicht das Schwarze unter den Nägeln wert war. Aber wie alle guten Lügen bestand sie zu einem großen Teil aus Wahrheiten. Oben auf dem Stöberhai ließen die beiden die Maske fallen, jedenfalls ein Stück weit. Sie waren nicht im Auftrag des FmRgmt 71 hier oben, sondern im direkten Auftrag von Oberstleutnant Zuleger vom Luftwaffenführungsdienstkommando in Köln/Wahn.

Unglaublich, was für 'ne Karriere dieser Oberknallkopp Zuleger gemacht hatte, vom Himmelsglotzer bis zum Klotz im Luftwaffenstab, und das alles ohne irgendeine Ahnung von gar nix. Aber warum hatte er ausgerechnet diese beiden Portepee-Träger hierhergeschickt, und wonach suchten sie wirklich? Mir hamses nicht verraten. Den halben Vormittag sind wir über das Gelände gestratzt und haben sinnlos in dem herumliegenden Müll gestochert, bis Schreen sagte, wir sollten uns aufteilen. Keine halbe Stunde später bölkte er über das Gelände: «Abbruch und Aufsitzen!» Warum so plötzlich, wir hatten ja so gut wie nichts erreicht?

Aber ich hatte hier nichts zu melden. Wir fuhren raus, Schreen schloss das Tor wieder ab, und zurück ging's in die Ingeburg. Ich hab mich mit den beiden dann noch für den Abend verabredet auf «einen Zug durch die Gemeinde» und hab dann erst mal geguckt, was die drei Frauen so trieben. Was wohl: Sie kloppten Doppelkopp mit nem Eingeborenen, den Tante Waltraut besorgt hatte, also hab ich mich gleich wieder verdünnisiert.

Bloß, als ich abends an ihre Tür klopfte für den Zug durch die Gemeinde, waren die beiden Portepee-Fritzen schon abgereist. Das kam mir dann doch alles sehr spanisch vor, und ich hab bis spät in die Nacht bei einer Flasche Schierker Feuerstein über diese ganze Geschichte gebrütet. Erst um halb drei ging's in die Falle, Jutta schlief schon längst. Im Traum hat mich dann der damalige StUffz Zuleger beim Stubendurchgang zusammengefaltet, wie er mit dem Zeigefinger den Staub oben vom Spind runterwischt und mir ins Gesicht bläst: «Sehen Sie mich noch, Schütze Schrage?» Und dann fiel mir im Traum sogar noch die Antwort ein, die damals jeder dachte, aber keiner sich zu sagen traute, aber im Traum hab ich's getan: «Nein, Herr Stabsunteroffizier, aber ich habe sie am Geruch erkannt.»

Und dann bin ich schlagartig aufgewacht. Es war der Geruch, denn da stank etwas ganz gehörig an Zulegers Karriere. Und als hätte der Harzer Kräuterfusel mein Hirn mal richtig durchgespült, fügten sich ein paar Teile im Puzzle zusammen: Schreen hatte die Arbeit so plötzlich abgebrochen, weil er entweder das gefunden hatte, was er suchte – oder das, was er suchte, war nicht mehr in dem Versteck vorhanden, wo es sein sollte. Und deshalb sind beide auch so plötzlich abgereist. Ich schätzte, es war nicht mehr da, denn mir fiel ein, wer – noch gar nicht mal so lange her –, wer vor uns auf dem Stöberhai gewesen ist: 1991 die StruWAG, als der Turm für vierzehn Millionen saniert wurde. Ich musste sofort zurück nach Haus, ich musste Mischka Wulff sprechen.

Gedacht, getan. Mischka saß wie immer in seiner Kommandozentrale auf dem Bauhof von der StruWAG und schiss ein paar Ostgoten zusammen, die seiner Ansicht nach die Klamotten nicht anständig zurückgebracht hatten. Bei der Stasi war er zwar in der höchsten Ebene unterwegs gewesen, aber von seiner Art her war er immer noch der Spieß, der am liebsten Untergebene zusammenschiss. War eben so seine Art, aber ich kam gut mit ihm zurecht. Außerdem war ich ihm noch einen Gefallen schuldig für das Offiziersheim, das er uns besorgt hatte.

Und jetzt war es Zeit zu bezahlen: «Mischka, ich weiß, was du vom Stöberhai mitgehen lassen hast 1991. Aber weil ich dir noch einen Gefallen schuldig bin, halte ich die Schnauze. Einzige Bitte: Du erzählst mir die ganze Geschichte.» Und das tat er auch, jedenfalls soweit er sie kannte.

Bei den Renovierungsarbeiten am Turm war Mischka als Bauleiter eingesprungen, denn Dr. Flachpfeiffer war mehr fürs Horizontale, und man wollte sich nicht ausmalen, wie der Turm ausgesehen hätte, wenn er mit seinem Aristo Trilog und der alten Brille die Statik ausgerechnet hätte. Mischka fuhr alle paar Tage zum Stöberhai hoch und hat die Arbeiten überwacht. Eines Tages, als die Truppe eine Wand in den Büroquartieren eingerissen hatte, waren zwei Arbeiter mit einer Kartusche angekommen, so eine, wie sie auch für Geldtransporte verwendet wurden. Es war aber kein Geld drin, sondern alte Erfassungsbögen vom Sektor C und eine Tonband-Kassette. Mischka hatte die Kartusche mit nach Hause genommen und die Kassette in seinen Rekorder gesteckt. Und ihm war sofort klar geworden, dass die gesprochenen Fünfergruppen, die er da hörte, von einem DDR-Agentensender stammten, denn statt «Zero» sagten die DDR-Funker immer «Nulli».

Lange hat es für den alten Stasi-General nicht gedauert, um den Inhalt zu entschlüsseln. Es war eine Nachricht aus dem Jahr 1980 an den informellen Mitarbeiter «Prilblume». Der sollte einen neuen Agenten anwerben, der sich als Partisan im Kampf gegen die Aggressor-Armee der Nato für den Schutz des Sozialismus verdient gemacht hätte. Mir war sofort klar, worum es ging, und Mischka wusste logischerweise auch Bescheid, denn er hatte diesen Befehl selbst erteilt. «Prilblume» war kein anderer als Stabsfeldwebel Schreen.

Er hatte mich selbst draufgebracht: «Als Zivilangestellter beim Sektor Q war für mich», wie er mir erzählt hatte, «ein einfacher DDR-Matrixcode kein Hindernis gewesen.» Als Agent hatte er den Schlüssel. Mischka erzählte weiter, wie Schreen von der Stasi damals angeworben wurde, als er beim Sektor Q das neue System von Martin Marietta installiert hatte. Er war einer «Honigfalle» namens Trixi auf den Leim gegangen. Nun muss man wissen, mir wurde es jedenfalls so berichtet von Kumpeln, die in derselben Gegend stationiert waren, dass es damals in Celle eine Nachtbar gab, die alle nur «Bei Gaby» nannten. Dorthin verkehrten auch die Spätschichten von Q oder Dora Zwei, da ging man nachts um eins auf ein, zwei Bier, wenn das Bett noch nicht lockte. Jeder wusste, dass sich dort Stasi-Weiber rumtrieben. Aber wer so scheiße aussah wie Schreen, der musste wahrscheinlich Fünfe grade sein lassen, um mal einen Stich zu landen.

Trixi hatte Schreen bald um den elften Finger gewickelt und nicht nur das Spotlight-System aus ihm rausgelockt, sondern ihn auch gezwungen, wieder beim Bund anzutreten. Da war es für die Stasi natürlich ein Glücksfall, dass Schreen auf den Stöberhai versetzt wurde. Ab jetzt wussten sie alles, was wir über sie wussten. Und so blöd es auch klingt, aber solange alle alles über den Gegner wissen und umgekehrt, herrscht Frieden. Bloß Unwissenheit macht das Militär nervös. Und deshalb wusste die Stasi auch schon bald, dass der Abschuss der Phantom II keine Heldentat eines «Partisanen» war, sondern Zufall eines Vollidioten. Um ihr Wissen aber gegenüber dem Gegner geheim zu halten, wurde weiter daran festgehalten, Zuleger als Agenten anzuwerben, und Schreen sollte sein Führungsoffizier werden.

Damit endete Mischkas Bericht, aber bei mir blieben zwei Fragen: Erstens, wieso hat Schreen den Scheiß aufgehoben? Und zweitens, wieso hat Mischka Wulff die Sache mitgehen lassen? Auf Frage 1 gab es die einfache Antwort: Schreen war ein Korinthenkacker, der alles aufhob und irgendwo deponierte wie Marokko, der geheime Eichkater; man weiß ja nie, vielleicht könnte man's mal brauchen. Und in diesem Falle hatte er sogar recht. Als Mischka im Sommer 1990 rüberkam in den Westen, hat er ihn gleich mit dem Material erpresst. Nicht damit, dass er Stasi-General gewesen ist mit einer beeindruckenden Abschussliste – das wusste sowieso jeder –, nein, damit, dass er sich wie ein Idiot benommen hatte mit seiner Partisanen-Theorie und auch noch den Befehl erteilt hatte, einen totalen Obervollhorst wie Zuleger für die Stasi anzuwerben. Denn das ging gegen seine Ehre als «schlimmer Finger» der Staatssicherheit.

Und warum hatte Schreen die Unterlagen auf dem Stöberhai versteckt und nich woanders? Weil Mischka Wullf als abgehauener Stasi-General da am wenigsten Zutritt hatte. Konnte Schreen ja nicht ahnen, dass der Turm 1991 ausgerechnet von Mischkas Firma renoviert wurde. Selbst da hatte er wohl noch die Hoffnung, dass die Papiere noch an Ort und Stelle geblieben sind, sonst wäre er ja wohl kaum 92 dort aufgetaucht und hätte danach gesucht. Zuleger wiederum war schon so weit in der Bundeswehr aufgestiegen, dass ihm seine – wenn auch total erfolglose – Stasivergangenheit das Genick gebrochen hätte. Mischka hatte das gleiche Interesse wie die beiden und profitierte an sich auch von der Vernichtung der Unterlagen – aber Mischka vernichtete nie etwas, das man vielleicht noch mal gegen jemanden benutzen könnte, zum Beispiel gegen Zuleger, alias «IM Teppichfliese», der eine erstaunliche Karriere gemacht hatte.

Mischka Wulff interessierte sich für die Unterlagen wegen der Vorfälle aus dem Jahr 1979, als er die etwas unglückliche Figur abgegeben hatte. Dann erzählte er mir aber noch, dass die «verdammten Faschisten» vom Sektor C auch von der Sache 1989 gewusst hätten, denn in den Unterlagen würde auch «Saara» erwähnt. Ich verstand nur Bahnhof. Warum er mir überhaupt davon erzählte, weiß ich nich, wahrscheinlich bloß, um anzugeben, was für ein Mordsmolli er immer noch war. Nur um das Gespräch am Laufen zu halten, sagte ich. «Buchstabier mal, Mischka, Sarah hinten mit h oder nach dem ersten a?»

«Keins von beiden», sagte er, «Saara, mit zwei a vorne und nirgends ein h.»

«Hä?», ich wusste nicht, was das nun wieder sollte, waren die zu doof in der Zone, um einen Vornamen richtig zu schreiben? Obwohl, sie schrieben ja auch Maik mit ai. Natürlich verriet er mir nicht, wer hinter dem Namen steckte, erst sehr viel später sollte ich rauskriegen, dass das Doppel-a in Saara seinen Sinn hatte. Mischka sah man die Erleichterung an, dass die Papiere jetzt bei ihm unter Verschluss lagen und Schreen und Zuleger ausm Spiel waren.

Was er nicht wusste und ich zu dem Zeitpunkt auch noch nicht, war, dass es noch andere Unterlagen über das Manöver 89 gab, die in der panikartigen Vernichtungsaktion in der Stasi-Zentrale 1990 übersehen wurden, auf geradezu wundersame Weise in den Westen gelangten und sich sieben Jahre später unter einer Schicht vergammelter Hühner in drei Tiefkühltruhen befanden.

Aber erst mal is das egal, in diesem Kapitel geht's ja eigentlich um Urlaub und nicht um die zwölf Kisten. Die ganzen neunziger Jahre sind Jutta und die Blagen allein bei Omma Ilse in Bad Sachsa geblieben. Für mich war Urlaub immer nur, dass sie weg waren, mehr brauchte ich nicht. Ich war ja durch meine Arbeit an der Straße schon ständig anner frischen Luft. Aber wenn du älter wirst und die Blagen so allmählich ausm Gröbsten raus sind, dann reift in einem Mann der Wunsch nach einem Wohnmobil, kannste im Grunde nix gegen machen.

DAS WOHNMOBIL

Ich hab von einem Wohnmobil geträumt, seit ich denken kann. Meine Jutta is eher der Ferienhaus-Typ. Was daraus geworden is, dazu später, ich kann nur so viel sagen: Vollkatastrophe! Aber Wohnmobil, das is 'ne andere Geschichte, da biste unabhängig, heute hier, morgen dort, Leben in der Natur usw. Ich hatte mir auch schon einen Spruch überlegt, den ich hinten auf mein Womo pinseln wollte: «Träume nicht dein Leben, lebe deinen Traum.» War mir selbst mal eingefallen, als ich aufm Lokus saß, da denkt man ja über vieles nach. Kann aber auch sein, dass ich den irgendwo gelesen hatte. Jedenfalls, unsere ersten Erfahrungen mit einem Wohnmobil kamen ja so, dass Jutta, wie gesagt, da nich so für war. Deshalb hab ich gesagt, komm, lass uns das wenigstens ausprobieren, wir leihen uns mal eins für einen Tagesausflug, dass wir beide mal ein Gefühl dafür kriegen.

Und so sind wir auf den «Fun and Living 2000» gekommen, das is der Integrierte von «Hobby», der Nachfolger vom «Fun and Living 1900», das war 'n Teilintegrierter mit Drei-viertel-Rundsitzgruppe, Querbett im Bug und Dinette neben die Tür. Wir, also meine Jutta und ich, wir wollten also los mit dem Fun and Living, einfach mal ins Blaue fahren. Wer jetzt den Fun and Living nich kennt, das Schöne an diese Serie is: hat abgetrennte Toilette, wenn auch bloß durch 'ne Falttür, aber das Auge riecht ja mit. Das is schon sehr intim, son Wohnmobil, und als Paar zu zweit da drin, da muss man sich schon mögen. Aber nach beinahe zwanzig Jahre Ehe hab ich zu Jutta gesagt: Komm, lass uns das Schicksal nich herausfordern. Für diese Probefahrt im Wohnmobil lass uns mal das Klo schön in Ruhe lassen. Man weiß ja auch nicht, wer da vorher drauf war und was der für Krankheiten hatte, is ja schließlich ein Mietfahrzeug. Oder andersrum, womit die das desinfiziert haben. Wenn das son aggressives Zeugs is, dass sich bis in die Darmflora vorkämpft, damit wäre einem ja auch nicht gedient.

Wir sind also erst los mit dem gemieteten Fun and Living, als wir beide schon zu Hause unser großes Geschäft hinter uns hatten. Nach Adam Riese wären wir dann also für gute vierundzwanzig Stunden damit durch und könnten das nächste Mal dann wieder zu Hause erledigen. Für klein würde ich einfach anne Straße, Jutta hinterm Gebüsch. Das war der Plan, und so ging's endlich los grob Richtung Sauerland. Jutta hatte sogar Kartoffelsalat gemacht und 'ne Packung Fertigfrikadellen ausm Angebot besorgt, die man kalt essen konnte. Da bräuchten wir also auch nicht die Dinette in dem Womo dreckig machen, denn ich hatte ohne Endreinigung gebucht, auch weil ich ja Jutta mithatte, wäre rausgeschmissenes Geld gewesen. Erst wollte der Fritze vom Wohnmobil-Verleih nicht, aber als ich ihm Stein und Bein geschworen habe, dass wir auch das Klo in Frieden lassen, hat er eingewilligt. So ging's dann nu wirklich los. Ich natürlich hinterm Steuer, dann kommt rechts von mir gut ein Meter lang nichts, und dann kommt Jutta. Man sitzt sich nich so aufer Pelle in einem Wohnmobil und hat mehr das Gefühl, man ist allein unterwegs, das ist das Schöne.

Und ist zwar nicht erlaubt – aber wo kein Kläger ist, da auch kein Richter –, die Frau kann auch während der Fahrt aufm Achterdeck bleiben, abspülen oder ratzen, dann is man ganz allein vorne und steuert den Tanker durch die Fluten, Kapitän der Landstraße haben se früher die Trucker genannt, das Gefühl hast du heute in einem Wohnmobil. Mit der Technik bin ich auch sofort super zurechtgekommen. Der dicke Fun and Living wird ja auf dem Fiat Ducato aufgebaut, und den kenn ich vonne Arbeit, damit fahren wir die kleineren Klamotten nache Baustelle hin und nehmen die abends wieder mit. Du glaubst ja gar nich, was an der Straße alles geklaut wird. Uns haben se im letzten Jahr zwei Motor-Japaner und den großen 70E weggeholt, das war der Letzte seiner Art, bevor Komatsu den Betrieb übernommen hat. Jedenfalls ich und der Ducato, das läuft, und nachn paar Kilometern aufe A 2 is Jutta schon in ihrem Sessel weggemuckert. Der 2000er hat ja zwei drehbare Pilotensitze vorne, is ja ein Vollintegrierter.

So schnurrten wir mit knapp hundert auf der Autobahn bis zur Abfahrt Rheda-Wiedenbrück, dort waren wir mit Zilinskis verabredet. Willi ist ein Arbeitskollege von mir, da hat sich regelrecht sone Art Freundschaft entwickelt, und er fährt auch einen Fun and Living, schon seit Jahren, und schwört darauf. Deswegen war ich überhaupt darauf gestoßen. Jedenfalls war der Treffpunkt natürlich nicht die Abfahrt selbst, sondern ein Supermarkt-Parkplatz nich weit weg, der Markt war ja zu am Sonntag. Auch Rückwärtsfahren und Parken usw. mit dem Riesenschiff war kein Problem, man is das ja nicht gewohnt. Willi Zilinski is ein ganz prima Kerl, fährt wie gesagt auch 'nen Fun and Living, allerdings noch den 1500er, Willi is in Frührente, muss den Pfennig zweimal umdrehen, seine Brigitte kann auch nich mehr putzen gehen, hat nur noch ein Bein. Aber Willi, der hält zu ihr, obwohl sie nichts mehr ranschafft, also Teile von seiner knappen Frührente mitverzehrt – ganz famoser Kerl, der Willi.

Wir also auf diesem Supermarkt-Parkplatz mit unseren zwei Fun and Livings, ich den dicken 2000er, Willi den alten 1500er, schönes Bild, hab ich auch gleich eins von gemacht mit Juttas Tchibo-Knipse, hatte ich ihr seinerzeit zum Vierzigsten geschenkt plus eine Schachtel *Mon Chérie*, jetzt nur der Vollständigkeit halber erwähnt und weil – hat ja nicht jeder aufm

Zettel –, weil *Mon Chérie* vom Ursprung her französisch ist und heißt «mein Liebling». Mit dem Geschenk war sozusagen zusätzlich eine Aussage verbunden, oder rein praktisch gesehen, man musste es nicht selber sagen. Mit einer Schachtel *Sieben-Länder-Mischung* wäre man da auf sehr dünnem Eis unterwegs, könnte ja als Reise-Versprechen gewertet werden – und dann wäre man der Dumme. Ich weiß auch gar nicht, ob es die überhaupt noch gibt. Was es noch gibt sind *Edle Tropfen in Nuss*, da wäre ich jetzt aber überfragt, was man damit sagen will.

Is auch egal, von unserem Ausflug mit Zilinskis wollte ich ja erzählen, wie gesagt: Willi, ein ganz prima Kerl. Es fing auch ganz normal an, um nicht zu sagen mit Ruhe vor dem Sturm. Willi hat sich total viel Mühe gegeben, um uns 'n schönen Tag zu bieten, er hatte extra einen von seinen Grills mitgebracht. Willi – kann man fast schon sagen – sammelt Grills. Da gibt's ja jede Menge verschiedene Technologien, angefangen mit dem Antrieb sozusagen: Holzkohle, Gas oder Elektro. Willi is da altdeutsch, er hat nur welche mit Holzkohle, und an dem Tag hatte er ein Wunderwerk der Technik mit, ein Grill mit Aktivbelüftung, da sitzt son kleines Batteriegebläse unten drin und pustet in die Flamme. Das hat, meine ich, sogar ein Ostdeutscher erfunden, Würstchen hatten die da ja wohl auch. Diesen Pustegrill hatte Willi auf seinem Campingtisch aufgebaut, ruck, zuck war er heiß, und Willi hat aufgelegt: Es gab Nacken, Cevapcici und natürlich Grillkrakauer, sogar Käsegriller hatte er für jeden einen, also für uns Männer jeden zwei, denn die Frauen sind zwar nicht direkt Vegetarier, aber knapp dran vorbei. Wenn die ein Nacken und eine Krakauer verputzt haben mit Salat ausm Eimer, den hatte Willi auch dabei, dann is bei denen schon Ende der Fahnenstange. Ich hab Jutta heimlich Zeichen gegeben, dass die unseren Kartoffelsalat und die Fertigfrikadellen schön im Wagen lassen sollte, war ja auch so genug da, und wir hätten andern Tag noch 'ne leckere Zwischenmahlzeit.

Ich kann ja schon einiges weghauen, aber wenn du Willi siehst, was der sich unter die Schwarte schiebt, frag nich nach Sonnenschein. Einmal Nacken mit Pusztasoße drüber, dann zwei Grillkrakauer an Salat, sag ich mal, und zum Schluss noch die beiden Käsegriller, allerdings pur ohne noch was dabei. Zum Absäuern hatte jeder zwei Pils verdrückt, wir mussten ja beide noch fahren, deshalb. Es wurde schon langsam halb fünf, und wir waren alle gut zufrieden. Willis Brigitte hatte sich schon in den 1500er verdrückt und hingelegt. Sie wird schnell müde, hat ja auch nur noch dies eine Bein, hängt da vielleicht mit zusammen.

Ich hatte gerade schon gesagt: So allmählich müssten wir uns wieder auf die Socken machen, ginge ja schon auf halb fünf zu, und wir wollten nicht in den Sonntagabend-Rückreiseverkehr kommen mit dem gemieteten Wagen, und wenn wir ihn vor sieben abgeben, kriegten wir noch 'n Zehner erstattet, da war ich natürlich scharf drauf. War ja auch son schönen Nachmittag, was will man den unnötig in die Länge ziehen. Jutta war schon aufgestanden und wollte gerade einsteigen, da stellte Willi die Frage, die den ganzen Ausflug kaputt gemacht hat, den ganzen Sonntag, ja ich würde sogar so weit gehen zu sagen, dass er unser Leben verändert hat. Mit Willi und Brigitte muss ich meiner Jutta seitdem jedenfalls nich mehr kommen. Gut, ich sehe Willi ja jeden Tag aufer Arbeit, wir tun dann immer so, als wäre nix passiert.

Ach so, was die Frage war! Willi fragte, ob er eben auf unser Klo dürfte, er müsste ganz dringend, und seine Brigitte wär schon am Schlafen und er wollte sie nicht wecken. Jutta wurde kreidebleich und stand da wie versteinert.

«Klar, kein Problem», sagte ich zu Willi, «du weißt ja, wo es is, gleicher Platz wie im 1500er.» Im Stillen hätte ich Willi in dem Moment am liebsten erwürgt und mich selbst auch. Wär ich Doofkopp bloß zwei Minuten früher losgefahren. Aber was hätte ich sagen sollen, kann man das einem Kumpel abschlagen, der sowieso schon vom Schicksal gebeutelt ist durch die einbeinige Frau? *Klar, kein Problem*, hab ich mich selber gehört und konnte es nicht glauben, das war die Stimme eines Fremden. Jedenfalls is Willi in unseren 2000er verschwunden, und dann hörten wir das Malheur schon: Stalinorgel im Porzellanladen und dazwischen das Gestöhne von Willi. Zehn Minuten später war er wieder an der Bildoberfläche, mit einem glücklichen Gesicht, als hätte Raquel Welch ihm einen von der Palme gewedelt. Lebt die überhaupt noch? Achtzig isse auf jeden Fall noch geworden.

Wir sind dann schweigend auseinandergegangen. Die ganze Rückfahrt beide Fenster auf, sonst hätteste es nich ausgehalten. Die zehn Euro Rückerstattung konnte ich mir inne Haare schmieren, denn wir mussten erst bei uns zu Haus vorbei, Jutta musste die Schweinerei hinten wegmachen und ich den Fäkalientank ausleeren und desinfizieren, bevor wir den Wagen zurückgeben konnten. Haben wir auch super hingekriegt, trotzdem hat der Fritze vom Verleih was gemerkt, denn der Hecht stand immer noch in der Kabine, obwohl die ganze Nacht das Fenster auf war. Hieß für mich, Endreinung, und zwar die große Hafenrundfahrt, achtundvierzig Euro extra löhnen. Diese Probefahrt mit einem Wohnmobil is gehörig in die Hose gegangen. Jutta hat dann die eingeschweißten Fertigfrikadellen an die Katze verfüttert, den Kartoffelsalat mochte se nich mal mehr dem Tier geben.

«Bring den doch wenigstens nache Tafel hin», hab ich ihr gesagt, wollte se aber auch nicht. Die Sachen, die se an dem Tag

anhatte, hat sie alle verbrannt, unter anderem ihre Lieblingsblu-
se. Mit dem Thema Wohnmobil musste Jutta nich mehr kommen.

DAS FERIENHAUS

Paar Jahre später, ich hatte die Enttäuschung mit dem Wohnmobil noch gar nich richtig verkraftet, kam meine Jutta auf 'nen
ganz komischen Stiefel. Ob wir uns nich 'nen Ferienhaus kaufen könnten, Poppedükers hätten auch eins und wären in einer
Tour am Schwärmen.

«Ferienhaus», sag ich, «Sauerland oder wie?» In das schäbbi-
ge Sauerland wollte Jutta nich, sie wollte nach Griechenland!

«Was! Griechenland, weißt du überhaupt, wo das liegt? Kurz
bevor's hinten links ab geht in den Irak oder wie das Manöver-
gelände da unten heißt. Griechenland! Die ham noch nich mal
unsere Schrift, das sind Vormenschen sind das, *die alten Griechen*, sagt man ja auch immer, die ham schon gelebt, als Unse
hier noch Menschenfresser waren und vom Baum runterschis-
sen, damit der Löwe sie nich überrascht. Nä, Jutta, Griechenland,
da kriegen mich keine zehn Pferde hin. Weißt du, wie man da
fährt, nach diesen Griechenland, gibt's von hier aus zwei Möglichkeiten: A7 runter über Seesen und wie das alle heißt, eine
Baustelle nache andere, oder A2 bis Sennestadt, dann auf A33
Richtung Paderborn, Kreuz Wünnenberg/Haaren, und vonne
A33 aufe A45, da kommst du das erste Mal ins Schwitzen. Links
geht's nach Kassel, rechts nach Dortmund. Was is jetzt mehr
Richtung Griechenland? Ja, schöner Mist auch, hat uns in Erd-
kunde keiner beigebracht, lernste sowieso nur Blödsinn: Welche
Hackfrüchte werden südlich der Sahara angebaut? Na, Süßkar-

toffeln, aber ob Kassel mehr Richtung Griechenland liegt oder Dortmund, muss ich raten. Mag ich übrigens nich diese Süßkartoffeln, gib's jetzt überall als Pommes, 'ne Schande so was», so hatte ich mich regelrecht in Rage geredet. Es is übrigens Kassel, was mehr in Richtung Griechenland liegt. Problem aber is weiter unten das Hattenbacher Dreieck, da kannste dich ganz leicht vertun. Aufe falsche Spur eingefädelt, zack, biste in Frankfurt. Weiter auf den Balkan bin ich jetzt persönlich noch gar nich vorgedrungen als bis Hattenbacher Dreieck, aber so viel weiß ich, dann kommt noch längst nich Griechenland, da liegt noch jede Menge Restjugoslawien zwischen, und keine Ahnung, ob die da überhaupt Sprit über 90 Oktan haben. Nä, hab ich zu Jutta gesagt: «Griechenland, das vergiss mal ganz schnell.»

Aber Sauerland wollte se partout nich, nur was, wo es auch im Winter warm is oder wenigstens nich dauernd regnet wie bei uns. Hab ich ihr 'n Vorschlag gemacht: Gucken wir uns mal beim Franzmann um, der is ja erstens nich so weit weg und auch näher mit uns verwandt über Karl den Großen und die vielen Kriege gegeneinander, da kommt unsereins besser mit zurecht. Jedenfalls is Jutta dann sofort los und hat sich erkundigt bei einer Freundin, die bei so 'nem Halsabschneider arbeitet, der vermittelt auch Ferienimmobilien in Ausland. Hab ich Jutta gesagt: Wenn deine Karin mal was hat, was sie unter der Hand uns zuschieben könnte, wäre ja schön. Dauert keine zwei Wochen, kamse mit dem Exposé an. «Haus im provencalischen Stil in der Nähe von Takatuka» oder was weiß ich, kann ich nich aussprechen denen ihre Städtenamen, «schön am Hang gelegen, wartet darauf, wachgeküsst zu werden». Nu hab ich's nich so mit dieser südländischen Knutscherei, aber sah ganz brauchbar aus, die Hütte, noch bisschen was zu tun, aber ich bin ja nich bange vor Arbeit. Hab ich jedenfalls was zu tun im Urlaub und muss nich mit Jutta die muffigen ausländischen Kirchen angucken. Jedenfalls fing das Elend an mit diesem Prospekt.

Drei Monate später hatten wir ein Ferienhaus in Frankreich, und das schöne Geld, das ich jahrelang in meiner Schatulle gebunkert hatte, war auch futschikato. Also, mir hätte auch Sauerland gereicht. Nich zu Haus is nich zu Haus, egal, wo, scheißiger wie bei sich isses überall, oder hab ich recht? Aber Jutta mit ihrem «wo es warm is im Winter». Ich sag mal so, dafür gibt's an sich Heizung. Aber ne, muss vonne Sonne kommen. Jedenfalls, so sind wir an das Ferienhaus in Südfrankreich gekommen. Das erste Mal, als wir hin sind, hatten wir die Blagen noch bei Oma Ilse und Tante Waltraut in Bad Sachsa abgeworfen. Unser Volker war elf und unser Melanie gerade acht geworden, kannste dir vorstellen, wie die das fanden, zwei Wochen Harz. Egal wir sind also los in Richtung Franzosenland.

Warste schon mal da unten? Machste dir kein Bild. Man denkt als Laie, is auch Europa, aber von wegen, die sind in tausend Jahre nich so weit wie wir allein von der Befestigungstechnologie. Da is ja sogar die Spaxschraube ein Fremdwort, nach Torx suchste dir die Augen wund – das is Frankreich. Schmeißte dich weg, und das mitten in Europa. Andere Frage? Weißte auch, wie du da hinkommst? Jaha, siehste! Fängt an mitte A2, is ja meist so, dann A1 Kamener Kreuz, musst du höllisch aufpassen, dass du nicht aus Versehen nach Holland fährst. Und geht immer weiter so, der ganze Schlamassel: Köln, den Rhein runter, dann was früher uns gehörte, das Emsland, nä, Elsass heißt es, an sich schöne Gegend, hätten wir da man 'nen Ferienhaus gekauft – kommste mit Deutsch überall durch. Aber weiter geht's, und da kommt der erste Nackenschlag: Autobahngebühren. Während der Franzmann bei uns gebührenfrei aufer Autobahn Rennen fährt, muss unsereins für Geld bei hundertdreißig rumzuckeln, manchmal noch weniger. Da packste dich doch annen Kopp. Den Rest der Strecke, na, da will ich mal lieber gar nix zu sagen. Der Ort, wo das Haus steht, nennt sich «Porös de la Mös» oder so ähnlich, kann ich mir nich merken, Jutta hat sich den Namen aufgeschrieben, dass wir da wieder hinfinden.

Das Haus selbst – was soll ich sagen –, da hat sich der Franzmann im Rahmen seiner Möglichkeiten selbst verwirklicht. Bei uns hätte man das einfach mitten Hanomag-Radlader, am besten gleich mit dem Dicken, den 70E, erledigt: Zwei-Minuten-Sache, und schon wär da ein 1-a-Bauplatz entstanden. Aber Froschi, der schläft lang, mittags is drei Stunden Pause, und abends hat er keine Lust. Deshalb steht da noch jede Menge alte Bausubstanz, was von Rechts wegen da nichts mehr zu suchen hat. Eins davon is unser. Einschaliges Mauerwerk und als Dachpfannen so mitten durchgeschnittene Steinhäger-Pullen. Von der Frankfurter Doppelfalz ist der Franzose noch Jahrhunderte entfernt. Innen die Fliesen, krumm und schief und dreihundert Jahre alt, da hab ich gleich beim zweiten Urlaub Schwimm-Estrich draufgekippt, dass die Höhle erst mal in Waage kommt. Und bei Fliesen-Willi dann 30 mal 30 Fliesen Abriebgruppe 5 bestellt, das sind die, die auch Aldi verwendet, kannste 'nen Motorblock drauf fallen lassen, siehst du nix. Farbe is Manhattan mit so Punkte, das guckt man sich nich leid. Die Fenster? Aus Holz! Kenn ich gar nich mehr. Hab ich günstige Schüco-Kunststofffenster aus einem Abrisshaus von uns mitgebracht. Gut, mussten auch andere Leibungen reingewämst werden in das alte Bruchsteingebilde.

Ich hatte nicht alles mit an Werkzeug, sagen wir mal den Schlagbohrmeißel für meinen Kompressor, den ich sonst immer mithabe, wenn ich ins Ausland fahr. Geh ich also in ein Geschäft von den Eingeborenen da unten. Die haben für ALLES, was sie so kennen, EINEN Laden, der nennt sich Hypermarché, da gibt's alles von zu fressen bis Klüngelkram für die Werkstatt. Aber man stelle sich vor: FÜNFZIG Meter Käsetheke und EIN winziges Regal mit Schrauben. Son Land hat doch keine Zukunft, würd ich jetzt mal behaupten. Und was die da alles an toten Fischen aufgebahrt hatten, teilweise kannte ich die noch nich mal ausm Aquarium, mit Köppe noch dran und Augen auch noch drin, fällt dir nix mehr zu ein, wie beie Naturvölker sieht das da bei denen aus im Superladen, und der war nich mal verpackt oder wenigstens eingeschweißt, der tote Fisch, stinkt da vor sich hin, der Kadaver, und glotzt einen an. Hab ich nach Montageschaum gesucht für die Schüco-Fenster, um sie in diesen Bruchsteinmauern festzukriegen: nix.

Durch Zufall hab ich dann erfahren, dass sechzig Kilometer weiter eine deutsche Baumarktkette aufgemacht hat. Gleich zu Jutta gesagt, komm, wir machen 'nen Ausflug. War das 'ne Enttäuschung: Alles voller Franzosen in dem Laden, kein Schwein sprach Deutsch, und vom Sortiment her gab's alles außer Tiernahrung, sag ich mal. Plastikgießkannen noch und nöcher, neunzig Prozent Gartengedöns, keine einzige Hilti, hatten von Kärcher bloß die für Mädchen. Hab ich nach Montageschaum gefragt, guckt der Franzose wie 'n Auto, dabei ist das Wort doch sogar teilweise französisch, versteht nicht mal seine eigene Sprache, aber Fische fressen wie 'ne Kegelrobbe. «Mousse d'assemblage» heißt Montageschaum übrigens auf Franzmannsprache, falls ihr mal Urlaub da macht, besser, man is vorbereitet. Ich jedenfalls hatte den Kaffee so was von gegessen schon nach paar Tage da unten, also hab ich zu Jutta gesagt: AUS, das nächste Mal nehmen wir den MKW vonne Firma, wenn wir wieder in diese Dritte Welt fahren, dann haben wir alles dabei, von der gebörtelten Dachrinne bis zu allen Beschlägen für Türen, Fenster, Schubladen, Lokusdeckel. Hast du schon mal einen französischen Türdrücker gesehen, muss für Rhesusaffen sein, oder was die da im Wald haben. Aber, ich hör auf, sonst fang ich noch an, über die Franzosen zu lästern, und das gehört sich ja nich unter Nato-Partnern, sag ich mal.

AIRE DE WASSERBILLIG

«Wasser quasi für lau, aber 'n anständiges Pils is für kein Geld der Welt zu kriegen, das nennt sich Ausland», hab ich sofort zu Jutta gesagt, als wir auf die Rastanlage von Wasserbillig abgebogen sind. Das is die letzte vor der deutschen Grenze, und ich bin ja extra über Luxemburg gefahren wegen noch mal günstig den Tank vollmachen. Ich sagte noch zu Jutta, sie soll ihre Limo schneller austrinken, dass ich in die leere Pulle auch noch was von dem günstigen Super einfüllen könnte. Ach, hab ich noch gar nich erwähnt, zu der Zeit fuhr ich einen VW Touran, den hatte Wolfsburg gerade 2003 aufn Markt geschmissen. Einen Minivan, daran siehste schon, wie scheißegal mir mittlerweile Autos waren. Seit der Jetta hab ich nichts mehr so richtig gefühlsmäßig an mich rangelassen.

Wir fahren also auf die Tanke rauf, und ich mach den Touran und die PET-Pulle voll. Da sagt Jutta, sie wolle «sicherheitshalber» noch mal auf Toilette. Also ich geh pissen, wenn ich muss. Gut, meinetwegen, aber wenn ich sowieso schon umparke, dann können wir uns auch hier was reinpfeifen, müssen wir nich extra noch mal wo halten, sagte ich. Inner Raste war zum Glück die Speisekarte auf deutsche Kunden vorbereitet, nach vierzehn Tage Schnecken und Würmer beim Franzmann war ich bedient und brauchte mal wieder was Richtiges zwischen die Kiemen. Ich also Schnitzel mit Pommes geordert und Jutta einen Salat. Als wir so am Verputzen waren, guck ich rüber an den Nebentisch und seh, wie einer Cola über seine Kartoffeln kippt und dann mitter Gabel alles zermantscht. Es gab nur einen Menschen auf der Welt – hoffte ich wenigstens –, der sich so was antut. Aber da seh ich schon, die Hoffnung irrte, denn die fette Alte neben ihm tat das Gleiche. Als er raffte, dass ich sie beide beobachtete, grinste er rüber und rief: «Babbisch Krumpa, des is a Schpezialiteet vonne Saar.» Und wie wir uns beide ansahen, fiel auch bei ihm der Groschen: «Lummer lo, de Schrare, de alde Krallemaacher.»

«Richtig erkannt», antwortete ich, «und bist Lurch, die Handtuch-Fotze.» Hätte er sich nich seinen Fraß zusammengemantscht, ich hätte ihn nich erkannt, so derart war der Lurch auseinandergegangen, der ging jetzt mehr in Richtung Geburtshelferkröte.

«De alde Dreckpupp dor hanna is de Mamma», sagte er noch. Ich hab ihm die Jutta vorgestellt, aber nich groß gefragt, ob die «Dreckpupp» jetzt seine Mutter oder Frau is. Omma oder Kaukasischer Owtscharka wär auch noch ’ne Möglichkeit gewesen.

Als wir fertig waren mit Essen, hat uns Lurch noch aufn Kaltgetränk zu sich nach Haus eingeladen, nich weit, zwanzig Minuten mitm Auto. Und ich, sparsam, wie ich bin, spekulierte auch schon auf eine Übernachtungsmöglichkeit, denn es war schon früher Abend, und ich fahr nich gern im Dunkeln. Gut, Jutta hat auch ’nen Lappen, ich lass sie auch fahren, aber daneben sitzen bring ich nicht zustande.

So durchn Gülletank gezogen Lurch und «de Dreckpupp» auch ausse Wäsche guckten, so picobello war die Ranch von den beiden. Nich unbedingt mein Geschmack, aber alles vom Feinsten: glasierte weiße Riemchenklinker, Dach mit dunkelblau engobierten Ziegeln, die Eingangstür Aluzarge brüniert, dazu passende Fenster und die Einfahrt mit indischem Granit ausgelegt. Doppelgarage elektrisch, und innen im Haus ging es so weiter: Marmorfliesen in Weiß, und solche Tapeten hatte ich überhaupt noch nich gesehen mit so goldene Strähnchen drin, Jutta kriegte den Mund gar nich wieder zu. Wo hatte Lurch bloß den Schotter her? Die ganze Butze war in sone Art Las-Vegas-Stil dekoriert. Das Härteste war aber, die beiden, also Lurch und Mamma, in dieser Umgebung zu sehen: wie wenn ein Rottweiler in ein Parfumgeschäft geschissen hat. Aber gastfreundlich waren sie wie 'ne 1, haben uns Kartoffeln mit Cola angeboten – sogar getrennt, jedes für sich –, und 'ne vernünftige Pilsette gab's auch. Nachdem wir alles abgehakt hatten, was jeder von uns die letzten fast fünfundzwanzig Jahre so getrieben hatte, erzählte ich Lurch, dass ich sein Bild in der Zeitung gesehen hätte, und zwar nicht bloß 1979 als zugepisste Handtuch-Fotze unter «Bedingt abwehrbereit», sondern noch mal 1989 auf dem Foto, wo er mit Blechfresse durch die DDR schleicht. Und da hab ich ihn mal direkt gefragt, was da eigentlich gelaufen is damals.

Von Mischka wusste ich schon, dass Zuleger als «IM Teppichfliese» bei der Stasi geführt wurde. Er war tatsächlich das, was man im Agentenjargon einen «Schläfer» nannte, nur war dieser hier nie aufgewacht. Von 1980 bis 89 hatte er genau null Informationen an die Stasi geliefert, hauptsächlich weil er zu blöd war, überhaupt welche zu erkennen. Aber ich ließ einfach mal Lurch erzählen.

LURCHS BERICHT

«1989 war mein letztes Jahr beim Bund, ich hatte fünfzehn Monate Wehrdienst plus die zwölf Jahre Zetti und die Schnauze gestrichen voll. Nich mal Uffz bin ich geworden, andere sind nach dieser halben Ewigkeit als Hauptfeld abgegangen und danach schön in den öffentlichen Dienst übernommen worden. Bei mir nix, warmer Händedruck und auf Wiedersehen.»

Da musste ich Lurch doch noch mal kurz an das unvorteilhafte Foto erinnern, das nach dem Nato-Manöver «Defensive Towel Issue» in bald jeder Zeitung abgedruckt wurde. Er konnte froh sein, dass er nich zehn Jahre um einen Raketensilo im Kreis latschen musste, sondern schön in der warmen Klopapier-Ausgabestelle vor sich hin gammeln durfte. Is auch egal, ich hab ihn weiterlabern lassen:

«Ich hatte mit dem Bund abgeschlossen, Mama hatte mir schon 'ne Stelle besorgt bei Ford in Saarlouis ...» Der zottelhaarige Owtscharka war also tatsächlich seine Mutter, interessant, wie alt man mit der Babbisch-Krumpa-Diät werden konnte.

«Mama hatte alles organisiert, und ich wollte bloß noch weg, Eisenbarth ging es genauso, der sehnte sich auch nach dem leckeren Essen bei uns zu Haus.»

Ich hab da mal in dem Moment nix zu gesagt, aber das Bild von den Ferkelaugen in Aspik wollte einfach nicht weggehen.

«Als ich schon am Packen war, kommt eine Nachricht von Hauptmann Zuleger. Der Knorpellutscher hatte es tatsächlich zum Offizier gebracht, jedenfalls hat der mich und Eisenbarth, wie er es nannte, *auf höheres Geheiß* für ein Sonderkommando angefordert. Irgendein Arsch hatte ausgerechnet das ‹Spezialkommando für abgesetzte Eliteeinheiten im Hinterland des Feindes› angefordert. Aber das stand doch nur als Tarnung in den Papieren, wir waren doch für nichts Komma null ausgebildet.»

Da musste ich Lurch recht geben, eine verschissenere Einheit gab's in der ganzen Schweinetruppe nicht. Also musste dieses «höhere Geheiß» außerhalb des Militärs existieren. Aber wieso kann ein Zivilunke einem Soldaten einen Befehl geben? Weil beide in Wahrheit einer ganz anderen Organisation dienen, und da taucht in dem Spiel «IM Saara» auf. Davon hatte Lurch natürlich keine Ahnung, und ich hab ihm auch nichts gesteckt.

«Mir war's im Grunde scheißegal, wo ich meine letzten Tage beim Bund abhänge, also bin ich dem Befehl gefolgt und hab mich morgens um fünf Uhr fünfundvierzig vor dem Kompaniegebäude eingefunden. Hauptmann Zuleger wartete schon im Mercedes 250 G Wolf auf uns beide. Wir erhielten als Erstes unsere Einsatznamen, mit denen wir uns direkt und über Funk melden sollten, außerdem sammelte er unsere Hundemarken ein. Ich hieß ab jetzt ‹Kakerlake›, und Eisenbarth war ‹Bettwanze›, Zuleger selbst hieß ‹Säbelzahntiger›, er hatte sich die Tarnnamen ausgedacht. So brummten wir drei im Wolf über die A2 Richtung Helmstedt und waren nach 'ner guten Stunde am Grenzübergang Marienborn. Da war die Hölle los, uns kamen jede Menge Trabbis entgegen, und laufend haben uns irgendwelche Ommas Bananen in die Hand gedrückt.»

Dann erzählte er weiter, wie Zuleger sie über die Grenze in die DDR gelotst hatte, war wohl keine große Attacke, außer dass ihnen alle Entgegenkommer 'nen Vogel gezeigt hatten. Zuleger hat ihnen nicht verraten, um was es bei dem Sonderkommando eigentlich ging, sie sollten nur immer «weiter in Feindesland vordringen», und falls ihnen 'n Ossi «krumm käme», sollten sie «keine Gefangenen» machen.

«War mir nicht klar, wozu: Siebzehn Millionen Ossis dringen nach Westen vor, und wir sollten die aufhalten, zwei Hauptgefreite mit 'nem Fünf-Kilo-Schein und ein Idiot mit Karbid im Arsch. Jedenfalls hatte ich keinen Bock, hier keine Gefangenen zu machen, das war zwar noch offiziell DDR, aber irgendwie auch Deutschland, und wer weiß, ob einem da nicht später ein Strick draus gedreht worden wäre, wenn wir hier Leute abgeknallt hätten. Zuleger war aber ganz heiß und guckte dauernd durch sein Glas, ob nicht irgendwo ein Zoni auf der Lichtung äst, den man einen auf die Schwarte brennen könnte.»

Ich war ein bisschen überrascht, wie sich Lurch ausdrückte, der war offenbar gar nich so doof, wie ich immer dachte. Da hat man bei so Dialekt-Willis, die Ferkelaugen in Glibber fressen, ja oft seine Vorurteile. Jedenfalls hat Lurch jetzt beim Erzählen – ich würd mal sagen – sogar richtig verständliches Deutsch gesprochen.

«Wir sind dann stundenlang marschiert, immer weiter ins Feindesland rein, aber die ganze Zone war wie ausgestorben, waren wohl alle zum Bananenfassen in den Westen abgehauen. Zuleger wurde immer nervöser, und Eisenbarth und ich hatten schon Angst, dass er uns abknallen würde, wenn er sonst nix vor die Flinte kriegte.»

Auch weil Jutta dabei war und schon die Augen verdrehte, musste ich Lurch etwas antreiben. «Sag mal, Lurch, wie weit seid ihr denn vorgedrungen in die DDR?»

«Wir waren schon bis Todesleben gelatscht ohne Feindkontakt, auch dieses Kaff total ausgestorben, überall lagen weggeworfene Bananenschalen rum, man musste Angst haben, sich auf die Klappe zu legen. Plötzlich tauchte son ostdeutscher Giftzwerg aus dem Gebüsch auf mit Fernglas um den Hals, und Zuleger riss sofort sein G3 hoch. Normal hätte er geschrien: ‹Kommanie legt an das Gewääääääh›, aber erstens war seine Truppe nur zu zweit, und andererseits wollte er sich selbst die Trophäe holen. Aber da schrie ihn der Giftzwerg an: ‹IM Teppichfliese, nehmen Sie gefälligst sofort die Waffe runter.› Nicht nur Zuleger, auch wir waren etwas geplättet, aber der stand da wie versteinert. Der Zwerg redete weiter: ‹Ich bin Major im Wachregiment *Feliks Dzierzynski*, und Sie, Herr Hauptmann, unterstehen ab sofort meinem Befehl.› Eisenbarth und ich warteten darauf, dass Zuleger die Ratte endlich abknallen würde, aber nichts da, der Idiot schlug die Hacken zusammen und schrie: ‹Jawoll, Genosse Major.› War Zuleger wirklich so blöd, dass er vor dem Feind kuschte, bloß weil der einen Dienstgrad höher war als er? Zuzutrauen wär's ihm.»

Ich musste Lurch zustimmen, der Typ war wirklich so unendlich dämlich, da machste dir keinen Begriff von, dem mussteste bloß zwei Schultern mit Pickeln drauf zeigen, und schon knallt er die Hacken zusammen. Aber ich wollte Lurch nicht unterbrechen:

«Der angebliche Major befahl Eisenbarth und mich mit Knarre in Vorhalte, neben dem Ortsschild von Todesleben Aufstellung zu nehmen und grimmig ausse Wäsche zu gucken. Das klappte auch ganz gut, denn während der Aufnahme is Eisenbarth ein nasser Furz mit Land abgegangen, und ich hab das entsprechende Gesicht gezogen. Der ‹Major› is dann abgerauscht und hat ‹IM Teppichfliese› noch den Auftrag mitgegeben, uns die Hundemarken wieder umzuhängen und dann abzuknallen, und zwar mitten im Ort, wo man uns sofort findet. Wahrscheinlich aus reiner Böswilligkeit hat er uns die Meldung vorgelesen, die er für die Presse schon vorbereitet hatte: *Major Gernot Kiesling vom Wachregiment Feliks Dzierzynski gelang es am gestrigen Nachmittag, zwei Soldaten der sogenannten BRD, die in das Staatsgebiet der Deutschen Demokratischen Republik eingedrungen waren, durch beherzten Todesschuss dingfest zu machen. Bei den Eindringlingen handelte es sich um zwei Elite-Soldaten der sogenannten El-Paso-Einheit, die speziell für den Einsatz hinter den Linien ausgebildet wurde. Einer der Eindring-*

linge konnte fliehen und hat wahrscheinlich die zahlreichen anderen Elitekämpfer zum Rückzug aufgefordert. Durch diesen eklatanten Vertrauensbruch dürfte das Kapitel Wiedervereinigung endgültig erledigt sein.»

Ich hab Lurch nicht gefragt, wie er sich den exakten Wortlaut über all die Jahre hat merken können, aber ich hab mal gelesen, dass Menschen in Situationen voll Todesangst alles mit fotografischer Genauigkeit aufnehmen. Da Lurch offensichtlich noch lebte, muss die Geschichte anders weitergegangen sein. Genauso war's auch. Lurch erzählte weiter.

«*Bettwanze und Kakerlake Schtieehschtannnd!* – Zuleger war wieder zu sich gekommen und brüllte seine Befehle. Doch einer, der vor einem NVA-Major kuschte, hatte seine Autorität total verloren. Eisenbarth sagte nur: ‹Macht, was ihr wollt, ich geh scheißen›, und seitdem hab ich ihn nie wiedergesehen.»

Ich musste daran denken, wie wir – also ich mit Jutta und den Blagen – mal bei einem Ausflug zufällig das Haus von Eisenbarth entdeckt hatten, so eins von Mischkas Offiziersheimen, in dem wir auch wohnten, hab ich schon erzählt. «Don't shit where you live», lautet ja dieser neumodische Werbespruch, der in Sachsen-Anhalt an der Autobahn steht, aber umgekehrt scheint das nicht zu gelten, jedenfalls nicht für Eisenbarth. Wie und weshalb er an eines von Mischkas geklauten Häusern gekommen ist, hab ich nie rausgekriegt, aber vielleicht ist alles nur Zufall, und er hat da eingeheiratet. Dafür, dass er an dem Unternehmen «IM Teppichfliese» mehr als körperlich beteiligt gewesen wäre, fehlte ihm der Ehrgeiz und der Grips. Lurch musste mir aber noch den Rest der Geschichte erzählen:

«Ich hab Zuleger auch nicht mehr für voll genommen und war nicht in der Lage, groß weiter zu latschen, also hab ich ihm vorgeschlagen, dass wir uns die Hoheitsabzeichen vom Ärmel reißen und per Anhalter zurück in den Westen abhauen. Zuleger war einverstanden unter der Bedingung, dass ich auf Nachfrage sagen würde, er hätte Eisenbarth, wie befohlen, abgeknallt. Hat mich aber keiner gefragt. Als wir nach Stunden auf dem Rücksitz eines Polski-Fiats endlich am Grenzübergang Helmstedt ankamen, wartete schon der MAD auf uns. Den Militär-Schlapphüten war es gelungen, eine Meldung der Nachrichtenagentur Reuters abzufangen, die sie in helle Aufregung versetzt hatte. Der MAD konnte die Weiterverbreitung gerade noch verhindern. Ich kannte die Meldung natürlich schon, und Zuleger hatte sie auch gehört.

Und jetzt kam eine Nummer, die im Sprichwort von dem blinden Huhn und dem Korn alle Ehre macht», Lurch schüttelte den Kopf: «Zuleger muss seinen ganzen Restgrips zusammengefegt haben, denn er erinnerte sich anscheinend, dass in der Meldung, die der Ost-Major vorgelesen hatte, von zwei Toten und einem Rückkehrer die Rede war, der MAD also hier am Grenzübergang nur mit einem und nicht mit zwei Figuren rechnete. Und da hat er blitzschnell geschaltet und gesagt: «Hauptmann Zuleger meldet sich zur Stelle. Habe diesen Hauptgefreiten mit zwei anderen beim illegalen Übertritt in die DDR verfolgt. Zwei sind erschossen worden, diesen hier habe ich ordnungsgemäß zurückgeholt.»

Lurch war immer noch erregt, als er die Nummer von dem Kameradenschwein Zuleger erzählte. Für den MAD schien die Sache erledigt, gerade noch mal gut gegangen. Aufgrund dieser dreisten Lüge ist Zuleger später zum Oberstleutnant befördert worden, muss man sich mal vorstellen. Lurch war allerdings auch nich leer ausgegangen. Damit er die Schnauze hielt, hatten sie ihm die hässliche Prunk-Butze aus requiriertem Bundesvermögen überlassen. Sie hatte früher, erzählte er, dem Ramsch-

Millionär Werner Metzen gehört, der wegen Steuerschulden nach Spanien abgetaucht war. Der Name «Metzen» is mir später im Zusammenhang mit dieser Geschichte noch einmal begegnet.

Was mir Lurch aber auch nicht erklären konnte, war, was der ganze Scheiß überhaupt sollte. Wieso latschen drei Bundeswehrsoldaten in die sich langsam auflösende DDR rein? Wer war dieser ominöse Auftraggeber namens «höheres Geheiß»?

Die Überraschung erschien drei Tage nach den Ereignissen in fast allen bundesdeutschen Tageszeitungen und abends in der Tagesschau, und daran kann ich mich sehr gut erinnern. Ich seh mich noch allein aufm Kotten von Oma Brenninkmeier sitzen: Ich betrachtete ein Foto mit den beiden BW-Trotteln, angeblich zufällig geschossen von einem Vogelkundler in der Nähe von Todesleben.

Der Kommentator der Tagesschau sagte, durch diese militärische Attacke auf die Souveränität der DDR sei die Wiedervereinigung wohl vorerst vom Tisch. Da hätte er beinahe recht behalten, denn in der Glotze damals zeigten se, wie die DDR von den Toten wieder aufwachte und eine Generalmobilmachung vorbereitete. Irgendjemand musste genau diese Reaktion vorhergesehen und geplant haben. Das geheime Unternehmen «auf höheres Geheiß» mit den «Elitesoldaten» Bettwanze, Kakerlake und Säbelzahntiger war also gar nicht gescheitert, sondern planmäßig abgelaufen. Zum Glück war das Ergebnis dann aber doch ein anderes.

Jutta und ich haben uns bei Lurch und dem Owtscharka für die Gastfreundschaft bedankt, schließlich hatten sie uns ein Gästezimmer angeboten, und am anderen Morgen sind wir früh losgefahren. Auf der Rückfahrt hab ich noch lange über IM Saara nachgedacht, allmählich schwante mir etwas.

DEM KOMPLOTT AUF DER SPUR,
DER LÖSUNG GANZ NAH

IM ALLGEMEINEN WIE IMMER

Weil wir's ja nun schon mal hatten, sind wir meist im Herbst und im Frühjahr für zwei Wochen in unser Haus nach Frankreich gefahren. An sich immer mit dem MKW vonner Stru-WAG, denn es musste ja dauernd was mitgenommen werden, der Franzose, der hat ja rein gar nix. Versuch du mal, da unten vernünftige Glasfasertapeten zu kriegen und dazu einen Kleber, der auf diesem mittelalterlichen Gemäuer aus Ziegenscheiße auch hält. Ich hatte also die zwei Wochen immer gut zu tun da unten. Was sollte ich da auch sonst machen? Gut, ab und zu bin ich mit Jutta an sonen Fluss gefahren, aber glaub man nich, dass du da mit dem Pkw bis unten ans Wasser rankommst wie bei uns an den Baggersee. Nichts is erschlossen in dem ganzen Gebiet, die Flüsse nich reguliert, die Natur macht, wasse will. Nä, da war ich froh, dass ich in der windschiefen Hütte was zu muckeln hatte. Jutta is mit die Blagen ab und zu baden gefahren, ich hab lieber dreiadrige Litze unter Putz verlegt. Meist war ich froh, wenn wir wieder raus waren aus Franzosenland, dann bin ich gleich hinter der Grenze in einen Baumarkt gefahren, um mal durchzuatmen und was Normales um mich zu sehen.

Bei unseren Fahrten von und nach Frankreich haben wir auch mal wieder bei Lurch haltgemacht. Mamma, der alte Zottel, is 2004 in die ewigen Jagdgründe abgewandert, und Lurch hat sich eine aussen Katalog kommen lassen, genau wie er keine Schönheit – auf jeden Pott passt 'n Deckel.

Unser Volker war zu der Zeit schon konfirmiert und wollte nich mehr hin, unsere Melanie nur, wenn eine ihrer Freundinnen mitdurfte. Einmal haben uns Zilinskis sogar da unten mit ihrem 1500er Fun and Living besucht. Willi hatte noch nich «Bongschuur» gesagt, da brach es schon raus aus Jutta: «Unsere Toilette ist verstopft, wir gehen da selber nicht hin.» – «Schade», sagte Willi, «sonst hätte ich gefragt, ob ich mal bei euch, weil Brigitte is so geruchsempfindlich.»

Da musste ich meine Jutta direkt mal loben für so viel Verstand. Ich hatte Willi längst in Verdacht als Gewohnheitsfremdscheißer, ich kenne diese Typen, die grundsätzlich, wenn sie irgendwo hinkommen, als Erstes in der fremden Toilette verschwinden. Das muss so 'ne Art Markierverhalten sein wie bei pissenden Rüden. Außer Zilinskis war noch keiner mit unten. Juttas Mutter und ihre Schwester im Harz hatten immer noch die Ingeburg und konnten nich weg inner Saison, sagtense, aber da kam schon lange keiner mehr vorbei. Und mit Oma Hildegard, meiner Mutter, isses immer schlimmer geworden, seit in diesen Frühling ihr Bratkartoffel-Stecher Hinke-Paul auch das Irdische gesegnet hatte. Im Juni mussten wir se nache Residenz weggeben, ging nich mehr. In dem alten Fliesencenter, meinem Elternhaus, wohnten dann die überscharfe Kerstin und der Dragomir allein, die obere Wohnung stand leer.

Im März hatte Lisbeth den Unfall in ihrer Fettkombüse, musste ins Krankenhaus und dann inne Reha. In der Zeit war «Das Strachwitz» geschlossen, war uns eigentlich auch egal, mit dem alten Bräustübchen hatte es sowieso nicht mehr viel zu tun. Kruballa meinte, ob wir alten Kumpels nicht die Bude pachten sollten und da wieder 'ne ganz normale Kneipe draus machen ohne Wedges und stilles Wasser. Das schlug ausgerechnet Kruballa vor, der Halb-Veganer und Fischpissesäufer. Er meinte, wir könnten uns ja mit dem Thekendienst ablösen, und «die Frauen» machten die Küche. Vielen Dank auch, erstens waren Svenni und ich die Einzigen mit «die Frauen», und zweitens würden die uns für sone Idee ganz schön den Mittelfinger zeigen. Nichts is schlimmer, als wenn der Gast sich in den Wirt verwandelt. Und wie oft wollten wir unseren Sturm-und-Drang-Jahren noch nachweinen? Es is, wies is, unsere Zeit is abgelaufen, Männer.

DIE VIER VERWALTER

Aber dann hab ich mich doch noch breitschlagen lassen. Der Kompromiss hieß, wir «verwalten» die Kneipe so lange, bis Lisbeth ausser Reha wieder da is, kann ja nich ewig dauern, so lange zahlt die Kasse ja heutzutage nicht mehr. Dieses neumodische Schild «Das Strachwitz» haben wir abgeschraubt, und siehe da, das alte «Bräustübchen» kam wieder zum Vorschein, die Speisenkarten mit den Wedges und Chicken-Nuggets haben wir abgeräumt und einmal die Woche Lubetten vom Schlachter geholt, die hießen jetzt auch offiziell «Lubetten», in Gedenken an «Bisleth», obwohl sie natürlich noch lebte. Um unsere Entscheidung zu begießen und alles Weitere zu planen, haben wir das Bräustübchen erst mal ganz für uns allein reserviert. Is schon komisch, wie einem eine Kneipe so ans Herz wachsen kann.

Wir waren alle ruhiger geworden, sogar Zuckmeier hatte sich wieder etwas gefangen. Er wohnte zur Miete in einem Betonsilo aus den Siebzigern und fuhr zweimal die Woche Schweine von Vechta nach Norditalien. «Besser als Busfahrer», sagte er immer, «für meine Kunden muss ich nich dauernd anhalten zum Pissen, und da bin ich mein eigener Herr.» Jeder redet sich ja seinen Job schön, sonst käm er damit gar nicht zurecht.

Da saßen wir also wieder, Kruballa, der Lange, Zuckmeier und ich, wie vor zwanzig Jahren. Kruballa kriegte allmählich 'ne Plätte und rasierte sich deshalb den Schädel, und der Lange schob einen Spitzbauch vor sich her. Diese Form kannte ich nur von alten Zeichnungen von Wilhelm Busch. «Hose mangels Arsch zu verkaufen», nannte man früher diese Körperform von hinten. Zuckmeier und ich sahen insgesamt aus, wie Männer Mitte vierzig eben so aussehen, die Haare werden schon etwas grau, die Wampe bildet sich nich mehr zurück im Sommer, aber beide waren wir immer noch in der Lage, jedem zwanzig Jahre jüngeren die Fresse zu polieren, und darum ging es ja auch hauptsächlich.

Wenn vier Kumpels von früher nach so langer Zeit wieder zusammen an der Theke sitzen, dann kommen todsicher die alten Geschichten wieder ans Licht, die man sich gegenseitig schon zigmal erzählt hat. Was an sich keine Rolle mehr spielt, sind große Pläne für gemeinsame Unternehmungen, nich mal mehr, dass einer sagt: «Lass uns demnächst wieder zusammen innen Puff fahren.» Früher sagte das immer einer, wenn der Lange kurz zum Pissen weg war. Wir sind allerdings nie zusammen im Puff gewesen, ob einer alleine, weiß ich nich. Das höchste der Gefühle war die Fahrt zum Brokser Heiratsmarkt, als wir die drei «gebärfreudigen» Tanten aufgerissen hatten, obwohl die von Kruballa schon über fünfzig war, aber wie sagte Sven als Profi damals immer: «Der Alkohol treibt ihn rein.» Wir hangelten uns von einer alten Schote zur nächsten, aber so richtig kam keine Stimmung auf, kann auch sein wegen Bier ausser Pulle statt amtlich ausm Hahn.

Muss schon nach zehn gewesen sein, als wir bei der Geschichte mit den «Saurierklöten» in Lisbeths Gefriertruhen angekommen waren, und wie wir uns diese Räuberpistole rund um den «Halb-Fidschi» Ronny Nguyen zusammenphantasiert hatten, von der nichts wie heiße Luft übrig geblieben ist. Als wir die Story von allen Seiten noch mal durchgekaut hatten, stellte, ich glaub, es war Zuckmeier, die Frage: «Was is eigentlich mit den zwölf Kisten passiert, die unter den toten Hühnern lagen?»

«Keinen Schimmer», antwortete Kruballa sofort, «sind die nicht mit den Gefriertruhen abgeholt worden von diesem, wie hieß er noch?»

«Murat», sagte ich, «der hat sie mit meinem MKW abgeholt. Ich weiß noch, wie Mischka Wulff Stunk gemacht hat, weil Murat die Truhen auf seinem Bauhof abladen wollte.» Tatsächlich erinnerte ich mich noch sehr genau an die Szene, denn es war schließlich mein MKW, und als ich ihn mir kurz ausleihen wollte, standen da noch Lisbeths zugemüllte Truhen drauf, ich dachte: Werden wir die denn nie mehr los? Es kam dann zum Streit zwischen Murat und Mischka, bei dem Murat immer wieder sagte: «Isse Befähl dirett vonne Schäffe.» Schließlich is Mischka verschwunden, um den Alten anzurufen. Als er zurückkam, schrie er Murat an: «Abladen und aufmachen die Truhen, dawei, dawei.»

Als ich das hörte, hab ich die Beine in die Hand genommen, ich wusste ja, was da drin war. Der arme Murat wurde dazu verdonnert, die Truhen auszuräumen. Danach haben sich alle bei der StruWAG geweigert, näher als auf zehn Meter mit ihm zusammenzuarbeiten. Wo die Hühnerleichen geblieben sind, weiß ich nicht, wahrscheinlich nach der guten alten Mafiamethode unter irgendeiner Betonschicht verschwunden. Die zwölf Kassetten waren natürlich nich dabei, denn keine halbe Stunde später kam der Alte selbst aufm Bauhof und hat sich mit Mischka gefetzt. Ich hab nur gehört, wie er dauernd rief: «Die müssen da drin sein, Schröder zieht mir die Hammelbeine lang.»

«Was denn fürn Schröder, etwa der, der hier anner Wand hängt?», fragte Kruballa und zeigte auf das Foto mit dem Autogramm vom Bundeskanzler – oder genauer «ehemaligen», denn das war er seit einem Jahr nicht mehr. Schröders gab es ja so viele, was hätte DER Schröder denn 1999 vom Alten gewollt? Ich wusste allerdings, dass die beiden befreundet waren. Schröder hatte dem Alten die Kontakte vermittelt in die Länder, welche aus der ehemaligen Sowjetunion entstanden sind. Seitdem teerte sich der Alte langsam, aber effektiv vor in Richtung Mongolei. Die ganze Szenerie an diesem kalten Dezembertag stand mir jetzt deutlich vor Augen, oder sollte man besser sagen, vor der Nase. Damals war ich in Urlaub, zusammen mit den anderen wollte ich den verwarzten Saal von Lisbeth für ihren Geburtstag und die Jahrtausendwende vorbereiten. Und da wurde ich Zeuge dieser Szene zwischen Mischka und dem Alten. Und jetzt, als ich das alles wieder vor mir sah, wusste ich auch, wo die Kassetten damals geblieben waren.

ZWÖLF KASSETTEN

«Die hat Lisbeth doch sauber gemacht, und wir haben die in ihre Rumpelkammer gebracht, das waren an sich schöne Metallkassetten.»

«Und warum haben wir da nicht reingeguckt?», fragte Zuckmeier.

«Haben wir doch, waren nur Papiere drin, kein Geld, kein Schmuck kein Stoff, kein Garnix, hat uns also nicht weiter interessiert», antwortete ich. Während ich das sagte, war Kruballa schon in Lisbeths Rumpelkammer verschwunden und kam mit zwei verstaubten Kassetten zurück.

Ich machte die erste auf und guckte in mein eigenes Gesicht von vor siebenundzwanzig Jahren: Pickel in der Fresse, blöde am

Grinsen und grünes Barrett auf der Birne, konnte man auf dem Bild allerdings nicht erkennen, denn es war schwarzweiß. Ich wusste es aber, denn es war das Bild aus meinem Wehrpass. Als Kopie klebte es auf einem Bogen mit dem Aktenzeichen «BW79 pipapo Abschuss Nato intern». Die anderen lachten sich kaputt über mein dösiges Gesicht, bis schließlich einer fragte, wie denn mein Foto in die Kassette gekommen ist. Das wurde mir klar, als ich die Überschrift auf dem Papierbogen las: «Ministerium für Staatssicherheit». Es wunderte mich nicht wirklich, dass die Stasi unsere «Nato-interne» Schießübung dokumentiert hatte. Aus den Abhörunterlagen, die Stabsfeldwebel Schreen 1992 auf dem Stöberhai gesucht hatte, wusste ich ja schon, dass die Stasi im Bilde war. Mischka Wulff hatte die Akten damals abgeräumt. Wie es aussah, waren dies die Originale aus der Normannenstraße. Bevor ich weiter in den Kassetten wühlen konnte, musste ich den anderen dreien die ganze Story von 1979 erzählen. Zuckmeier und der Lange als Ungediente verstanden nur die Hälfte und geilten sich hauptsächlich an dem Wort «Handtuch-Fotzen» auf, für Kruballa und mich war es eine ganz normale Bezeichnung für die Soldaten in der StOV. Es muss schon nach Mitternacht gewesen sei, als ich mit der Geschichte fertig war, wir waren alle vier ziemlich breit und haben uns auf den nächsten Abend vertagt.

Es war 'nen bisschen wie Schrottwichteln, als wir einen Tag später die zweite Kassette aufmachten. Wir hatten uns schon auf die nächste interessante Enthüllung gefreut, war aber nicht. Alles voller Papiere in kyrillischer Schrift, die keiner von uns lesen konnte. Die Kassetten drei und vier waren ebenfalls langweilig. Erst in Nummer fünf wurde es interessanter: Fotos von ratten-scharfen Weibern, die Jungs kriegten Stielaugen wien Frosch mit nem Kompressorschlauch im Arsch. Als wir alle so durch-guckten, fiel mir ein bekannter Name auf: «IM Trixi, Dorothea

Kaminski». Sieh mal einer an, für die hatte Schreen den Papst an den Teufel verraten. Ich sagte den anderen aber nichts, weil ich keine Lust hatte, mir noch mal das Maul fusselig zu reden wie den Abend vorher. Ich interessierte mich nicht dafür, was in den Kassetten war, sondern wie und wieso zum Teufel das ganze Geheimmaterial bis hierhin ins Bräustübchen gekommen ist.

Dann machte Kruballa plötzlich Kassette Nummer sieben auf: «Guck mal, die fette Visage kennen wir doch, das ist Werner Metzen.» Die Kassette enthielt neben einem Prospekt über die Metzen-Märkte Quittungen und Lieferscheine über alles Mögliche: fünfhundert lange Unterhosen, feldgrau, zwei Paletten Gasmasken Guttapercha, dreißig Kilo Wollstrümpfe, 10 000 Schuss Manövermunition usw., alles Klamotten aus ehemaligen NVA-Beständen. Ich erinnerte mich an die wilden Jahre nach der Wende, da war Werner Metzen eine große Nummer. Er hatte in zig Städten seine Metzen-Märkte eröffnet mit dem Werbespruch «Teures – billig», damit war er mehrfacher Millionär geworden und hatte sogar mal eine Millionen D-Mark Kopfgeld für eine Frau ausgesetzt, die ihn heiraten täte, aber soweit ich weiß, hat sich keine gefunden. In seinen Ramschläden hatte er allen möglichen Scheiß verhökert, Hauptsache billig, direkt nach der Wende eben auch viele NVA-Klamotten. 1996 hat er das Unternehmen allerdings an die Wand gefahren und ist ein Jahr später in Spanien auf etwas seltsame Weise abgenippelt.

Das war jetzt 'ne Denksportaufgabe, wie die Quittungen vom Ramschkönig wohl in die Stasi-Kassetten gekommen sind. Dazu brauchte man aber einen klaren Kopf und nicht das blöde Gelaber von Zuckmeier und dem Langen als Begleitmusik. Also hab ich mich mit Kruballa nächsten Vormittag, es war ein Sonntag, bei mir zu Haus aufer Terrasse getroffen. Ursel war mit, und die beiden Frauen haben sich ins Wohnzimmer verkrümelt.

Es war der «messerscharfe» Kruballa, der auf die einzig mögliche Lösung des Rätsels kam. Eins war sofort klar: Die Quittungen hatte nicht die Stasi in die Kassette gelegt, denn zu der Zeit, als Metzen die Unterhosen-Vorräte der DDR aufkaufte, gab's die Staatssicherheit der DDR schon gar nicht mehr. Ich hab es noch mal sicherheitshalber nachgeguckt: Am 15. Januar 1990 haben Bürger der DDR die Stasi-Zentrale an der Normannenstraße in Ostberlin gestürmt, um zu verhindern, dass die Schergen ihre belastenden Unterlagen vernichten. Höchstwahrscheinlich haben da auch einige Bürger was mitgehen lassen, vielleicht auch nur, weil sie die Metallkassetten so schön fanden. Zusammen mit einem Haufen anderem NVA-Gedöns muss Metzen dann die Kassetten von einem Hehler gekauft haben. In den ersten Monaten nach dem Ende der DDR is ja mehr geklaut worden als in den zweitausend Jahren deutscher Geschichte vorher. Jedenfalls kamen die Büchsen auf diesem Weg in den Westen und landeten wahrscheinlich in irgendeinem der vielen Metzen-Märkte, und reingeguckt hat nie einer bis auf den einen Metzen-Mitarbeiter, der mal eine Schatulle für seine Quittungen brauchte und, nehm ich mal an, die Unterlagen darin einfach weggeworfen hat. So weit war der Weg der Kassetten in den Westen schon mal geklärt, aber die fünf Jahre zwischen Metzen und «Murat schob sie unter die Hühner» waren weiterhin rätselhaft.

Im Moment interessierte uns mehr der Inhalt, und weil Zuckmeier es endlich geschafft hatte, die Zapfanlage in Wallung zu bringen, endete der Montag – nach den ersten zehn weggeschütteten Gläsern – noch mit einem feuchtfröhlichen Abend. Interessant wurde es erst wieder bei Kassette elf, dort war von «IM Saara» die Rede. Der Name war mir ja Jahre vorher schon mal begegnet, und ich ahnte damals schon ungefähr, um was es ging.

Die Schreibweise mit Doppel-a wies tatsächlich auf das Saarland hin. Auf diesen Seiten hieß es, dass man mit Hilfe von IM Saara einen fingierten Einmarsch der Bundeswehr in die DDR plante, um den «Anschluss» an die BRD in letzter Minute noch zu verhindern. Dazu sollte IM Saara im Vorfeld auf politischer Ebene die wirtschaftlichen Gefahren einer Wiedervereinigung andeuten. Ein Stasi-Mitarbeiter im Umfeld der Downing Street führte das Unternehmen «Hammer» und hatte den Auftrag, Margret Thatcher gegen ein vereintes «Großdeutschland» aufzustacheln. Den Hauptanteil am Erfolg sollte allerdings das Unternehmen «Sichel» sicherstellen, unter der Leitung von IM Teppichfliese, einem Bundeswehr-Hauptmann der legendären El-Paso-Jungs. Mit zwei weiteren Angehörigen dieser Eliteeinheit sollte ein «Zwischenfall» auf dem Boden der «souveränen Deutschen Demokratischen Republik» inszeniert werden, der zum sofortigen Abbruch der «Wiedervereinigungs-Phantasien» führte. Na, toll ausgedacht. Ich kannte die wahre Geschichte ja schon von Lurch, und so abenteuerlich sie sich auch anhörte, beinahe hätte das «Unternehmen Hammer und Sichel» sogar funktioniert. Weil es endlich Bier ausm Hahn gab, hab ich den anderen die Story sogar in groben Umrissen erzählt.

Die letzte Kassette enthielt wieder nur kyrillisches Zeug. Jetzt kannten wir also den Inhalt, wussten, wie das Zeug in den Westen gekommen war und warum es für viele Leute von Interesse sein müsste. Was wir bisher nicht kannten, war der Aufenthaltsort der Kassetten zwischen 1990 und 1996 und wieso gegen Ende des Jahrtausends plötzlich jemand da hinterher war. Bis dieses Rätsel endgültig gelöst wurde, sollten weitere vier Jahre vergehen.

DAS BALKANSTÜBCHEN

Die Zeit, in der das Bräustübchen unter unserer Verwaltung gewesen ist, war dann doch kürzer als gedacht und hat uns vier
womöglich vor einem wirtschaftlichen Desaster gerettet, nämlich dadurch, dass wir es erst gar nicht für die Öffentlichkeit aufgemacht hatten. Keiner von uns hatte eine Ahnung, wie man
eine Kneipe führte mit all den Auflagen, die man heutzutage
hatte. Wichtig war nur, dass Lisbeth über die Zeit ihrer Reha offiziell die Gastwirtschaft weitergeführt hatte und die Konzession
erhalten blieb. Eine neue mit den aktuellen Auflagen hätte der
Laden nie gekriegt, ich sag mal bloß Stichwort «Fettabscheider».

Im September kam Lisbeth aus der Reha, aber sie war nicht
mehr dieselbe wie vorher, keine Chance, dass sie ihr altes
«Strachwitz» wieder übernehmen würde. Und da zeigte sich,
was fürn prima Kerl Drago im Grunde seines Herzens dann
doch war. Er und die überscharfe Kerstin haben sich sofort bereit erklärt, Lisbeth bei sich aufzunehmen. Das wollte sie aber
nicht und hat umgekehrt gefragt, ob nicht Drago und Kerstin
ihre Kneipe übernehmen wollten. Und genauso isses gekommen, aus dem «Strachwitz» ehemals «Bräustübchen» wurde das
«Balkanstübchen» und hatte damit schon den vierten Namen
zu meinen Lebzeiten. Lisbeth wohnte oben, wo ganz früher der
pfeifende Wirt und seine Frau gelebt hatten. Und in der größeren Wohnung lebten Kerstin und «ihr Jugo-Stecher». Das sagte
aber keiner mehr, denn alle waren froh, dass Drago ihre Kneipe
gerettet hatte, und deshalb war auch keiner mehr sauer, dass er
den Pokal abgeräumt hatte.

An sich war es sogar ganz schön bei ihm trotz der «interna-
tionalen Balkanküche». Es gab immer noch ein anständiges Pils,
und die Lubetten waren immer noch die Lubetten, obwohl sie

jetzt «Pljeskavica» hießen und mit Schafskäse gefüllt waren. Wie schon mal gesagt, Essen war für uns reines Mittel zum Zweck, damit der Alk nicht die Magenwände zerfraß. Wenn Zuckmeier eine Lubette bestellte, dann brachte Drago ohne Zucken den serbischen Bremsklotz, und gut war's. So hatten wir uns mit der neuen Zeit arrangiert, und ab und zu kam sogar Lisbeth aus ihrer Wohnung und setzte sich zu uns. Jetzt im Alter trauerte sie immer mehr ihrem verstorbenen Heini nach, auch wenn sie ihn damals Hals über Kopf verlassen hatte. Aber vielleicht geht das jedem so, wenn man in der Zielgeraden ist, dass man über die anderen möglichen Leben nachdenkt, die man nicht gelebt hat. Wäre ich Konditor geblieben, gäb's dann heute an jeder Ecke die «Schrage-Kugeln» und ich wäre Millionär? Glaub ich nicht wirklich, deshalb hab ich Lisbeth in solchen Augenblicken immer gesagt: «Lisbeth, du hast doch uns vier, mehr Mann braucht keine Frau.» Und dann hat sie immer so gelacht, als wäre sie noch das kleine Mädchen am Ufer der Küddow, oder wie der Bach in Schneidemühl hieß.

Jetzt, wo gastwirtschaftstechnisch alles wieder halbwegs normal lief, hatte ich Zeit, über die fehlenden Jahre der Stasi-Kassetten nachzudenken. Mir fiel auf, dass wir nicht weitergekommen waren, weil wir falschrum gedacht hatten. Nicht, wo sie geblieben sind, nachdem Metzen sie in die Finger gekriegt hatte, mussten wir fragen, sondern andersrum: Wieso hat sie Murat 1996 gehabt, und warum musste er sie panikartig in Lisbeths Gefriertruhen verstecken? Da kamen wir mit Nachdenken nicht weiter, da sollten wir das tun, was wir schon längst hätten tun sollen: ihn fragen!

Also haben wir Murat einfach mal auf 'nen Sonnabend ins Balkanstübchen eingeladen. Für umsonst fressen und saufen war Murat immer zu haben. Als ich ihn eingeladen hab, hat er auch gleich gefragt, ob er bei Drago auch duschen könnte. Hab ich ihm zugesagt, nur das, was er dann noch wollte, das ging hier natürlich nicht. Nachdem es im Chérie-Club kein EsTriFi mehr gab, saßen Murat und seine Kumpels am Wochenende auf dem Trockenen. Das EsTriFi-Konzept war dem Chérie-Club nicht etwa vom Ordnungs- oder Gesundheitsamt verboten worden, ne, ein Hildesheimer Bordellkönig hatte sich den Namen schützen lassen und den Chérie-Club verklagt. Ihr neues Konzept hieß dann «Die Stechuhr», da kriegteste beim Reinkommen 'ne Stechkarte, und wenn du wieder gingst, musstest du «ausstempeln», abgerechnet wurde dann die Zeit, die du drin warst, pro Minute ein Euro. Der Chérie-Club machte deshalb Werbung mit dem Spruch «Ficken für 1 Euro». Wenn man sich das aber mal seriös durchrechnete, dann waren nach 'ner Stunde schon sechzig Euro weg, und da hatte man vielleicht gerade erst einen weggesteckt, aber noch nichts gegessen. Für den alten Tagestarif von seinerzeit noch hundert Mark konnte man jetzt nur noch fünfzig Minuten bleiben. Und was Murat sonst schon mal machte, nur so wegen der Gemütlichkeit den ganzen Sonntag im Chérie-Club abhängen, das war auch vorbei.

«Friher du konntest fir hundat Mark gehen in die Club ganze Tag, jetze doppalt so viel. Was friher Maak is jetze Euro.» Den Spruch konnte ich seit 2001 echt nicht mehr hören. Nachdem wir uns eine Stunde lang das Leiden an der neuen Zeit von Murat Gül angehört hatten und er auch endlich geduscht hatte, servierte ihm Drago den «Balkanteller mit Dschuwätsch-Reis». Wir anderen aßen nichts, wir hatten uns schon in alter Gewohnheit zu Hause jeder 'ne Dose Hering in Öl eingepfiffen. Endlich – ich glaub, es war schon halb elf – konnte ich Murat fragen nach den Ereignissen von vor sieben und vor zehn Jahren. Die Geschichte von 1999 kannte ich ja schon, aber trotzdem haben wir sie uns noch mal von Murat angehört: «Schäffe ware stinkigsauer, aber ich nix dafür konnte, Metallkiste reingetan in Hühnerkasten, jetze nix mehr drin.»

Besser konnte man es nich zusammenfassen. Dass er nicht selber darauf gekommen war, über eBay die Truhen zu ersteigern und sich dafür den Namen von Ronny Nguyen auszuleihen, war mir schon klar, in dem Moment aber auch egal, wer dahintersteckte. Solange Murat noch nicht im siebten Slibowitz-Himmel verschwand, sollte er noch bei klarem Verstand von 1996 erzählen. Das tat er dann auch endlich.

«Tosch Tärää, bei Gleiwitz und Kattowitz umsteigen», quittierte Zuckmeier das, was Murat berichtete. Werner Metzen war 96 krachend pleite gegangen und hatte sich nach Spanien abgesetzt. Weil er auch beim Alten Schulden hatte noch und nöcher, musste dieser, also die StruWAG, aus der Insolvenzmasse vierundzwanzig «Metzen-Märkte» übernehmen, sonst hätte er gar nix gesehen. Um die Buden neu zu vermieten an Friedhelms Family oder den Fredi-Markt, musste vorher der ganze Metzen-Müll raus. Dreimal darfste raten, an wen das hängen blieb: an Murat und seine Ostgoten. Eine Bude nach der anderen wurde gesäubert, und Murats Rumänen haben das Geschäft ihres Lebens gemacht. Statt die tausend langen Unterhosen, feldgrau, und zehn Tonnen Plastiklöffel, hellblau, auf die Deponie zu fahren, wurde der ganze Ramsch in die Karpaten verschoben. Murat hatte an solche Pipi-Geschäfte kein Interesse und hat die Märkte nach wertvolleren Sachen durchgeflöht, Geldverstecke hauptsächlich, ist auch tatsächlich einige Male fündig geworden. Bei seinen Beutezügen stieß er in einem der Metzen-Märkte auf die Metall-Kassetten und öffnete sie in der Hoffnung auf Geld, doch es waren nur Papiere drin. Aber was für welche. Mit den Stasi-Unterlagen, die uns interessiert hatten, konnte er nix anfangen, nur an eine erinnerte er sich noch:

«Blöde Fresse von junges Kartoffel, sah bisschen aus wie du», und dabei zeigte er auf mich. Was aber noch drin war, da kriegte er große Augen: russische Dokumente über sämtliche von der GSTD angelegte geheime Waffendepots auf dem Gebiet der DDR und darüber hinaus. Im Ernstfall sollte daraus die nachrückende Rote Armee versorgt werden, wenn die «Gruppe der sowjetischen Streitkräfte in Deutschland» schon am Rhein stand. Da Murat sowohl kyrillisch lesen konnte und in Bulgarien Russisch in der Schule lernen musste, hatte er den Wert der Unterlagen sofort erkannt. Er nahm die zwölf Kisten mit und rief sofort den Alten an. Eigentlich hätte er zuerst Mischka Bescheid geben müssen, aber wenn Murat eins is, dann is er ein Schlitzohr; das wusste ich noch von damals, wie er den Kolonnenführer Schneidereit reingelegt hatte. Murat wusste genau: Würde er Mischka die Sachen zeigen, dann wäre er bei dem Geschäft draußen, denn Mischka konnte selber Russisch. Der Alte aber war auf ihn als Übersetzer angewiesen, und Murat war zugleich Mitwisser, da fiel bestimmt noch was für ihn ab. Und eins wusste Murat aus eigener Erfahrung: Zwei Halunken misstrauen sich immer, auch wenn sie noch so dicke miteinander tun, deshalb würde der Alte ihn, Murat, nicht an Mischka Wulff verpetzen. Murat hatte jetzt für seine Verhältnisse schon sehr viel geredet und brauchte ein paar Pils zum Absäuern, noch mehr Schnaps, und bei ihm gingen demnächst die Lichter aus.

Nach ein paar Durchgezapften war Murat wieder halbwegs

fit und erzählte weiter. Nachdem er also dem Alten von seinem Fund berichtet und ihm grob erklärte hatte, was in den Dokumenten drinstand, muss der Alte sofort Euro-Zeichen in den Pupillen gekriegt haben. Murat wusste noch genau den Wortlaut, was der Alte am Telefon gesagt hatte: «Das is meine Rente.» Jedenfalls kriegte Murat den Befehl, niemanden was davon zu erzählen und die Kassetten sicher zu verstecken. Auf keinen Fall sollte er sie auch nur in die Nähe vom StruWAG-Gelände bringen, denn da wären gerade die Steuerprüfer und würden unter jeden Stein gucken. Nun kannte Murat von ganz Deutschland nur das StruWAG-Gelände und den EsTriFi-Puff, Letzterer kam aber auch nicht in Frage. Zufällig war er aber gerade mit seinen Ostgoten im Bräustübchen zugange, um den Saal für unsere Disco aufzuräumen, und hinten in der Werkzeugkiste von meinem MKW brannte die «heiße Ware». Ich würde den Lkw am anderen Tag wieder fahren, bis dahin müssten die Kassetten daraus verschwunden sein. Und so fiel sein Blick auf die drei Gefriertruhen, und er fragte Zuckmeier, der ihm gesagt hätte: «Die stehen da schon seit fünf Jahren, seit der Fidschi weg ist, und da stehen die auch noch ewig und drei Tage.» Bestes Bild, hatte sich Murat gedacht, und in einem unbeobachteten Augenblick die heiße Ware unter die toten Hühner geschoben. Der bestialische Gestank hatte ihn nur noch sicherer gemacht, dass da nie einer drunter nachgucken würde. Musste man ihm recht geben, fast vier Jahre hat das Versteck auch super funktioniert.

Was mich gewundert hatte, ist, wieso der Alte die Kassetten die ganzen Jahre nicht angerührt hatte, wo das doch angeblich «seine Rente» sei. Aber manchmal sieht man den Wald vor lauter Bäumen nicht. Eben, er hatte «seine Rente» gesagt, aber 1996 stand er noch voll im Geschäft und war gerade dabei, seine andere große «Das-ist-meine-Rente-Nummer» durchzuziehen:

den STRABS-Beschiss. Die Kassetten hatte er sich dann wohl für später hingelegt, und dieser Zeitpunkt kam fast vier Jahre darauf.

DIE METZEN-PAPIERE

Aber vorher, genauer gesagt am 27. Oktober 1998, beginnt in Berlin das «rot-grüne Projekt», das war die Koalition von Schröder und Fischer mit Oskar Lafontaine. Ich interessier mich an sich einen Scheiß für Politik, aber diese Friede-Freude-Eierkuchen-Koalition kam mir gleich verdächtig vor. Drei Männer mit dicken Eiern in einem Kabinett, das konnte nicht lange gutgehen, und wenn Lafontaine auch zehnmal «Superminister» hieß, er war doch die zweite Geige nach Schröder. Kein halbes Jahr später war es so weit, Lafontaine schmiss die Brocken hin, Schluss mit SPD, Schluss mit Minister. Damals hat das keine Sau verstanden. Was war denn plötzlich anders als fünf Monate vorher, wieso hat er den Kram überhaupt angefangen, wenn er sofort wieder aufhört? Nicht mal seine Pensionsansprüche haben zugenommen in den paar Monaten.

Erst 2006, als wir die Unterlagen in den Kassetten durchgeguckt haben, fiel etwas Licht ins Dunkel. Ich weiß noch genau, wann mir der Gedanke kam, es war zwei Tage nach unserer Murat-Verköstigung, ich musste wieder arbeiten und stand mit ein paar Kollegen aufm Bauhof rum. Da kam Murat umme Ecke mit 'nen paar Ostgoten im Schlepptau. Und in dem Moment fiel mir ein, wo Murats Geschichte unglaubwürdig war. Erstens, wieso sollte der Alte nur auf Murats Angaben am Telefon hin vier Jahre lang nicht neugierig gewesen sein, doch mal in eine von den Kassetten reinzugucken? Normalerweise traut der Alte nur dem, was er persönlich überprüft hat. Das war die eine Sache, die andere war die, dass ich wusste, was fürn Schlitzohr Murat war. Der würde doch niemals einen Fund einfach so abgeben, ohne was für sich abzuzweigen.

Und genauso muss es gewesen sein, im Jahre 96: Murat findet die Cassetten in einem der Metzen-Märkte, guckt rein und kapiert sofort, was er da hat. Was er auch rafft, ist, dass er allein die Sache nicht zu Geld machen kann, dafür braucht er den Alten. Dem Alten gegenüber aber braucht er auch eine Rückversicherung, dass er nicht leer ausgeht. Soll heißen: Es war kein Metzen-Mitarbeiter, der 'ne Kassette brauchte für seine Quittungen und deshalb eine der Kisten ausräumte – falsche Fährte. Es war Murat, der den Inhalt einer Kassette als Pfand für sich einsteckte und stattdessen irgendwas reinstopfte, was er zufällig an Ort und Stelle fand. Aber mit dem Papierkram, den er dafür nahm, hat er uns überhaupt erst auf die Spur gebracht, wie die Kassetten in den Westen gekommen sind. Ich glaube, es war reiner Zufall, dass Murat die Metzen-Papiere da reingestopft hat. Immerhin ließ er nicht die ganze Kassette mitgehen, sondern nur den Inhalt. Schließlich konnte es ja sein, dass irgendwo die Zahl von zwölf Kisten vermerkt war, und dann wäre man ihm auf die Schliche gekommen, wenn eine fehlt.

Als ich diese beiden Sachen so für mich durchdacht hatte, bin ich nach der Arbeit bei Kruballa vorbeigefahren, um das mit ihm zu belabern. Kruballa wohnte mit seiner Ursel in einem Bungalow inner Hypothekensiedlung, das Haus gehörte ihr, sie hatte ihren ersten Mann weggejagt, und Sven war eingezogen. Ich konnte mir schon vorstellen, wie sich die beiden kennengelernt hatten, aber darum ging es ja in dem Moment nicht. Sven und ich haben uns – ich mit 'nem Bier, er mit 'ner Flasche Grünkohl-Guaven-Smoothie – in die Garage verdrückt. Dann erzählte ich

ihm meine Beobachtungen und versuchte, woanders hinzugu-
cken, wenn er an seiner Froschkotze nuckelte. Nicht umsonst
nennt man ihn den «Messerscharfen», und nach zehn Minuten
Schweigen und Nuckeln sagte er plötzlich: «Ich weiß, wo die fehlenden Sachen aus Kassette sieben geblieben sind.»

Und so hat sich Kruballa die Geschichte zusammengereimt:
Nachdem der Nerv mit den Steuerfahndern bei der StruWAG
vorbei war, hatte der Alte Murat angewiesen, endlich mal ein
paar Unterlagen als Beweis aus dem Versteck zu holen. Da war
aber auf die Schnelle kein Rankommen, denn unsere «Frisch-
weiberdisco» war ein einmaliges Ereignis geblieben, sodass
der Saal hinterm Bräustübchen wieder in der Versenkung verschwunden ist. Und so dreist, da einzubrechen, so dreist ist Murat nicht. Also musste er wohl oder übel an seine eigene «Lebens-
versicherung» ran. Die hat er dann komplett dem Alten gereicht
in der Hoffnung, der würde sie ihm schon zurückgeben, um sie
wieder ins Versteck zu bringen. Das tat der natürlich nicht, denn
die Steuerfahnder waren ja verschwunden. Nun stand Murat
also ohne Rückversicherung da. Aber er war der Einzige, der das
Versteck wusste, und insofern war er relativ entspannt.

DER SECHZIGSTE VOM ALTEN

Richtig interessant wurde Kruballas Theorie erst, als ich mich
an ein anderes Ereignis erinnerte: den Sechzigsten vom Alten,
Februar 1999. Große Party, zwei Riesenzelte für sechshundert
Mitarbeiter, satt zu fressen und zu saufen. Als Dank an die Belegschaft hatte der Alte Bata Illic verpflichtet, der war damals
auch schon sechzig, und die beiden kannten sich vom Autoput
in Jugoslawien, wie genau, weiß ich jetzt auch nicht, tut auch

nix zur Sache. Jedenfalls war der Alte großer Fan, und Bata hat für ihn aufm Geburtstag gesungen. Wochen vorher hatte es eine Verlosung unter den Mitarbeitern gegeben: Sechs StruWAGner mit Partnerin durften mit an den Promitisch, wo der Alte saß mit Gemahlin, Bata Illic und Nursultan Nasenbär oder so ähnlich, ebenfalls mit Frau. Das ist der Häuptling von Kasachstan, wo der Alte häufig zum Asphaltieren hinfährt, und am selben Tisch, klar, auch mit Gemahlin Gerhard Schröder, ein Kumpel aus seiner Clique.

Jutta war jedenfalls total ausm Häuschen, als sie hörte, wir hätten 'nen Treffer gezogen und würden mit dem Bundeskanzler an einem Tisch sitzen. Wochenlang gab es kein anderes Thema als «Was zieh ich bloß an beim Kanzler-Geburtstag?», dabei hatte ja bloß der Alte Geburtstag. Aus Kostengründen wurde dann ihr Hochzeitskleid umgearbeitet, und man glaubt gar nicht, wie ein billiger Gürtel in Rot ein Kleid völlig verändert. Jedenfalls war meine Jutta die Schönste am Tisch, und auch Schröder hat sich in dem Moment gefragt, ob er alles richtig gemacht hatte, 96 auf der Bohrinsel vor der norwegischen Küste. Er guckte jedenfalls dauernd rüber zu Jutta, und schließlich tauschten wir sogar die Plätze, weil der Sultan samt Gattin plötzlich verschwunden war.

So saßen wir also direkt neben den Schröders und gegenüber vom Alten. Ich weiß noch, wie Doris meine Jutta fragte: «Und Sie, Frau Schrage, arbeiten Sie auch bei der StruWAG?»

«Nein», antwortete Jutta, «ich arbeite auf dem Friedhof.»

«Als Managerin?», wollte Doris wissen.

«Nein, ich mache da das Unkraut weg.» Und das sagte sie so selbstbewusst, als ob ihr ein ganzes Friedhofs-Imperium gehören würde. Da kriegte nicht sie, sondern ich die rote Bombe, so stolz war ich in dem Moment auf meine Jutta. Ich muss allerdings auch zugeben, dass Doris danach laut über ihre eigenen

Vorurteile lachen konnte, und eigentlich haben sich alle hervorragend verstanden. Bata Illic hat seine größten Klopper abgesungen, und Bier und Schnaps flossen in Strömen. Als sich Bata nach seinem Auftritt wieder zu uns setzte, hatte er auch schon leicht einen in der Krone, oder er war noch aufgekratzt von dem tosenden Applaus. Jedenfalls erzählte er mir leise, so, dasses der Alte nicht hören konnte, dass sein Megahit «Michaela» zuerst «Annalena» geheißen hatte, und das war die Geschichte eines Mädchens, das aus einem Seitensprung ihrer Mutter hervorgegangen ist und nie erfahren wird, wer ihr richtiger Vater ist. Als Bata diese Songidee mal zufällig dem Alten erzählt hatte, versprach der ihm auf die Hand, den Autoput längs durch Jugoslawien neu zu asphaltieren, wenn er den Namen im Song ändern würde. Tat er, und ist dann ein komplett anderes Lied geworden, aber Bata ahnte nicht, was das sollte – ich schon. Sein Versprechen, den Autoput zu asphaltieren, hat der Alte übrigens eingehalten, nicht die ganzen zwölfhundert Kilometer, aber einige, allerdings nicht umsonst, und das hatte er ja auch gar nicht versprochen. Bata war es sowieso egal, denn der wohnte schon lange in München.

Den größten Spaß an dem Geburtstag gab's aber gleich zu Anfang, es war das Geschenk von dem Sultan aus Kasachstan. Der hatte dem Alten ein seltenes weißes Kamel aus seiner Heimat mitgebracht, also das von der noch hässlicheren Sorte mit den zwei Höckern. Das stand auch noch 'ne ganze Zeitlang mit im Zelt. Als Bata dann anfing zu singen, wurde es unruhig, und man hat es draußen vorm Eingang angebunden. Februar is ein Monat, wo es schon mal regnen kann, aber son Kamel aus Innerasien, das is ja kein Mädchen. Keiner von uns verließ freiwillig das geheizte Zelt, aber ab und zu musste man zum Pissen nach draußen in den Container. Plötzlich, es war mitten in der Rede von Schröder, kam einer wieder von draußen rein und rief laut durchs Zelt: «Das Kamel ist jetzt braun!» Wie sich rausstellte, hatte der Sultan das Vieh bloß weiß angepinselt und sich deshalb, als es anfing zu regnen, schnell auf Französisch verabschiedet. Der Alte soll ihm dann als Dank und Gegengeschenk eine sehr seltene lila Kuh geschickt haben. Der Stimmung hat die Nummer mit dem gefärbten Kamel nich geschadet, im Gegenteil, alle waren gut drauf, und auch Schröder erzählte frei von der Leber weg, wie ihm der eitle Fatzke ausm Saarland im Kabinett gehörig auf die Nüsse ginge. Aber nach mal gerade vier Monaten inner Regierung könne er den Lackaffen nicht einfach vor die Tür setzen, außerdem sei er sogar noch Parteivorsitzender. Schröder hörte sich regelrecht verzweifelt an.

Und da fiel der Satz, an den ich mich später erinnerte, wie nämlich der Alte mit verschwörerischer Miene zu Schröder sagte: «Gerd, ich glaube, ich kann dir helfen, ich hab da was für dich, nächste Woche muss ich sowieso nach Berlin, dann guck ich mal bei dir rein.»

Dieser Satz war es, von dem ich Kruballa bei ihm in der Garage berichtete und den der sofort fugenlos in seine Theorie einbaute.

Tatsache war, dass der Superoskar zwei Wochen nach dem Geburtstag vom Alten von allen Ämtern zurückgetreten ist. Wieder ein Stein in diesem riesigen Puzzle eingepasst: «IM Saara» war aufgeflogen. Was noch fehlte, war eine Erklärung dafür, warum Zuleger im Sommer 99 bei Lisbeth aufgetaucht war, und ich kann's jetzt schon verraten – wir haben's nicht rausgekriegt, Zuleger war eben ein Oberknallkopp, dem sein Verhalten kann man durch gesunden Menschenverstand nicht nachvollziehen.

Klar war aber, warum Ende 99 rund um die Kassetten eine Panik ausgebrochen war. Anfangs bekam die nur einer, Murat, denn der wusste, dass wir die Truhen loswerden wollten wegen der Party an Silvester. Das, was drin war, musste er in die Finger kriegen, denn sonst hatte er gar nix von dem Fund. Dann kriegte der Alte Panik, denn dem wurde von Schröder Druck gemacht, als der hörte, es gäbe noch mehr Material als die Kostprobe, die ihm der Alte gezeigt hatte. Das wollte Schröder haben, denn er hatte Angst, dass die ganze Nummer außer Kontrolle geriet, wenn das Material in falsche Hände kam. Besser, es würde unter Zeugen vernichtet.

Letztlich habe ich Murat unrecht getan, als ich sagte, er könnte sich die Sache mit dem geklauten eBay-Namen nicht selber ausgedacht haben. Hatte er eben doch, ein Schlitzohr durch und durch.

DER VIERERRAT

Die «falschen Hände», in denen das Material immer noch war, gehörten uns. Wir wollten es endlich loswerden, wussten aber auch nicht so richtig, wohin damit. Darüber konnten nicht Kruballa und ich allein bestimmen, also wurde der «Viererrat» im Balkanstübchen einberufen, wie früher am Freitag um 18 Uhr. Zuckmeier kam auch wie damals als Letzter, obwohl das Bier neuerdings von Anfang an genießbar war, seit Drago die Kneipe unter sich hatte. Wir haben uns leicht eingesoffen, bevor wir zum eigentlichen Thema kamen, wobei Kruballa nur an der mitgebrachten Froschkotze nuckelte. Kann mir mal jemand erklären, was Männer in unserem Alter dazu treibt, plötzlich einen auf gesund und sportlich zu machen, obwohl sie gar nicht mehr als notgeile Stecher unterwegs sind? Heute als treuer Ehemann – ja, Kruballa hatte sogar Ursel geheiratet, «im kleinen Kreis», die knickrige Sau – machte er einen auf Gigolo. Aber is egal, trotzdem is er noch der alte Sven Kruballa, irgendwo unter seinem peinlich durchtrainierten Oberkörper. Der Lange dagegen wurde immer seltsamer, falls überhaupt noch möglich. Er war kurz davor, sich selbst zu «gerdlangisieren», behauptete sogar, Toshiro Mifune sei «überschätzt» und seine Darstellung des Außenseiters unter den Samurai wäre etwas «mätzchenhaft». Keine Ahnung, wo der Lange diesen Blödsinn nun wieder ausgebrütet hatte, aber seit dem Tod von Mifune 1997 war der Lange immer schwermütiger geworden und überzeugt, dass Unsterblichkeit nicht existierte. Gut, das wussten wir schon länger, bliesen deswegen aber nicht dauernd Trübsal. Zuckmeier dagegen sah aus wie das blühende Leben. Auf seinen Schweinetransporten von Vechta nach Italien hatte er auf der Rückfahrt öfters mal an einem Bulli kurz hinter der Abfahrt Lohne/Dinklage gehalten, und seit einem halben Jahr war er mit Darya zusammen. Ich verkniff mir die Frage, ob er bei ihr für uns «preislich was machen könnte», sondern freute mich einfach, dass es ihm wieder besser ging.

Was mich anbetraf, damals im Jahr 2006, muss ich sagen, dass es seit beim Bund mit die glücklichste Zeit war mit Jutta, obwohl wir zwei total nervige Blagen in der Pubertät zu Hause hatten. Zwei Dinge hab ich daraus fürs nächste Leben gelernt: Erstens, wenn die Blagen so um die zwölf Jahre sind, dann müssense weg. Unterhalten kannst dich sowieso nich mit denen, weil se noch nix vom Leben gesehen haben, und Ärger machense, wo sie nur können: inner Schule oder wenn sie wo abhängen, jeden Tag kommt von irgendwo her ein Anruf, was sie gerade wieder ausgefressen haben. Also hatte ich von den beiden die Schnauze gestrichen voll. Es is mit den eigenen Kindern aber so: An einem Tag willst du sie anne Wand klatschen, am andern Tag möchtest du sie vor allem beschützen, wasses so an Elend gibt aufer Welt, kannste nix an machen, is so. Das Zweite, was ich gelernt hab fürs nächste Leben, is, egal, wo und wie du eine Frau kennengelernt hast, das sagt nix darüber aus, wie du mit der im weiteren Leben auskommst. Und es is auch fast egal, wer das is, mit dem du dein Leben durchziehst. Nicht sie muss dir gefallen, sondern du ihr, is 'ne ganz einfache Regel, hab ich aber auch 'ne Zeitlang für gebraucht. Das vereinfacht das Zusammenleben ziemlich, denn wen anderen kannst du sowieso nich ändern, dich selbst höchstwahrscheinlich auch nich, aber da hast du wenigstens 'ne Chance. Das hab ich geschnallt, aber trotzdem lief es auch bei uns nich immer super, aber besser als bei den meisten. Jeder hatte seine Zeit für sich, und beide waren wir froh, wenn wir mal zusammen allein zu Hause waren. So was kannst du nur richtig genießen, wenn du zwei pubertierende Blagen hast und dich freust, wennse mal nicht da sind.

BAMBI

Jutta hatte seit Volkers Konfirmation einen Hund, der war ihr Ein und Alles, da wurde sogar Volker eifersüchtig, denn der war ja der Hundenarr bei uns. Die Rasse war überhaupt keine richtige Rasse, sondern 'ne wilde Mischung von zwei Rassen, ein sogenannter «Designerhund», am bekanntesten von denen is der «Labradudel» als Kreuzung zwischen Labrador und Pudel. Unserer war ein Rottiwawa, Vater Chihuahua, Mutter Rottweiler, umgekehrt wär's mit der Geburt auch etwas schwierig geworden. Keine Ahnung, ob sie den Zwergrüden hochgehalten haben beim Deckakt oder ob er kurz komplett in der Rottweilerin verschwunden ist. Schon Prince Charles träumte ja davon, er wäre gern der Tampon in einem Rottweiler. Du machst dir kein Bild, wie das Vieh aussieht, kann man nicht beschreiben, du errätst weder den Vater noch die Mutter. Der Hund sieht eher aus wie ein schwarzes Rehkitz, das nur Pommes und Burger frisst, also zu fett ist, sind bei ihm aber Muskeln.

Das Härteste aber: Das Biest ist aggressiv wie 'ne grüne Mamba, das hat «Bambi» – so hieß unser Killerköter – von seinem Papa abgekriegt. Ein Chihuahua is ja das bissigste Mistvieh, das ich kenne. Warum hat sich Jutta ausgerechnet diese lebende Rolle Stacheldraht ins Haus geholt? Halt dich fest, jetzt wird's typisch Frau. Bambi kommt ausm Tierheim und ist von einem Rentnerehepaar abgegeben worden. Die hatten ihn als Welpen gekriegt und wegen dem Aussehen auch den bescheuerten Namen gegeben. Als Bambi ein halbes Jahr alt war, hat er die komplette Wohnung von den Alten zerlegt. So, und nun ging ich mit Jutta ins Tierheim, um uns 'n Hund anzulachen. Aus allen Käfigen guckten einen die armen Viecher an und hofften, dass sie diesmal dran sind. Ich halte so was ja nicht lange aus, da geh ich lieber durchn Knast, die sitzen jedenfalls zu Recht. Was wollte ich sagen: Nur aus einem der Käfige guckte uns der Insasse nicht mit dem Arsch an, das war Bambi.

Und sofort kriegte Jutta diesen weiblichen Beschützerinstinkt: «Oooh, der Arme, so süüüüß und ganz allein im Zwinger.» Wahrscheinlich hatte er seinen Zellengenossen gerade aufgefressen und lag mit voller Wampe in der Ecke.

«Wie heißt du denn, Kleiner?»

Das stand auf dem Etikett am Gitter: «Bambi, Mini-Rotti, Vorsicht, Hund schnappt durch die Zwingerstäbe.»

Jutta hatte nur bis «Mini-Rotti» gelesen, und ab da hatte ich keine Chance mehr. Das Mistvieh wurde aus dem Käfig geholt und – oh Wunder – strich wie ein verlassenes Rehkitz Jutta um die Beine, die war hin und weg und fing sofort mit dieser bekloppten Baby-Sprache an: «Wo isser denn, mein kleiner Bambi, dududu hattu Dursti?»

Manchmal möchte man neben seiner eigenen Frau vor Peinlichkeit im Boden versinken. Von jetzt auf gleich hatte sie sich in einen lebendigen Häschenwitz verwandelt. Die waren übrigens neben den Radio-Eriwan-Witzen der große Beitrag der DDR zur deutschen Witzkultur und wurden in den späten Siebzigern zur Pril-Blume unter den billigen Scherzen. «Häschen kommt zum Optiker und fragt: Haddu Brille? Der Optiker: Ja, klar. Häschen: Muddu beim Pippimachen hochklappen.» Und das war schon einer der besseren und ganz ohne «Möhrchen».

Bambi, dieses durchtriebene Teufelchen, schleimte sich bei Jutta ein und grinste mich an, als wollte er sagen – ach, hatte ich vergessen, Bambi ist ein Rüde, es wird immer peinlicher –: «Dich, mein Freund, nehm ich mir später vor.» So kamen wir also auf den Hund, und ich wusste endlich, woher das Sprichwort stammt. Ich kannte ja bisher nur als einzigen Hund unsere alte Fala, und die war ein besserer Mensch als die meisten, die sich dafür hielten. Das einzige bissige Wesen, das ich sonst kannte, war unser Volker, der Oma Hildegard ins Bein gebissen hatte. Mit Bambi, dem Teufelsbraten, änderte sich unser ganzes Familienleben auf einen Schlag. Wenn ich Jutta zu nahe kam, knurrte der Köter sofort. Ich durfte auch nicht mehr in jedes Zimmer und schon gar nicht mit aufs Sofa.

Die meiste Zeit nach der Arbeit war ich deshalb in meiner Eberbucht. Dazu hatte ich mir in der alten Bude von Oma Brenninkmeier ein Zimmer zurechtgemacht, Decke vertäfelt, schönes PVC auf die alten Dielen gelegt und Kühlschrank rein, fertig! Da konnte man's drin aushalten. Videorecorder und die alte Glotze von meiner Mutter, was braucht man mehr im Leben? Vor der hinteren Tür der Oma-Butze hatte ich ein selbstgemaltes Schild hingehängt, «Vorsicht, Giftköder», würde ich natürlich niemals auslegen, nicht mal für Bambi, den ich ja nur noch «Rambo» nannte. Aber auf Dauer konnte das nicht so weitergehen, dass ich mein eigenes Haus nur noch betreten durfte, wenn Jutta den Wachhund zurückpfiff. Geholfen hat mir bei der Rückeroberung ausgerechnet unser Volker, von dem ich – jetzt mal unter uns gesagt – nicht viel hielt: ein verzogenes Muttersöhnchen, das Hundefrisör werden will, bitte schön, das darfste doch keinem erzählen. Egal, in dieser Sache hat er aber gezeigt, dass er auch was kann. Er versteht sich ja mit Tieren, hat Fala ihm beige-bracht, da war sie ihm die einflussreichere Mutter als Jutta. Hab ich Volker also gefragt, ob er da nich was machen könnte. Und dann hat sich der Bengel die Bestie zur Brust genommen, aber nich wie Jutta mit ihrem «Bambilein, hier kommt Fressifressi». Klar, dass der Köter sich da fühlen musste wie ein kleiner Prinz. Jedenfalls hab ich unsern Volker von einer ganz anderen Seite kennengelernt, er hat dem Biest klipp und klar erzählt, wo sein Platz ist in unserem «Rudel», nämlich als Schlusslicht. Das heißt nicht, dass man ihn nicht respektiert, aber er muss wissen, wo er steht. Und siehe da, nicht nur ich konnte mich wieder frei bewegen in und ums Haus, sogar Rambo – jetzt nannten ihn alle so – war entspannter, er wusste, woran er war, und musste sich nix mehr beweisen. Die Einzige, die etwas unter dem «neuen Bambi» gelitten hat, war Jutta, weil sie jetzt nicht mehr exklusiv für den Hund zuständig war, Volker hatte ihn ihr ausgespannt. Hatte auch andersrum sein Gutes, dadurch hat sie den armen Bengel nich mehr so grundlos vergöttert, und der durfte sich mehr zu dem entwickeln, was er selbst für richtig hielt. Da Jutta ihren «Bambi» jetzt nicht mehr für sich hatte, musste sie sich wohl oder übel wieder mit mir beschäftigen, mir war's recht, wofür hat man schließlich eine Frau. Außerdem wurde es langsam Herbst, und die Eberbucht hatte keine Heizung.

ES GEHT VORAN

Es half ja nix, irgendwie mussten wir eine Lösung finden für diese Kassetten, vor zehn Jahren hatte Murat sie unter die Hühner geschoben, vor sieben Jahren hatten wir sie entdeckt, und seit diesem Jahr wussten wir im Großen und Ganzen, wie sie hierhergekommen waren und was in den Papieren stand. Sogar, wo der Inhalt von Nummer sieben vermutlich abgeblieben war, stand fest. Kruballa, das Gehirn, fasste die Sache zusammen: «Sechs Leute – wir vier, Lisbeth und Murat – wissen, wo sie sind. Mindestens weitere drei, der Alte, Gerhard Schröder und IM Saara, haben eine Ahnung, was in den Kassetten drin ist.»

Ich allein kannte allerdings noch zwei weitere mögliche Mitwisser: Zuleger und Mischka. Zuleger konnteste vergessen, der war ein Idiot und freute sich wahrscheinlich 'ne zweite Gehirnzelle unter die Schirmmütze, dass er es bis zum Oberstleutnant gebracht hatte. Der würde keinen Finger rühren, um seine Pension nicht zu gefährden. Und Mischka, bei dem wusste man nie, welche Informationen der hatte, aber wenn er was gewusst hätte oder Interesse, wäre er die letzten sieben Jahre schon mal aktiv geworden. Blieben also nur wir sechs und die drei bekannten «Mitwisser». Kruballa ging sie einen nach dem anderen durch: Schröder war seit einem Jahr nicht mehr Kanzler, der Fisch war gelutscht, der strickte jetzt an seiner Altersversorgung über Gazprom, das Klein-Klein seiner Regierungszeit interessierte den garantiert nicht mehr. IM Saara war jetzt Mitglied in der WASG, und die Entdeckung seiner Aktivitäten 1989 hätte ihm in der neuen linken Partei womöglich eher genutzt als geschadet, zumal der Verein kurz davor war, sich mit der SED/PDS zusammenzuschließen, oder hieß die damals schon anders, ich weiß es nicht mehr. Jedenfalls jagte der kaum mehr hinter dem Zeug her. Blieb also von den «Mitwissern» nur der Alte, mittlerweile siebenundsechzig, aber noch immer Unternehmer durch und durch – der wusste als Einziger von denen, dass es in den Kassetten auch Unterlagen über sowjetische Waffendepots gab. Und einige davon – das wussten aber nur ich und Murat, der's mir übersetzt hatte –, einige von denen lagen sogar auf dem Gebiet der alten Bundesrepublik. Diese Unterlagen waren politischer Sprengstoff, was tun damit?

DAS SYNDIKAT

Zuckmeier schlug vor, wir sollten sie an den SPIEGEL verkaufen und fett Kohle dafür verlangen. Wie viel auch immer der SPIEGEL dafür rausrücken würde, der Anteil, den der Alte davon abkriegte, wäre für ihn ein Nasenwasser, und er würde uns die Hammelbeine lang ziehen. Danach kam der Lange mit der Idee ausm Quark, wir sollten die Waffen aus den Depots rausholen und an die Taliban verbimmeln, er kenne noch aus seiner Berliner Zeit ein afghanisches Restaurant im Wedding, darüber könne man die Nummer «problemlos» abwickeln. Auf so viel Schwachsinn ging keiner näher ein.

Wie so oft war es Kruballa, der die zündende Idee hatte: «Als Story bringt das Material zu wenig, und im Waffenhandel kennen wir uns nicht aus. Der einzige Zugang zu großem Geld besteht über den Alten, und den müssen Schrage und Murat eintüten.»

Und das war der Plan: Wir machen das Geld nicht mit dem

Verkauf der Waffen, sondern mit deren Vernichtung und der Vernichtung der Information, dass es sie überhaupt gegeben hat. Dazu gründen wir eine Stabseinheit, bestehend aus Murat und Lisbeth, beide können so viel Russisch, um die wesentlichen Infos aus den Akten rauszuholen. Tatsächlich hatte Lisbeth als Kind in Schneidemühl mit den Kindern der russischen Spülhilfen in der Kneipe ihres Vaters gespielt.

«Ruki versch!», brüllte es von hinten. Keiner hatte gemerkt, dass Lisbeth von oben runtergekommen war, jetzt fehlte bloß noch Murat als Mitglied des Syndikats. «Schrage, du verklickerst dem Alten die Geschichte, und zwar ist das die folgende: Er bekommt von uns genaueste Informationen, wo sich russische Waffen in Deutschland befinden. Der Bundesregierung bietet er an, diese geräuschlos und rückstandsfrei zu vernichten, dafür kassiert er vom Bund. Und zwar den größten Teil dafür, dass er sein Maul hält über die Waffen ...!»

Meine Bedenken waren, dass uns der Alte übern Tisch zieht, sobald er die Informationen über die geheimen Depots in den Händen hielt. Zum Glück hatte Kruballa das bedacht. Die Zentrale des Syndikats sollte das Hinterzimmer seines Ökobrotladens in Bielefeld sein. Das hatte er wahrscheinlich in irgendeinem Mafiafilm gesehen. Lisbeth und Murat lieferten nur die Koordinaten für jeweils ein Depot, und zwar erst, nachdem für das davor bezahlt war, nur das erste sollte «zum Sehen» sein: «Die jeweiligen Unterlagen können dann bei mir im Laden abgeholt werden», sagte Kruballa, «wo der Rest ist, bleibt geheim.»

Blieben im Wesentlichen noch zwei Fragen: Was ist der Preis für ein Depot, und wie waschen wir das Geld?

«Keine Ahnung», antwortete Svenni, «dazu müssen wir zuerst die Ware sichten, und du, Schrage, fühlst mal in deiner Firma vor, ob die das Ding überhaupt schaukeln können.»

«Das Ding schaukeln», das hatte ich das letzte Mal in der Wiederholung einer alten «Derrick»-Folge gehört. Für diesen Abend war's das an strategischer Planung, und Drago guckte auch schon die ganze Zeit, weil wir nur laberten und nichts verzehrten. Damit er keinen Verdacht schöpfte, haben sich Zuckmeier und ich bereit erklärt, uns im Dienste der Geheimhaltung an dem Abend noch mal amtlich zuzulöten. Aber ich kann dir sagen, man ist keine zwanzig mehr. Meine Herren, was hatte ich am anderen Morgen für einen Schädel.

Gut, dass wir die Kassetten längst aus Lisbeths Kneipe rausgeschafft hatten, als Drago sie damals übernommen hatte. Sie lagerten jetzt bei mir in der Eberbucht. Und da trafen wir uns auch in der Woche drauf. In der Zwischenzeit waren wir nicht untätig gewesen. Ich hatte rausgekriegt, über welche Scheinfirmen des Alten das Geschäft laufen konnte. Unser Ansprechpartner wäre die *Kontaminationsdiagnostik Eberswalde*, mit der hatte der Alte schon die Kerosindepots der Sowjets saniert, auch damals kamen die Informationen aus dubiosen Quellen, nämlich vom ehemaligen Stasi-General Mischka Wulff. Diesmal würde die Firma zum Schein an die *Deutsche Metallprospektor-Gesellschaft* einen Auftrag vergeben, unterirdische Waffenlager aufzuspüren. Sobald die Daten der DMG ermittelt waren, ginge die Rechnung nach Eberswalde, und dann übernähme die *Mitteldeutsche Renaturierungs-GmbH in Halle/Saale*, auch 'ne Tarnfirma vom Alten. Die buddelte das Zeug aus und vernichtete es. Ach so, sollte ich der Vollständigkeit halber erwähnen, die Deutsche Metallprospektor-Gesellschaft, das war natürlich niemand anders als wir sechs.

«Glaubst du das wirklich, Schrage?», meldete sich unser Taliban-Verbindungsoffizier Gerd Lange. Da auch Mischka Wulff an der Firma beteiligt war, glaubte ich das nicht für zwei Pfennig.

Deshalb mussten wir ja Zuckmeier in den Laden einschleusen, damit der rauskriegte, wo das Zeug wirklich blieb.

«Wolfram, du wirst unser Mann bei der Entsorgungsfirma und überwachst die Vernichtung der Waffen, damit der Alte sie nicht verscherbelt», gab Kruballa den Einsatzbefehl, «dafür wirst du dort als Lkw-Fahrer eingestellt.»

«Und was ist mit meinen Schweinen und Darya?»

«Die Schweine müssen wohl alleine sehen, wie sie nach Italien kommen, und Darya kannst du mit auf den Bock nehmen, ist vielleicht nicht so schlecht, wenn jemand dabei ist, der Kyrillisch lesen kann.» Kruballa wurde von Zuckmeier angestrahlt.

Beim Alten und erst recht bei Mischka Wulff war es immer am besten, man hatte was gegen die in der Hand. Es blieben immer noch die zwei Fragen offen: Was ist der Preis, und wie waschen wir das Geld?

Dafür hatte Kruballa eine Antwort: «Die meisten dieser Unternehmungen scheitern daran, dass die Leute zu gierig sind. Wir werden ganz normal unsere Arbeit in Rechnung stellen, damit erübrigt sich auch, das Geld zu waschen.»

«Welche Arbeit, Kruballa?», kam es vor Schreck aus drei Mündern.

«Wir werden uns zur Tarnung einen Satz günstiger Metalldetektoren besorgen und dann an den Orten, die wir vorher natürlich von Lisbeth und Murat kennen, sichtbar rumschleichen, damit man uns glaubt, wie wir an die Infos gelangt sind.»

«Ach du Scheiße, und ich dachte, ich kriege endlich mal Geld für nix», Zuckmeier war wieder enttäuscht.

Kruballa machte dann allerdings mal 'ne einfache Rechnung auf: «Pro Einsatz werden zum Beispiel hundertfünfzig Prospektoren-Stunden abgerechnet à hundertzwanzig Euro, so viel zahlst du mittlerweile in jeder Kfz-Bude, macht achtzehntausend Euro, dazu kommt noch die Aufarbeitung der geologischen Daten, denk dir was aus, und ruck, zuck sind wir bei achtunddreißigsiebenhundertvierzig Euro pro Depot.»

Murat und Lisbeth waren in der Zwischenzeit auch fleißig gewesen und hatten schon mal die Anzahl der Depots in den Unterlagen gezählt, genau hundertsiebenundzwanzig Stück waren es. Kruballa tippte diese Zahl in seinen Fitness-Tracker am Handgelenk ein – was es alles mittlerweile für 'nen Blödsinn gibt – und nahm sie mit achtunddreißigtausendsiebenhundertvierzig mal: «Wir sprechen hier über eine Gesamtsumme von circa 4,9 Millionen, abzüglich hochgerechnet neunhunderttausend Euronen an Kosten, und das durch uns sechs macht», noch mal tippen, «macht über sechshunderttausend für jeden.»

«Besser als in die hohle Hand geschissen», quittierte der Lange diese Summe. «Und das Beste daran, alles legal, und alles wird brav versteuert, Freunde», ergänzte Kruballa.

«Zorro zahlt keine Steuern», sagte Zuckmeier.

«Denn Zorro lässt sie abbuchen», antwortete Kruballa.

Das war also der Plan, und tatsächlich lief die Geschichte in den nächsten Wochen an. Wir merkten allerdings schon bald, dass wir mit dem ganzen Zahlen- und Papierwust alleine nicht zurechtkamen, und haben eine Buchhalterin angestellt: Jutta, die schließlich auf der Sparkasse gelernt hatte. Sie wurde nicht Gesellschafterin, wollte sie auch gar nicht, sondern wurde einfach nur gut bezahlt. Der Alte hat in der Anfangszeit noch versucht zu verhandeln, aber als er die erste Nummer «zum Sehen» komplett eingetütet hatte und die Rechnung der Mitteldeutschen Renaturierungs-GmbH von Berlin bezahlt wurde, ist ihm wohl klar geworden, dass unser Preis ein Schiss war und den Streit nicht lohnte.

Wir waren auch zufrieden. Alle paar Wochen unternahmen

wir zusammen einen «Wandertag» mit Metallsuchgeräten, um ein paar Fotos zu produzieren, wir erstellten ein ausgedachtes Fundort-Diagramm, dann schrieb Jutta die Rechnung, und ein Mitarbeiter vom Alten holte im Ökobrotladen das sowjetische Original ab. Fertig war die Nummer, im Großen und Ganzen lief es einigermaßen sauber. Etwas Bedenken hatte ich, weil Mischka über die Mitteldeutsche an der Sache beteiligt war, und wo der dabei ist, steht man mit einem Bein im Knast. Zuckmeier berichtete wenig später, dass die geborgenen Waffen nur zum Teil vernichtet wurden, die richtig teuren Klamotten haben sie den Russen zurückverkauft, was soll's, besser als an die Tschetschenen oder Taliban. An sich lief die Sache wirklich zu gut, um wahr zu sein. Jeder überlegte eigentlich nur noch, was er mit der vielen Kohle machen würde. Aber zum Glück tröpfelte sie eher so rein, sodass nicht zum Beispiel Zuckmeier plötzlich mit einem Ferrari vorfahren konnte oder Murat den ganzen Puff kaufte. Pro Einsatz kamen circa nur fünftausend Mäuse bei jedem an. Damit konntest du nicht wirklich auf den Putz hauen. Erst die Dauer machte es. Ich hab ausgerechnet, um alle hundertsiebenundzwanzig Depot-Einträge auf diese Weise zu verbimmeln, brauchen wir bei der jetzigen Geschwindigkeit mindestens sechzehn Jahre, dann wäre ich sechzig, das klang doch überschaubar. So konnte das Leben doch weitergehen, tat es aber nicht.

ENDE AUF SICHT GEFAHREN
UND GLÜCK GEHABT

DER ALTE STIRBT

Ganz plötzlich und unerwartet, wie es so heißt, am 23. Februar 2010, erlitt der Alte einen Schlaganfall, kurz nach seinem einundsiebzigsten Geburtstag. Den siebzigsten hatte er noch groß gefeiert – nicht ganz so riesig wie den sechzigsten, aber wohl immer noch als große Nummer. Ich kann nicht viel darüber erzählen, weil ich diesmal nicht dabei war. Zwar waren auch wieder alle Mitarbeiter mit Partner eingeladen, aber Jutta hatte keine Lust. Sie sagte, sie wolle sich die Erinnerung an den «Kanzler-Geburtstag am Promi-Tisch» nicht kaputt machen. Außerdem war diesmal Bruce Springsteen als singender Stargast da, und mit dem konnte sie nich so viel anfangen wie mit Bata Illic, der auch privat – wie sie jedem erzählte, der es nicht hören wollte – ein sehr netter Mensch sei und wirklich gut Deutsch sprechen würde. Na ja, jedenfalls hatte der Alte das noch gehabt, aber nun war er tot.

Angeblich war er während des Essens bei seinem Lieblingsitaliener in Hannover zusammengebrochen. Er war alleine da und der letzte Gast, deshalb hatte der Wirt nicht sofort bemerkt, dass er nicht eingenickt, sondern gestorben war. Als er ihn aufwecken wollte, war es bereits zu spät. Mir kam die ganze Geschichte komisch vor, ich kannte den Alten, der ging nie alleine essen, und zwar aus dem einfachen Grund, weil es ihm überhaupt nicht um das Essen ging. Der Alte konnte glücklich und zufrieden nur von Mettwurststullen überleben. Essen gehen war für ihn Teil seines Geschäftslebens, und deshalb muss noch jemand bei ihm gewesen sein.

Die Sache stank zum Himmel. Als dann noch am nächsten Tag in der Zeitung stand, dass die Bischöfin Margot Käßmann mit Alkohol am Steuer erwischt worden ist und noch jemand mit ihr im Wagen gewesen sein soll, dessen Namen sie nicht sagt – da stank die Geschichte bis direkt bei Petrus vor die Tür. Was war da abgelaufen, da musste es doch einen Zusammenhang geben? Noch deutlicher wurde mir das, als gerüchteweise rundging, Gerhard Schröder hätte auf dem Beifahrersitz gesessen. Zwei Dinge daran waren total unglaubwürdig, nein, sogar drei: Erstens würde Margot Käßmann nie ohne Not hackebreit Auto fahren, das macht kein Promi, der auch nur halbwegs bei Verstand ist. Zweitens: Wenn Gerhard Schröder tatsächlich in dem Auto gesessen hätte, dann würde er das einfach zugeben, nicht weil er so 'ne ehrliche Haut ist, sondern weil ihm das Urteil anderer einfach scheißegal is. Und drittens, falls das alles wirklich so wäre, wie sie erzählen, dann wäre es garantiert rausgekommen, bei so viel Leuten, die davon wussten.

Ich hab mir einen ganz anderen Reim auf die Geschichte gemacht.

Vom Bauhof wusste ich, dass der Alte irgendein Projekt an der Marktkirche von Hannover plante. Er hatte sich auch bei Mischka nach alten Ziegeln aus Abbrüchen im Osten erkundigt, aber nur im «großen» Klosterformat 32 × 15 × 9 Zentimeter. Mischka hatte mich gefragt, ob ich wusste, was der Alte vorhatte. Ich ahnte es zumindest. Im Jahr 2006, als wir die Deutsche Metallprospektor-Gesellschaft gegründet hatten, lag eines der ersten Depots, das wir hochgehen ließen, in der Nähe von Hildesheim. Wie die Sowjets es geschafft hatten, in Westdeutschland riesige

Waffendepots anzulegen, konnte sich nicht mal Mischka Wulff erklären: «Die haben uns längst nich allet jesagt, da kannste aba eenen uff lassen.»

Jedenfalls war ich in meiner Funktion als MKW-Fahrer dabei, um das Geschirr vor Ort abzuladen. Der Fundort lag unterhalb von Schloss Derneburg, da wohnte bis zu der Zeit ein durchgeknallter Künstler, der alles nur verkehrt rum malte, statt einfach seine Bilder umzudrehen. Trotzdem oder deswegen war er wohl berühmt wie ein Sack Flöhe. Das Schloss hatte er gerade an einen amerikanischen Multimillionär verbimmelt. Mit diesen beiden Granaten war der Alte damals ins Gespräch gekommen, weil der Ami die Butze wohl historisch rekonstruieren wollte und jede Menge authentisches Pflaster brauchte. Da war der Alte natürlich die erste Adresse: Zwei, drei Zonendörfer ausgeräumt, und der Schlosshof stände wieder da wie 'ne 1.

Den Kontakt zum Verkehrtrum-Maler hat er aber auch nicht einschlafen lassen. Vom Sechzigsten beim Alten, als wir mit Schröder bei ihm am Tisch saßen, wusste ich, dass die beiden eine Wette laufen hatten: Wer es zuerst schaffte, dass ein von ihm gesponsertes Fenster eines berühmten Künstlers in der hannoverschen Marktkirche eingebaut wird, hat gewonnen. Keine Ahnung, wer sich son Scheiß ausdenkt, total dekadent, das beknackte Fenster kostete sicher hoch sechsstellig, gewettet wurde aber nur um 'ne Kiste Bier – schmeißte dich weg. Konnte ich mir trotzdem noch keinen Reim auf das alles machen und hab den «Rechner» Kruballa damit gefüttert. Bei dem reimte es sich dann aber ruck, zuck: «Der Alte hat Morgenluft gewittert für seine Wette mit Schröder, als er den verkehrtrummen Künstler kennenlernte.» Dazu konnte ich sagen, dass die Bekanntschaft vom Alten mit Künstler normalerweise ziemlich direkt hinter Bata Illic aufhörte. Schröder war der, der sich dicke tat mit sonne.

Kruballa spann weiter: «Anscheinend hat der Fritze aus Derneburg eingewilligt, für den Alten ein Fenster in der Marktkirche zu gestalten. Unter einer Bedingung.»

«Wie jetzt, etwa: Spitze vom Fenster nach unten?», ich war sprachlos.

«Genau deshalb hat sich der Alte auch nach den Ziegeln im Klosterformat erkundigt. Die beiden wollten ein verkehrtrummes Fenster in die Kirche prügeln, dazu mussten unten Steine weggehauen werden und oben passende rein.»

Ich konnte es immer noch nicht glauben: «Wie scheiße sieht das denn aus, und wer würde das überhaupt zulassen?»

Kruballa zeigte sich als Mann von Welt, der Bescheid wusste: «Scheiße aussehen ist ein typisches Merkmal der modernen Kunst.» War 'n Punkt, könnte sein, so passte alles zusammen, ich wollte es aber immer noch nicht glauben. Das wäre also so: Der Alte hatte sich mit Käßmann beim Italiener getroffen, um sie als Fürsprecher für das verkehrtrumme Fenster rumzukriegen. Dabei hatte er Tante Bischof unbemerkt angeflutet, darauf verstand sich der Alte nach vierzigjähriger Geschäftsessen-Praxis. Er selbst trank so gut wie nie Alkohol. Was immer er Käßman für ihre Gefälligkeit versprochen hat, ein Ferienhaus auf Usedom, nur mal als Beispiel, es muss dazu einen ordentlichen Schluck aus der Pulle gegeben haben, sonst hätte sie es bei dem, was danach geschah, nicht so mit der Angst zu tun gekriegt. Als Käßmann breit war, konnte und wollte sie natürlich nicht mehr selber fahren, und der Alte hat sich angeboten, sie mit ihrem Wagen nach Hause zu bringen. Er würde dann seinen verschwiegenen Fahrer hinterherkommen lassen. Die beiden machen also 'nen Abflug, und kaum sitzt der Alte hinterm Steuer, zack, geht bei ihm das Licht aus. Karo sieben, in ihrem Auto! Scheiße. Sie wieder rein in die Osteria, und sein Fahrer zusammen mit dem

Wirt schleppen den Toten zurück an seinen Tisch. Das Treffen von ihr und dem Alten hat nie stattgefunden.

Einziges Problem: Ihr Wagen muss vor dem Lokal verschwinden. Und da macht sie den ersten Fehler, sie setzt sich in Panik selbst hinters Steuer. Dann aber in drei Teufels Namen, auch das noch, Polizeikontrolle. Und in dem Augenblick macht sie den zweiten Fehler, den viele vorher auch schon gemacht haben. Sie hält zehn Meter vor dem Streifenwagen und krabbelt schnell auf den Rücksitz. Gegenüber den Polizisten weigert sie sich, den Namen des angeblichen Fahrers rauszurücken. Diese Nummer ist so alt und unglaubwürdig, dass die Polizisten ihr noch am Tatort raten, lieber die Alkoholfahrt zuzugeben, als auf dieser bekloppten Story zu bestehen, so wäre nur der Lappen weg, andernfalls, mit durchsichtigen Lügen, der Job als Bischof. Endergebnis: Sie hat die Wahrheit gesagt, aber Lappen und der Job waren trotzdem weg. Schöner Mist und Amen! Die Geschichte mit dem angeblichen zweiten Mann war aber in der Welt, wahrscheinlich von einem der Polizisten weitererzählt. Und alle spekulierten, wer das wohl gewesen sein könnte. Schröder witterte natürlich sofort die Chance, sich mal wieder als Haudegen ins Spiel zu bringen, und ließ durchsickern, dass er seine Mitfahrt bei Margot Käßmann leugnen würde. Was einfach auch der Wahrheit entsprach. Ob es genauso gewesen ist, weiß ich nicht, aber eins war sicher, der Alte war tot, und wenn es eine Fensterwette gegeben hatte, dann hat er sie verloren.

Heute erst, nochmal zehn Jahre später, weiß ich, dass es die Wette tatsächlich gegeben hatte, und der Gewinner heißt Gerhard Schröder. Dessen Kumpel Markus Lüpertz gestaltete in seinem Auftrag ein richtigrummes Fenster in der Marktkirche Hannover. Auffällig sind die vielen Fliegen in dem Fensterbild. Die Fliege war aber das Wappentier des Alten, er trug nur

Schlipse mit Fliegen drauf, und sogar in allen Pissbecken, die die StruWAG überall auf Raststätten einbaute, ist unten eine Fliege zu sehen. Aber das sah Schröder wieder mal ähnlich. Sind die Fliegen in dem Fenster jetzt eine Verbeugung vor dem Verlierer oder eine Demütigung? Bei Schröder weiß man's nie, is wohl beides.

ANNALENA BREGENDORF

Die Beerdigung des Alten war ein Menschenauflauf, den hast du noch nicht gesehen. Der Sarg stand hinten auf der Pritsche seines ersten Hanomag-Henschel-Lkw, mit dem alles angefangen hatte. Der Trauerzug fuhr durch ein Spalier von hundert Baumaschinen, die Bagger verbeugten sich, und die Radlader ließen die Schaufeln herunter, als der Lkw mit dem Sarg vorüberzog. Es war eine wirklich schöne Beerdigung, aber die Überraschung kam danach, als das Testament eröffnet wurde. Alle Zeitungen berichteten darüber: Alleinige Erbin nach Abzug des Pflichtteils für seine zweite Frau war Annalena Pfeiffer. Annalena wer?

Kruballa und ich wussten sofort, wer das war, und zumindest ich auch, warum sie alles erbte. Man trifft sich eben immer zweimal im Leben. Jutta hat sich in der Woche nach der Trauerfeier sofort die Gala gekauft, um sich die ganzen Promis anzugucken: Bata Illic mit Frau, natürlich Schröder noch mit Schröder-Köpf, der frisch gewählte Bundespräsident Christian Wulff auch noch mit seiner Frau, und Mischka Wulff mit der ersten Frau vom Alten, die jetzt seine war.

Aber ganz vorne am Sarg stand Annalena Pfeiffer, allein. Der größte Teil dieser Gala war der «Geschichte vom Aschenputtel und dem toten Baulöwen» gewidmet. Darin wurde reißerisch erzählt, wie am Tag nach dem Tod des Bauunternehmers Günther Bregendorf zwei Anwälte an Annalenas Haustür klingeln und ihr erzählen, dass sie erstens die Tochter des Verstorbenen ist und zweitens den größten Tiefbaukonzern Deutschlands geerbt hat. Ihre «Eltern», Horst-Wilfried Pfeiffer und dessen Gattin Ragnhild, waren schon tot. Annalena würde, sobald sie den Namen ihres leiblichen Vaters angenommen hätte, als neue Hauptaktionärin der StruWAG eingetragen. Ist klar, dass die Gala als Klatschblatt sich hauptsächlich dafür interessierte, was für eine «hervorragende Partie» die «traumhaft schöne Annalena» jetzt doch wäre. So ganz taufrisch war sie zwar nicht mehr, hatte sich aber extrem gut gehalten, sogar auf dem Beerdigungsfoto sah sie gut aus.

Ich jedenfalls bin mit der Gala sofort zu Kruballa gedüst. Dort haben wir beiden überlegt, wie lange es wohl dauern würde, bis Annalena rauskriegte, dass einer der Mitarbeiter ihrer neuen Firma der Entsorger der Villa Miezekacke von vor zwanzig Jahren war, der sie mit dem Corrado beschissen hat, und dessen Kumpel Kruballa ihr alter Zwischendurch-Stecher. Wir malten uns aus, wie sauer die wohl auf uns wäre, schließlich hatten wir mehr oder weniger ihren Freund Sasch in die Geschlossene befördert. Kruballa beruhigte mich, er war einfach der Überlegtere von uns beiden, musste man neidlos zugeben. Bis sie dahinterkommen würde, dass wir auch in der Gegenwart noch Geschäftsbeziehungen mit ihrem «Vater» unterhielten, würde es 'ne Zeitlang dauern, wenn überhaupt, denn offiziell hießen wir ja Deutsche Metallprospektor-Gesellschaft. Und die Geschäfte liefen alle über die Kontaminationsdiagnostik Eberswalde, der Alte war da nur stiller Teilhaber. Von da drohte keine Gefahr. Und dass sich Annalena als Erstes die Liste ihrer dreizehntausendfünfhundert Mitarbeiter durchgucken würde und dabei eine Fresse von vor zwanzig Jahren – nämlich meine – entdecken würde, war mehr als unwahrscheinlich.

Fünf Tage passierte nichts, dann erschien die neueste Ausgabe der Gala, und Jutta hatte sie wieder sofort gekauft, weil «Annalena Bregendorf» auf dem Titel stand. Als sie die Illustrierte durchblätterte, kam plötzlich ein spitzer Schrei vom Sofa her, so laut, dass Rambo vor Schiss hinter den Fernseher sprang: «Hilfe, aua, ich steh mit Bild in der Gala, nein, das gibt's doch nicht, Hilfe, aua, aua ...», Jutta hörte gar nicht mehr auf, lief knallrot an, und: «Schrage, du bist auch mit drauf.» Als sie das sagte, wurde ich neugierig und wäre gleichzeitig vor Schreck in der Auslegeware versunken.

Tatsache: Jutta und ich beim Sechzigsten vom Alten neben den ganzen Promis. Unter einem der Fotos stand: «Tiefbaulöwe feierte seinen Geburtstag im Kreise prominenter Gäste, mit dabei Schlagerstar Bata Illic, Bundeskanzler Gerhard Schröder und Gattin Schröder-Köpf sowie der kasachische Präsident Nursultan Nasarbarjew und seine bezaubernde Gemahlin.» Jutta lief noch röter an, falls das geht: «Schrage, du musst sofort die Gala anrufen und eine Gegendarstellung verlangen, ich werde auf keinen Fall, wenn ich schon mal in der Gala bin, als Gattin von diesem Sultan enden.» Ob ich als Sultan Nasenbär dastand, war ihr anscheinend egal. Es nahm kein Ende, ihre Freundin Birgit würde die Gala lesen, und sie würde zum Gespött der ganzen Doppelkopf-Runde.

Das konnte natürlich sein, aber mir war es wiederum nur recht, dass ich nicht mit richtigem Namen in der Gazette stand. Die Penner von der Illustrierten hatten einfach nur die Einladungsliste in die Unterzeile kopiert. Als das Foto entstand, war der Kasache schon längst verschwunden, wegen dem ausgewaschenen Kamel im Regen, und anscheinend hatte sich keiner von den «Journalisten» die Mühe gemacht nachzugucken, wie Kollege Nasenbär tatsächlich aussah. Hatte denen gereicht, dass er eine «bezaubernde Gemahlin» hatte, meine Jutta. Immerhin, Blumen für sie. Bevor ich aber irgendwie tätig hätte werden können, kam es anders: Erstens hatte die Gala in der nächsten Ausgabe von selbst einen klitzekleinen Hinweis gedruckt, dass es sich bei zwei der Geburtstagsgäste um ein namenloses Mitarbeiterpaar handelte. Zweitens hatte Jutta das zum Glück nicht gelesen, denn ihre Freundinnen haben sie nämlich gar nicht verspottet, sondern bewundert als die «bezaubernde Gemahlin», von wem auch immer, Männer spielen bei denen eh keine Rolle, und allemal besser das als «namenlose Mitarbeiterin». Mit etwas Glück würde Annalena die Gala nicht zu Gesicht bekommen, und wenn, mich hoffentlich nicht wiedererkennen.

Tat sie aber doch, und die Folge davon hat mir Mischka ein paar Wochen später erzählt: Die neue Chefin hätte alle geschäftlichen Beziehungen zur Republik Kasachstan mit sofortiger Wirkung abgebrochen mit der Begründung, der Präsident sei ein Fertighausbetrüger und Autoklauer. Mischka konnte sich keinen Reim drauf machen, ich schon.

Zum Glück verlor auch die Gala ihr Interesse an der «traumhaft schönen Asphalt-Königin» und stocherte nicht weiter in ihrer Biographie rum. Die «Clintons auf Schloss Bellevue» zusammen mit «Ferres-Gemahl Maschmeier» waren interessanter. Also kamen die Gala-Schnüffler auch nicht auf Annalenas früheren Liebhaber, den «muskulösen Ökobäcker Kruballa».

Wir beide blieben also unentdeckt, und ich hatte vor, in zwei Jahren, wenn ich fünfzig bin, bei der StruWAG in den Sack zu hauen. Die Deutsche Metallprospektor-Gesellschaft warf genug ab, die Blagen gingen ihre eigenen Wege, und Jutta wollte vorne in der Brenninkmeier-Butze ein Hof-Café eröffnen. Warum nicht, sollte sie endlich auch mal zu ihrem Recht kommen. Geld war genügend da. Nachdem Kerstin und Drago 2006 zu Lisbeth gezogen waren, hatte ich mein Elternhaus gut vermietet, und wir hatten schließlich noch das Ferienhaus in Frankreich verbimmelt. Ausgerechnet an einen Franzosen, der völlig begeistert war, dass innen vom Türdrücker bis zum Duschkopf alles «Tächniek allemon» war und kein französischer Murks. Ich war froh, die Bude los zu sein, diese Gondelei auf der Autobahn war mir längst zu viel, und die Übernachtungen bei Lurch und seiner fetten Kröte musste ich auch nich mehr haben. Deshalb war ich froh, dass Jutta ein neues Projekt gefunden hatte. Wenn ich bei der StruWAG aufhörte, würde ich ihr beim Ausbau des Hof-Cafés helfen. Die ganze rechte Seite von der Butze hatte ich ja schon renoviert.

Es zeigte sich aber nachher, dass ausgerechnet die linke, wo seit Jahrhunderten nix dran gemacht worden is – also, das wurde die Attraktion vom Café. Steckste nich drin, in die Leute. Am schärfsten aber war, dass Jutta die ollen Tassen und Teller von Omma aus der Eichentruhe wieder reaktiviert hat – ich hatte die schon total vergessen. «Fürstenberg» stand hintendrauf, du mich auch, dachte ich bloß, passt nix rein. Aber Jutta war glücklich, und das ist die Hauptsache. Eine Woche vor der Eröffnung des Cafés fiel mir auf, dass sich ein paar Betonverbundsteine vorm Haus verschoben und ein holziger Trieb sich zwischen die Ritzen durchgekämpft hatte. Aufgefallen war's mir nur, weil eine knallrote Rose daran blühte. Ach du heilige Scheiße, die Wildrose, die ich vor Jahren mit der Summse umgemäht hatte, zähes Biest. Ich wollte schon die Astschere holen, dann hab ich's aber doch nicht gemacht und Jutta das Wunder gezeigt. Die hättste mal sehen sollen! Ich dachte bloß, dass die Seele von

Oma Brenninkmeier wiederaufgetaucht ist – jedenfalls schien sie nicht sauer auf uns zu sein.

Vor dem Projekt Hof-Café musste nur noch eine alte Rechnung beglichen werden, denn niemand würde ein Café neben einem Scheißequirl mit der Adresse «Am Klärwerk 1» besuchen.

DIE GELBBAUCHUNKE

Die Gemeinde hatte dem verkrachten Bürgermeister seinerzeit das ganze Gelände abgekauft, als Prämie für seinen sofortigen Rücktritt. Aus dem Neubaugebiet «An der Poggenkuhle» wurde jedoch nichts wegen der Flachpfeiffer'schen Zickzackstraße, die eine sinnvolle Unterteilung in Baugrundstücke unmöglich machte. Deshalb hatte man beschlossen, ein Klärwerk zu errichten und die Klärbecken so zu verteilen, dass die Straße als deren Zubringer fungierte. Allerdings war bisher wenig passiert. Nur die Löcher für die Klärbecken waren ausgehoben, dann is der Gemeinde wohl das Geld ausgegangen, und mittlerweile waren sie mit Wasser vollgelaufen. Seit zwanzig Jahren dümpelte das Gebiet so vor sich hin, und der einzige Gewerbebetrieb, *contra produktiv*, hatte längst dichtgemacht, nur der Forellenpuff des Anglervereins am Südende war noch da. Mich hatte es, so wie's war, nie gestört, man hatte seine Ruhe, aber fürn Hof-Café musste die Brache etwas aufgehübscht werden. Und da fiel mir ein: Was wohl aus der Unken-Zucht vom Alten werden würde, jetzt, wo er tot ist? Ob Annalena überhaupt wusste, wozu er die hässlichen Frösche hielt? Ich musste sofort mit Mischka sprechen.

Tatsächlich gab's die Unken noch, in dem verwilderten Gelände hinterm Bauhof, und Mischka kümmerte sich auch noch um sie. Er glaubte aber, dass man die Unken-Nummer auf den Baustellen mit der neuen Chefin nicht weiter durchziehen könnte, deshalb müssten die Viecher verschwinden. Und dazu hatte ich eine Idee. Der Alte war immer vorsichtig gewesen, er hatte die lurchige Baustellenbremse immer nur in ihrem natürlichen Verbreitungsgebiet eingesetzt, nie nördlich der Mittelgebirge, damit ihr plötzliches Erscheinen nicht allzu verdächtig war. Ich hatte vor, die kleinen Frösche in den Tümpeln auf der Klärwerks-Baustelle auszusetzen, das war zwar bisschen weg von ihrem nördlichsten Siedlungsgebiet im Landkreis Schaumburg, aber Klimawandel und Pipapo, da findet sich schon 'ne Erklärung. Mischka und ich haben die Biester, wir fanden sage und schreibe über fünfzig Stück, eingefangen, und ich hab sie mit nach Hause genommen. Als es dunkel wurde, hab ich sie alle ausgesetzt.

Jetzt musste ich Geduld haben, auf keinen Fall durfte ich die warzigen Viecher selber finden, es musste ein neutraler Entdecker sein. Ich wusste, dass der NABU einmal im Jahr eine Zählung der Amphibien machte, da kamen sie auch immer auf das Gelände bei mir nebenan, von wegen der vollgelaufenen Klärgrubenlöcher. Ich hatte aber keinen Schimmer, wann das war. Geschlagene zwei Monate passierte nix, ich wurde schon langsam nervös, ob diese Scheißzählung womöglich dieses Jahr schon gewesen ist. Hoffentlich überlebten die Mistviecher wenigstens, aber ich konnte da ja nicht einfach nachgucken. Was weiß ich, wo die sich verstecken, und klein und fisselig sindse außerdem noch.

Ich hatte schon die Hoffnung aufgegeben, da gucke ich eines Sonnabends außen Fenster und sehe, wie son Trupp Ökozausel über das Gelände schlürt, paar von denen hatten 'nen Kescher dabei, andere kritzelten was auf ein Klemmbrett. Ich betete zum Gott der Unken, dass sich eins von den Biestern zeigte, sonst wäre der ganze Plan im Arsch. Nach zwei Stunden sind die Fritzen wieder abgezogen, doch an ihren Gesichtern konnte ich jedenfalls nix erkennen.

Fast 'ne Woche saß ich wie auf Kohlen, jeden Tag glotzte ich in das Käseblatt rein, ob da was drinstand über die Amphibienzählung. Endlich, am Donnerstag, kam ein Artikel, und allein die Überschrift war schon der Hammer: «Sensationsfund bei Amphibienzählung».

In dem Artikel hieß es, dass nach der ersten Sichtung und auch einer Überprüfung durch den Amphibienexperten der Universität Bielefeld feststand: Bei dem Gebiet «Am Klärwerk» handelte es sich um das nördlichste bisher bekannte Verbreitungsgebiet der geschützten Gelbbauchunke. Noch sei unklar, wie der Lurch dahingelangt sei, aber in jedem Fall würde das Areal sofort gesichert. Die Gemeinde sei auch laut NABU sehr kooperativ und hätte jegliche Baumaßnahmen sofort eingestellt. So weit der Artikel, und mir war klar, wieso die Gemeinde so «kooperativ» war. Der Kauf des Grundstücks vom geschassten Bürgermeister konnte nämlich rückabgewickelt werden, wenn es aufgrund höherer Gewalt zu keinem Bau des Klärwerks käme. Soll der doch das Grundstück behalten. Jetzt, wo es demnächst unter Naturschutz stehen täte, könnte er da sowieso nix mit anfangen. Der neue grüne Bürgermeister, übrigens schon der zweite hintereinander, war heilfroh, das ungeliebte Projekt nich mehr an der Backe zu haben. Der Straßenname «Am Klärwerk» wurde danach geändert in «Am Feuchtbiotop». Gut, nicht das, was ich mir gewünscht hätte mit «Dolly-Buster-Straße», aber es ging in dieselbe Richtung. Die Flachpfeiffer'sche Zickzacktrasse wurde für Pkw gesperrt und zum Radschnellweg. Er verband das Nirgendwo mit dem Nichts, egal, Hauptsache Verkehrswende. Zweieinhalb Jahre später eröffnete Jutta ihr Hof-Café, das «Unkenstübchen». Ob die Viecher noch da waren oder sich sogar vermehrten, da hat keiner je wieder nach gefragt. Der Lurch hatte seine Schuldigkeit getan, und alle waren zufrieden.

ICH BIN IMMER NOCH WOLFGANG
SCHRAGE, NUR BESSER

WO SIE ALLE GEBLIEBEN SIND

Ich bin jetzt achtundfünfzig und seit acht Jahren nich mehr im Betrieb, hab aufgehört mit meinem Fünfzigsten. Manche haben komisch geguckt, wussten ja nix von meiner Beteiligung an der Firma, dachten wohl, das Unkenstübchen wirft so viel ab. Jutta hat's aber auch voll drauf, da kommen sogar Busse zum Kaffeetrinken, und ein Oppa ausn Dorf führt die Gäste erst durchs Feuchtbiotop und erzählt 'nen paar Dönekes, wer da alles drin abgemurkst wurde in den Tümpeln, stimmt natürlich nix von, und dann wackeln alle ins Café und verputzen Juttas Käsekuchen. Sie hat sogar 'nen kleinen Shop, alles mit «Unke» drauf: Likör, Pottlappen, Kittelschürze, schmeißte dich weg.

Ich hab da nix groß zu tun, halte alles drumzu bisschen in Schuss und mach die Besorgungen. Jutta is Chef, und hätte ich nich gedacht, dass mir das gefällt. Früher meinte ich immer, ich müsste alles im Griff haben, aber is nich so. Ich hab jetzt viel Zeit und hab angefangen mit Modelle bauen aus Kronkorken, hauptsächlich Logistikcenter, die anne Autobahn stehen. Da schaff ich an guten Tagen zwei, drei am Stück. Fragst du dich natürlich, warum nich, sagen wir mal, den Kölner Dom oder was Anspruchsvolles, warum Logistikcenter? Weil die so hässlich sind, tut's mir nich leid, wenn ich die fertigen wegschmeiße. Ich will ja nicht die ganze Bude vollstehen haben mit Kronkorken-Modelle, reißt Jutta mir den Kopp ab. Mit den Jungs treff ich mich auch noch alle vierzehn Tage reihum im Unkenstübchen und bei Drago. Der hat seine Küche jetzt verändert, Cevapcici und Dschuwetschreis liefen nich mehr so, er macht jetzt einen auf Italiener, hat sich sogar son paar italienische Brocken draufgeschafft: «ragazzi, pronto, grazie», so was halt. Die Bude heißt aber weiter Balkanstübchen, ist den Leuten scheinbar egal, für die meisten gehört Italien auch zum Balkan. Als er anfing, einen auf Italiener zu machen, kam auch sofort Lucky Bonato rein, mittlerweile auch schon an die siebzig, hatte aber noch den alten Spruch drauf: «Wor is mei Schpitzä?» Aber war wieder nix mit Schutzgelderpressung, immerhin arbeitet er jetzt dreimal die Woche als Spülhilfe bei Drago, und ab und zu sitzt er auch nur einfach authentisch rum und puhlt sich mit seinem riesigen Messer in den Zähnen. Ein paar Gäste kommen bloß deswegen zu Drago.

Wir vier, wenn wir bei ihm sind, pumpen längst nicht mehr so ab wie früher. Kruballa ja sowieso nich mit seiner Schmusie-Plörre, der Lange raucht schon ewig nich mehr, und Zuckmeier hat Darya geheiratet, die hält ihn dermaßen kurz, dass wir ihm dauernd einen ausgeben müssen. Das ganze schöne Geld, was er als Anteil von der Kontaminationsdiagnostik Eberswalde kriegt, sackt sie ein und schickt es zu ihrer Familie in die Sümpfe. Da hat er sich eine angelacht, sag ich dir, aber er macht jetzt trotzdem keinen unglücklichen Eindruck so insgesamt. Kruballa hat mittlerweile drei Ökobrotläden, auch in anderen Städten leben genug Idioten, wies aussieht. Der Lange is Vorsitzender des «Mifune-Fanclubs Nordwestdeutschland», das wenigstens hat sich bei ihm wieder eingerenkt. Ja, so siehts aus, wir sitzen da so rum und erzählen uns alte Schoten von früher, irgendwie is bei allen etwas die Luft raus. Ab einem gewissen Alter passiert eben nich mehr so viel, geht alles seinen Gang. Ich hab die acht Jahre, seit ich nich mehr bei der StruWAG bin, versucht, alles aufzuschreiben, was wir so erlebt haben, jedes Jahr immer mal was, mal hatte ich mehr, mal weniger Lust, bin ja auch nich so der Schriftsteller vor dem Herrn, sondern ein Mann von der Straße. Deshalb is da vieles auch durcheinander, ich hab's halt so aufgeschrieben, wies mir in den Kopp gekommen is, und nich, wies genau nacheinander passierte. Die zwölf Kapitel hab ich jetzt jedes in eine von die zwölf Metallkassetten reingetan, und in die letzte zusätzlich noch die original Stasi-Unterlagen über 1979 und 1989. Gut, es hätte auch alles in eine gepasst, aber was wär dann mit den andern Kassetten? So isses 'ne saubere Sache. Die Kassetten stehen jetzt auf den Hühnerboden von Oma Brenninkmeiers altem Haus, vielleicht findet sie ja mal einer. Ich bin damit durch, das war's von meiner Seite.

Neulich hatte ich noch mal voll den Flash: An unserm Haus fuhr eine weiße Jetta GT vorbei, wie meine damals. Das war 'n Gefühl, als wenn du nach Jahren deine Freundin von früher wiedersiehst – nur dass diese keinen Tag älter geworden is. Da kam mir auch der Spruch wieder in den Kopp, den sich Jetta-Kalle damals auf den Unterarm tätowiert hatte: «Begrabt meinen rechten Fuß auf der linken Spur.»

Versteht heute keiner mehr, is vorbei, wie so vieles von damals. Insgesamt würde ich sagen, dass ich mit meinem Leben unheimlich viel Glück gehabt habe. Eines Abends, als wir beide mit Rambo auf dem Sofa saßen, hat mir Jutta gebeichtet, dass die Sache in dem Bluebird ein abgekartetes Spiel zwischen ihr und Sören gewesen ist, um an mich ranzukommen. Wir mussten beide lachen.

INHALT